ANÁLISE CONTEMPORÂNEA DO DIREITO EM FACE DA GLOBALIZAÇÃO E DA CRISE ECONÔMICA

2.º CID – CONGRESSO INTERNACIONAL DE DIREITO
BRASIL-EUROPA

ANÁLISE CONTEMPORÂNEA DO DIREITO EM FACE DA GLOBALIZAÇÃO E DA CRISE ECONÔMICA

2.º CID – CONGRESSO INTERNACIONAL DE DIREITO
BRASIL-EUROPA

Organização:

Instituto de Direito do Trabalho da Faculdade de Direito de Lisboa
Programa de Pós-Graduação em Direito da PUC/SP
Comunidade de Juristas de Língua Portuguesa

ANÁLISE CONTEMPORÂNEA DO DIREITO EM FACE
DA GLOBALIZAÇÃO E DA CRISE ECONÔMICA
2.º CID – CONGRESSO INTERNACIONAL DE DIREITO BRASIL-EUROPA

ORGANIZAÇÃO
INSTITUTO DE DIREITO DO TRABALHO DA FACULDADE DE DIREITO DE LISBOA
PROGRAMA DE PÓS-GRADUAÇÃO EM DIREITO DA PUC/SP
COMUNIDADE DE JURISTAS DE LÍNGUA PORTUGUESA

EDITOR
EDIÇÕES ALMEDINA, SA
Av. Fernão Magalhães, n.º 584, 5.º Andar
3000-174 Coimbra
Tel.: 239 851 904
Fax: 239 851 901
www.almedina.net
editora@almedina.net

PRÉ-IMPRESSÃO | IMPRESSÃO | ACABAMENTO
G.C. – GRÁFICA DE COIMBRA, LDA.
Palheira – Assafarge
3001-453 Coimbra
producao@graficadecoimbra.pt

Outubro, 2010

DEPÓSITO LEGAL
318301/10

Os dados e as opiniões inseridos na presente publicação
são da exclusiva responsabilidade do(s) seu(s) autor(es).

Toda a reprodução desta obra, por fotocópia ou outro qualquer
processo, sem prévia autorização escrita do Editor, é ilícita
e passível de procedimento judicial contra o infractor.

Biblioteca Nacional de Portugal – Catalogação na Publicação

CONGRESSO INTERNACIONAL DE DIREITO
BRASIL-EUROPA, Lisboa, 2009

Congresso Internacional de Direito – Brasil-Europa
org. Instituto de Direito do Trabalho
ISBN 978-972-40-4374-6

I – UNIVERSIDADE DE LISBOA. Faculdade de Direito.
Instituto de Direito do Trabalho

CDU 349
      331

ANÁLISE CONTEMPORÂNEA DO DIREITO EM FACE DA GLOBALIZAÇÃO E DA CRISE ECONÔMICA

2.º CID – CONGRESSO INTERNACIONAL DE DIREITO BRASIL-EUROPA

Organização:

Instituto de Direito do Trabalho da Faculdade de Direito de Lisboa
Professor Doutor Pedro Romano Martinez

Programa de Pós-Graduação em Direito da PUC/SP
Professor Doutor Marco Antonio Marques da Silva

Comunidade de Juristas de Língua Portuguesa
Doutor Nelson Faria de Oliveira

APRESENTAÇÃO

Comunhão, isto é, a comum união de esforços, de compartilhar idéias e fins acadêmicos. Esse foi o objetivo que levou a realização do presente livro, que materializa as conferências, debates e estudos realizados por ocasião do 2.º CID – Congresso Internacional de Direito Brasil – Europa, que aconteceu nos dias 10 e 11 de Dezembro de 2009, na Faculdade de Direito da Universidade de Lisboa, Portugal.

Para esse propósito, o Instituto de Direito do Trabalho da Faculdade de Direito da Universidade de Lisboa (Portugal), o Programa de Pós-Graduação em Direito da Pontifícia Universidade Católica de São Paulo (Brasil) e a Comunidade de Juristas de Língua Portuguesa (entidade que reúne juristas de Angola, Brasil, Cabo Verde, Guiné-Bissau, Macau, Moçambique, Portugal, São Tomé e Príncipe, e Timor Leste), se uniram e organizaram o grandioso evento.

O tema central do Congresso foi a *Análise Contemporânea do Direito em face da Globalização e da Crise Econômica,* com discussões sobre os Direitos Fundamentais e o Direito do Trabalho; Valorização do Trabalho, Escravidão Contemporânea e Dignidade Humana; as novas tendências do Mercado de Trabalho e a Globalização; Tempo de Trabalho; o Processo do Trabalho e as provas perante os Tribunais; Extinção do contrato de trabalho, Garantia de emprego e Causas de Despedimento; Direito do Trabalho e Economia; Direitos Humanos ao pleno emprego e Capitalismo Humanista; Convenção Coletiva do Trabalho, além do Direito do Trabalho e os Tribunais, trazendo uma visão luso-brasileira da crise econômica e seus reflexos na justiça trabalhista.

O compartilhar desta obra é uma tomada de posição, num mundo onde tudo esta cada vez mais globalizado, inclusive o Direito, mas por isso também angustiante para todos; constitui, enfim, uma afirmação de nossa cultura e principalmente, da língua portuguesa que, no dizer de Fernando Pessoa, traduz tudo: *Minha pátria é a língua portuguesa* (Livro do Desassossego).

Outono (Portugal) e Primavera (Brasil) de 2010.

Marco Antonio Marques da Silva
Nelson Faria de Oliveira
Pedro Romano Martinez

A CONSTITUIÇÃO DO TRABALHO PORTUGUESA

JORGE MIRANDA
*Prof. Doutor das Faculdades de Direito da Universidade de Lisboa
e da Universidade Católica Portuguesa*

1. Uma das características mais salientes e mais fortes da situação actual dos ordenamentos jurídicos é aquilo a que se tem chamado a *constitucionalização* de todos os ramos de Direito estatal[1] – não só por a Constituição ser o tronco donde todos arrancam mas também por todos terem de ser constantemente impregnados pelos valores constitucionais. Na impressiva frase de PAULO BONAVIDES, *antes os Códigos, hoje as Constituições*[2].

Ao mesmo tempo dá-se o alargamento das matérias objecto das normas constitucionais. No século XIX, estas, de acordo com a ideia liberal, confinavam-se aos direitos de liberdade, segurança e propriedade e à separação de poderes. Agora entram nelas a família, a comunicação social, o trabalho, as estruturas empresariais, o ambiente, os direitos económicos, sociais e culturais, até a informática e a genética, além da fiscalização da constitucionalidade.

Por isso, ao lado da Constituição política (cfr. a parte III da Constituição portuguesa e o título III da Constituição brasileira) fala-se em Constituição penal, em Constituição cultural, em Constituição ambiental, em

---

[1] Cfr., por todos, LOUIS FAVOREAU, *Le droit constitutionnel – Droit de la constitution et constitution du droit*, in *Revue française de droit constitutionnel*, 1990, págs. 71 e segs.

[2] *Curso de Direito Constitucional*, 22.ª ed., São Paulo, 2008, pág. 584.

Constituição económica, em Constituição financeira, etc., como segmentos normativos relativamente autónomos que se projectam directamente sobre os correspondentes sectores da legislação ordinária, das convenções internacionais e, na Europa, do Direito comunitário. É uma tendência razoável de especialização, a qual, no entanto, não deve obnubilar a unidade sistemática da Constituição como um todo e a sua necessária coerência global[3].

2. Entra aqui a Constituição do trabalho, trabalhista ou laboral (ou, se se preferir, o Direito constitucional do trabalho) como conjunto de princípios e regras constitucionais respeitantes às relações individuais e colectivas de trabalho e incindíveis, por razões óbvias, do sistema de direitos fundamentais[4].

Surgida após a primeira guerra mundial, a Constituição do trabalho vai, naturalmente, reflectir, tanto como a Constituição económica, os contrastes ideológicos e de concepções jurídico-constitucionais que marcam (ou que, sobretudo, marcaram até 1989) a Europa e o resto do mundo. Não poderiam deixar de ser diferentes a Constituição do trabalho do Estado social de Direito – em Portugal apelidado de Estado de Direito democrático [preâmbulo e arts. 2.º e 9.º, alínea b) da Constituição][5] – a do Estado marxista-leninista e a do Estado fascista ou fascizante.

Em qualquer destes tipos constitucionais[6], plasma-se um catálogo mais ou menos extenso de direitos dos trabalhadores. Mas, no Estado social de Direito (sucessor, com transição ou com ruptura, do Estado liberal), eles articulam-se com as liberdades individuais e políticas e com a democracia representativa, ao passo que tanto no Estado marxista-leninista quanto no Estado fascista ou fascizante as liberdades políticas e a própria liberdade sindical ou não são asseguradas ou sofrem apertadas restrições. Assim como a correlativa intervenção do poder público na economia assume alcance diverso e, nos regimes marxistas-leninistas, desemboca em direcção central total.

---

[3] Assim, *Manual de Direito Constitucional*, II, 6.ª ed., Coimbra, 2007, pág. 304.
[4] Cfr. *Manual* ..., IV, 4.ª ed., Coimbra, 2008, págs. 209 e segs.
[5] Cfr. *Manual* ..., IV, cit., págs. 226 e segs.
[6] Cfr. o conceito em *Contributo para uma teoria da inconstitucionalidade*, Lisboa, 1968, pág. 67.

Mais ainda: em Estado social de Direito, não só os direitos políticos são estendidos até ao sufrágio universal como os direitos sociais, ou a maior parte deles, vêm a interessar à generalidade das pessoas, apesar de haver algumas categorias carentes de específica protecção. E o modo como se adquirem alguns destes direitos, a partir do exercício da liberdade de manifestação, dos partidos políticos, de sindicatos, da greve e, sobretudo, do sufrágio, mostra como os direitos de liberdade se não esgotam num mero jogo de classes dominantes.

3. No caso português, remonta à Constituição de 1933, que pretendia instaurar uma república corporativa (art. 5.º), uma "ordem económica e social, donde constavam:

– a incumbência do Estado de estabelecer o equilíbrio da população, das profissões, dos empregos, do capital e do trabalho e de conseguir o menor preço e o maior salário compatíveis com a justa remuneração dos outros factores de produção (art. 31.º, n.os 1 e 3);
– a função social da propriedade, do capital e do trabalho (art. 35.º);
– a possibilidade da associação do trabalho à empresa (art. 36.º);
– a faculdade de as corporações económicas reconhecidas pelo Estado celebrarem contratos colectivos de trabalho, sendo nulos os celebrados sem a sua intervenção (art. 37.º);
– a criação de tribunais especiais para dirimirem litígios referentes às relações colectivas de trabalho (art. 38.º);
– a proibição, nas relações económicas entre o capital e o trabalho, de suspensão das actividades por qualquer das partes para fazer vingar os respectivos interesses (art. 39.º).

O Estatuto do Trabalho Nacional (Decreto-Lei n.º 23 048, de 23 de Setembro), bem próximo da *Carta del Lavoro* italiana, daria execução à Constituição e, em 1951, acrescentar-se-ia o direito ao trabalho (art. 8-1.º--A). Tudo isto no âmbito de um regime político autoritário e de acentuada administrativização da vida sindical e económica[7].

4. O contexto em que nasceu a Constituição de 1976 levou ao uso inicial de fórmulas verbais como a "criação de condições para o exercí-

---

[7] Cfr. *Manual* ..., I, 8.ª ed., Coimbra, 2009, págs. 295 e segs. e Autores citados.

cio democrático do poder pelas classes trabalhadoras" (art. 2.º, 2.ª parte) e "poder democrático dos trabalhadores" (arts. 55.º, n.º 1, 80.º e 90.º, n.º 2). Elas não afectavam os alicerces do regime demcrático (arts. 2.º, 1.ª parte, 47.º e segs., 111.º e segs.)[8]. Do que se tratava era de um compromisso entre democracia política e democracia económica, social e cultural[9] (expressão esta que, em 1989, substituiria a de "transição para o socialismo")[10].

Ainda assim, a Constituição ostenta algumas características que a distinguem:

- O número elevado e a densidade das normas sobre direitos dos trabalhadores (arts. 53.º a 57.º, 58.º, 59.º, 89.º, 98.º), uns reconduzíveis a direitos, liberdades e garantias e outros a direitos sociais;
- Uma não compartimentação estanque, todavia, entre eles, por, mesmo alguns dos princípios formulados no texto para os direitos, liberdades e garantias também valerem, com adaptação, para os direitos sociais[11];
- As correspectivas incumbências do Estado;
- A aproximação de um não menos rico elenco de direitos sociais (art. 63.º e segs.);
- A fiscalização de inconstitucionalidade por omissão (art. 283.º);
- A elevação dos direitos dos trabalhadores, das comissões de trabalhadores e das associações sindicais a limites materiais de revisão constitucional [art. 288.º, alínea *e*)].

E o seu sentido captou-o muito bem BERNARDO XAVIER, ao escrever[12]: "As franquias dos trabalhadores estão solidamente implantadas enquanto direitos no nosso sistema constitucional, sistema constitucional que nos propomos ler tal como ele aparece configurado e revigorado nos alvores do milénio: arauto da sociedade "mais justa e mais fraterna", a que fez apelo o próprio frontispício constitucional. A essa luz, tratar-se-á menos de uma

---

[8] Como demonstrámos em *A Constituição de 1976 – Formação, estrutura, princípios fundamentais*, Lisboa, 1978, págs. 519 e segs.

[9] *Manual* ..., I, cit., págs. 343 e segs.

[10] Tal como passaria a falar-se em "intervenção democrática dos trabalhadores" [art. 80.º, alínea *f*)].

[11] Cfr. *Manual* ..., IV, cit., págs. 152 e segs. e 272 e segs.

[12] *A Matriz Constitucional do Direito do Trabalho*, in *III Congresso Nacional do Direito do Trabalho / Memórias*, obra colectiva, Coimbra, 2000, págs. 98 e 99.

empatia pelos trabalhadores, pelo mundo do trabalho, particularmente o do trabalho subordinado, mas antes de um pleno reconhecimento constitucional do trabalho, dimensão inseparável do homem transformador do Mundo.

"Implantados esses direitos, em balanço poderemos encontrar, a crédito da Constituição portuguesa, a integração dos trabalhadores no sistema e assim uma espécie de relegitimação da ordem jurídica. Lembraria que como direitos fundamentais são entendidos enquanto "sistema cultural de bens e valores que cria para os indivíduos um estatuto material integrador, i.e., capaz de os inserir na 'continuidade espiritual' que constitui o Estado. (...) Com o apoio da Constituição, para a totalidade dos trabalhadores, as normas jurídicas e os tribunais deixaram de ser – como consideraram muitos no passado – mecanismos opressivos, nas mãos das classes possidentes: são hoje verdadeiras garantias de plena cidadania".

Ou vistas as coisas da perspectiva de outro Autor, ANTÓNIO MONTEIRO FERNANDES [13]: "É necessário reconhecer que o grande peso *regulamentar* da Constituição se faz sentir sobretudo na área do chamado Direito Colectivo. A lei fundamental não se limita aí a definir grandes princípios enquadrantes ou estruturantes: assume, antes, um papel directamente conformador quanto a alguns temas, como o das organizações de trabalhadores (comissões de trabalhadores e associações sindicais) e o dos conflitos colectivos. O tratamento de problemas relativos a qualquer desses domínios implica, quase sempre, a utilização de preceitos constitucionais.

(...)

"A diferente postura do legislador constitucional perante as áreas do colectivo e do individual pode compreender-se – prescindindo de outras perspectivas, nomeadamente a ideológica – à luz das exigências operatórias que se impunham à lei fundamental no processo de transição do sistema corporativo para o regime laboral democrático.

"Na verdade, a legislação ordinária sobre as relações individuais de trabalho tinha evoluído, na última década do corporativismo, em sentido convergente com as tendências gerais de desenvolvimento dos sistemas europeus, beneficiando, nos últimos anos, inclusivamente, do contributo de uma contratação colectiva dinamizada e inovadora. Foi decerto por isso que diplomas fundamentais se mantiveram vigentes, em grande parte, por várias décadas. Nesse domínio, a constituição democrática não tinha que

---

[13] *Direito do Trabalho*, 13.ª ed., Coimbra, 2008, págs. 67 e 68.

consagrar transformações cruciais, bastava-lhe cuidar da consolidação de princípios e valores básicos da ordem sócio-laboral.

"Pelo contrário, todo o sistema de relações colectivas – abrangendo as organizações, a contratação e os conflitos – entrou em colisão com o novo regime político e as transformações sociais e culturais que lhe vieram associadas. Os sindicatos corporativos, não obstante a operacionalidade revelada nos últimos anos do regime de que constituíam pedra angular, estavam enquadrados por uma legislação incompatível com a liberdade sindical; as convenções colectivas eram sujeitas a aprovação (homologação) ministerial: os conflitos confinavam apertadamente com a ilegalidade. A lei fundamental teve, em 1976, um decisivo papel na transformação dessas estruturas normativas (neutralizando, de passagem, os excessos da legislação imediatamente gerada pela mudança de regime político) em conformidade com princípios básicos como os da liberdade sindical, da autonomia e da autotutela colectivas".

5. A primeira revisão constitucional, de 1982, foi realizada em época já de consolidação do regime, e em que foi também possível contar com os dados da jurisprudência dos órgãos de fiscalização da constitucionalidade.

Como se se tivesse finalmente concluído o processo histórico europeu de comunicação entre direitos de liberdade e direitos dos trabalhadores e entre direitos sociais e direitos de todos os homens (ou como se ele tivesse decorrido entre nós no breve período de 1976 a 1982), adoptou-se agora um critério primacialmente estrutural de distinção, embora com resquícios de outros factores[14].

Deslocaram-se, por conseguinte, para o título II quase todos os direitos, liberdades e garantias dos trabalhadores – segurança no emprego, criação de comissões de trabalhadores, liberdade sindical, direitos das comissões de trabalhadores e das associações sindicais, direito à greve e proibição do *lock-out*; e também um indiscutível direito, liberdade e garantia de todos os cidadãos, a liberdade de escolha de profissão ou género de trabalho (novo art. 47.º, n.º 1; antes art. 51.º, n.º 3). Ao mesmo tempo, dividiu-se o título em três capítulos: de direitos, liberdades e garantias pessoais (arts. 24.º a 47.º), de direitos, liberdades e garantias de participação política (arts. 48.º a 52.º) e de direitos, liberdades e garantias dos trabalhadores (arts.

---

[14] *Manual* ..., IV, cit., págs. 144 e segs.

53.º a 58.º, hoje 57.º). Complementarmente, o, reforço assim prestado aos direitos dos trabalhadores foi compensado, no compromisso político-constitucional renovado através da revisão, com a explicitação da iniciativa privada como direito fundamental (art. 61.º, e não apenas art. 85.º).

Poderia perguntar-se se ainda subsiste a unidade preceptiva fundamental do título II, em virtude do carácter de direitos particulares (ou classistas) dos direitos, liberdades e garantias dos trabalhadores ali aditados. Não obstante, importa não esquecer que do título II antes de 1982 já constavam outros direitos particulares (como os dos cônjuges, os dos pais ou os dos jornalistas); que, dos direitos transpostos, alguns (os relativos às comissões de trabalhadores e às associações sindicais) são meras especificações dos direitos de associação e de participação; e que os direitos, liberdades e garantias dos trabalhadores em geral coenvolvem também uma ideia de liberdade – de liberdade, desalienação e subjectivação – em favor de determinada categoria ou determinado estado de pessoas aplicada a certas (numerosíssimas) pessoas.

Os direitos, liberdades e garantias dos trabalhadores não possuem, no plano dos fins permanentes da vida humana e da universalidade dos direitos, um valor tão grande como o dos direitos, liberdades e garantias pessoais. Mas traduzem, não menos, exigências de dignidade e de defesa diante do poder – tanto do poder político como do poder económico – que se alicerçam na razão de ser básica dos direitos, liberdades e garantias.

Resta acrescentar que, se as revisões subsequentes foram afastando dos enunciados constitucionais os elementos socialistas e socializantes da Constituição económica, não buliram com a Constituição do trabalho. Os direitos fundamentais dos trabalhadores têm permanecido e, num ou noutro ponto, têm sido mesmo alargados[15][16].

---

[15] V. *Manual* ..., I, cit., págs. 371 e segs.

[16] Sobre a Constituição do trabalho portuguesa, v. também José Barros Moura, *A Constituição portuguesa e os direitos dos trabalhadores*, in *Fronteira*, n.º 10/11, Abril--Setembro de 1980, págs. 171 e segs.; João Caupers, *Os direitos fundamentais dos trabalhadores e a Constituição*, Lisboa, 1985; Bernardo Xavier, *A Constituição como fonte de Direito do Trabalho e os direitos fundamentais dos trabalhadores*, separata de *Estudos em homenagem ao Prof. Manuel Alonso Olea*; Jorge Bacelar Gouveia, *A Constituição e o Direito do Trabalho*, Lisboa, 2003; José João Abrantes, *O Código do Trabalho e a Constituição*, in *Questões laborais*, Coimbra, 2004, págs. 55 e segs., e *Contrato de trabalho e direitos fundamentais*, Coimbra, 2005; Gomes Canotilho e Vital Moreira, *Constituição*

6. Conferindo relevo aos direitos dos trabalhadores, dos trabalhadores subordinados (pois é disso que se trata) a Constituição portuguesa insere-se na linha de tantas outras Constituições de Estado social de Direito, entre os quais:

- a Constituição mexicana de 1917, com todo um título sobre trabalho e previdência social (arts. 123.º e segs.);
- a Constituição alemã de 1919 (Weimar), com um catálogo de direitos fundamentais dos trabalhadores (arts. 153.º e segs.);
- o preâmbulo da Constituição francesa de 1946, proibindo discriminações no trabalho e consagrando direitos sindicais, o direito à greve e a participação na determinação das condições de trabalho;
- a Constituição italiana de 1947, declarando a Itália uma república fundada no trabalho (art. 1.º) e consagrando direitos económicos em sua consonância (art.
- a Constituição espanhola de 1978, prevendo um estatuto dos trabalhadores (art. 35.º, n.º 1) e consagrando vários direitos no âmbito dos princípios directivos da política social e económica;
- a Constituição holandesa de 1983 (art. 9.º);
- a Constituição brasileira de 1988, estabelecendo um capítulo sobre direitos dos trabalhadores (arts. 7.º e segs.);
- a Constituição polaca de 1997 (arts. 65.º e 66.º).

7. Mas, antes de se proceder a um quadro classificatório dos direitos dos trabalhadores na Constituição, importa ver como o princípio da igualdade se projecta na Constituição do trabalho.

Assim, ele implica:

---

da República Portuguesa Anotada, I, 4.ª ed., Coimbra, 2007, págs. 702 e segs.; JORGE MIRANDA e RUI MEDEIROS, *Constituição Portuguesa Anotada*, I, 2.ª ed., Coimbra, 2010, págs. 1045 e segs., e ainda MENEZES CORDEIRO, *Manual de Direito do Trabalho*, Coimbra, 1991, págs. 137 e segs.; MÁRIO PINTO, *Direito do Trabalho*, I, Lisboa, 1996, págs. 132 e segs.; BERNARDO XAVIER, *Curso de Direito do Trabalho*, I, 3.ª ed., Lisboa, 2004, págs. 481 e segs.; PEDRO ROMANO MARTINEZ, *Direito do Trabalho*, 4.ª ed., Coimbra, 2007, págs. 164 e segs.; JÚLIO GOMES, *Direito do Trabalho*, Coimbra, 2007, págs. 265 e segs.; ANTÓNIO MONTEIRO FERNANDES, *op. cit.*, págs. 65 e segs.; MARIA DO ROSÁRIO PALMA RAMALHO, *Direito do Trabalho*, I – *Dogmática Geral*, 2.ª ed., Coimbra, 2009, págs. 85 e segs.; LUÍS MENEZES LEITÃO, *Direito do Trabalho*, 2.ª ed., Coimbra, 2010, págs. 66 e segs.

- A proibição de despedimentos por motivos políticos ou ideológicos (art. 53.º);
- O exercício da liberdade sindical, em todas as suas vertentes, sem qualquer discriminação (art. 55.º, n.º 2);
- A igualdade de oportunidades na escolha de profissão ou género de trabalho [art. 58.º, n.º 2, alínea b), 1.ª parte] e a igualdade no acesso à função pública (art. 47.º, n.º 2);
- Em especial, a criação de condições para que não seja vedado ou limitado, em função do sexo, o acesso a quaisquer cargos, trabalho ou categorias profissionais [art. 58.º, n.º 2, alínea b), 2.ª parte];
- A retribuição do trabalho segundo a quantidade, a natureza e a qualidade, observando-se o princípio de que a trabalho igual salário igual [art. 59.º, n.º 1, alínea a)].

Tal como determina discriminações positivas:

- A especial protecção do trabalho das mulheres durante a gravidez e após o parto, bem como do trabalho dos menores, dos diminuídos e dos que desempenhem actividades particularmente violentas ou em condições insalubres, tóxicas ou perigosas [art. 59.º, n.º 2, alínea c)];
- A protecção das condições de trabalho e dos benefícios sociais dos trabalhadores emigrantes [art. 59.º, n.º 2, alínea e)];
- A protecção das condições de trabalho dos trabalhadores estudantes [art. 59.º, n.º 2, alínea f)];
- As garantias especiais dos salários (art. 59.º, n.º 2).

O Código do Trabalho desenvolve e concretiza o princípio e estas regras (*maxime* arts. 23.º e segs.).

8. Concentrando um pouco mais a atenção no princípio ou subprincípio do art. 59.º, n.º 1, alínea a) da Constituição[17][18]:

---

[17] Fontes: projectos de Constituição do Movimento Democrático Português, art. 40.º; do Partido Comunista Português, art. 35.º, n.º 5; do Partido Socialista, art. 30.º, n.º 2, alínea a); do Partido Popular Democrático, art. 53.º, n.º 1, alínea b). V. *Diário da Assembleia Constituinte* n.º 48, de 17 de Setembro de 1975, págs. 1395 e 1396.
Noutros países, cfr. Constituições mexicana (art. 123.º-VII) e italiana (art. 36.º).
[18] Cfr., por todos, JÚLIO GOMES, *Algumas reflexões sobre o ónus da prova em matéria*

a) Trabalho igual é aquele em que as funções desempenhadas ao mesmo empregador são iguais ou objectivamente semelhantes em natureza, qualidade e quantidade [art. 23.º, n.º 1, alínea *c*) do Código do Trabalho];

b) Trabalho de valor igual corresponde a um conjunto de funções prestadas ao mesmo empregador, consideradas equivalentes, atendendo, nomeadamente, às qualificações ou experiências exigidas, às responsabilidades atribuídas, ao esforço físico e psíquico e às condições em que o trabalho é efectuado [art. 23.º, n.º 1, alínea *d*)].

E, no tocante a "trabalho igual salário igual", conforme a jurisprudência do Tribunal Constitucional:

"O *princípio* «para trabalho igual salário igual» não proíbe, naturalmente, que o *mesmo tipo de trabalho* seja remunerado em termos quantitativamente diferentes, conforme seja feito por pessoas com mais ou menos habilitações e com mais ou menos tempo de serviço, pagando-se mais, naturalmente, aos que maiores habilitações possuem e mais tempo de serviço têm.

"O que o princípio proíbe é que se pague de maneira diferente a trabalhadores que prestam o mesmo tipo de trabalho, têm iguais habilitações e o mesmo tempo de serviço.

"O que, pois, se proíbe são as *discriminações*, as distinções sem fundamento material, designadamente porque assentes em meras categorias subjectivas.

"Se as diferenças de remuneração assentaram em critérios objectivos, então elas são materialmente fundadas, e não discriminatórias.

"Tratar por igual o que é essencialmente igual e desigualmente o que é essencialmente desigual"[19].

9. Falando em quadro classificatório dos direitos dos trabalhadores na Constituição portuguesa, importa salientar que se trata tão somente de

---

de paridade de trabalho retributivo ("A trabalho igual salário igual"), in I Congresso Nacional de Direito do Trabalho/Memórias, págs. 313 e segs.; ANTÓNIO MONTEIRO FERNANDES, *op.cit.*, págs. 446 e segs.; LUÍS MENEZES LEITÃO, *op.cit.*, págs. 179 e segs.

[19] Acórdão n.º 313/89, de 9 de Março, in *Diário da República*, 2.ª série, de 16 de Junho de 1989. V. também acórdãos n.º 584/98, de 20 de Outubro, e 423/2003, de 24 de Setembro, in *Diário da República*, 2.ª série, de 30 de Março e 20 de Novembro de 2003, respectivamente.

direitos *próprios* dos trabalhadores, e não de direitos comuns aos trabalhadores e às demais pessoas, como são, desde logo, o direito ao trabalho e a liberdade de escolha da profissão[20].

O Código do Trabalho tem, de resto, o cuidado de, sob a designação de direitos de personalidade (porque se trata de direitos nas relações entre particulares), de dedicar sucessivos preceitos (arts. 14.º e segs.):

- À liberdade de expressão e de opinião dos trabalhadores;
- À integridade física e moral;
- À reserva de intimidade da vida privada;
- À protecção dos dados pessoais;
- Aos dados biométricos;
- Aos testes e exames médicos;
- Aos meios de vigilância à distância e a sua utilização;
- À confidencialidade de mensagens e ao acesso à informação.

10. Eis, pois, o quadro dos direitos dos trabalhadores *como trabalhadores* na Constituição portuguesa e das correspondentes incumbências do Estado:

I
Liberdades, individuais e colectivas

1) Direito de constituir comissões de trabalhadores, inclusive comissões coordenadoras (art. 54.º, n.os 1 e 3).
2) Liberdade sindical [art. 55.º, n.os 1 e 2, alínea *a*)] e estas liberdades, como direitos particulares de associação, envolvem:
   - liberdade positiva e liberdade negativa [art. 55.º, alínea *b*)];
   - liberdade interna – [arts. 54.º, n.º 2, e 55.º, n.º 2, alíneas *c*) e *e*), e n.º 3] e liberdade externa (art. 55.º, n.os 4 e 5).
3) Direito de exercício de actividade sindical na empresa [art. 54.º, n.º 2, alínea *d*)].
4) Direito de contratação colectiva das associações sindicais (art. 56.º, n.º 3).

---

[20] Cfr. sobre isto, JORGE MIRANDA, *Manual* ..., IV, 3.ª ed., Coimbra, 2000, págs. 493 e segs. e JORGE MIRANDA e RUI MEDEIROS, *op.cit.*, I, págs. 963 e segs.

II
Direitos económicos com estrutura de direitos, liberdades e garantias

1) Direito à retribuição do trabalho (art. 59.º, n.º 1, alínea *a*)].
2) Direito a uma limitação máxima da jornada de trabalho [art. 59.º, n.º 1, alínea *d*)].
3) Direito ao descanso semanal [art. 59.º, n.º 1, alínea *d*)].
4) Direito a férias periódicas pagas [art. 59.º, n.º 1, alínea *d*)].
5) Direito a justa reparação em caso de acidente de trabalho ou de doença profissional [art. 59.º, n.º 1, alínea *f*), 2.ª parte].
6) Direito a que todo o tempo de trabalho contribua para o cálculo das pensões de velhice e invalidez, independentemente do sector de actividade em que tiver sido prestado (art. 63.º, n.º 4)

III
Direitos de participação

A) *Das comissões de trabalhadores e das associações sindicais*
1) Direito a informação [arts. 54.º, n.º 5, alínea *a*), e 55.º, n.º 6, 1.ª parte].
2) Direito de participação na elaboração da legislação do trabalho [arts. 54.º, n.º 5, alínea *d*), e 56.º, n.º 2, alínea *a*)].
3) Direito de participação nos processos de reestruturação das empresas [arts. 54.º, n.º 5, alínea *c*), e 56.º, n.º 2, alínea *e*)].

B) *Das comissões de trabalhadores, só*
1) Direito de controlo de gestão nas empresas [art. 54.º, n.º 5, alínea *b*)].
2) Direito de participar na elaboração dos planos económico-sociais que contemplem o respectivo sector [art. 54.º, n.º 3, alínea *d*), 2.ª parte].
3) Direito de gerir ou de participar na gestão das obras sociais da empresa (art. 54.º, n.º 5, alínea *e*)].
4) Direito de promover a eleição de representantes dos trabalhadores para os órgão sociais de empresas pertencentes ao Estado ou a outras entidades públicas [arts. 54.º, n.º 5, alfnea *e*), e 89.º].

C) *Das associações sindicais, só*
1) Direito de participar na gestão das instituições de segurança social e de outras organizações que visem satisfazer os interesses dos trabalhadores [arts. 56.º, n.º 2, alínea *b*), e 63.º, n.º 2].

2) Direito de pronunciar-se sobre os planos económico-sociais e de acompanhar a sua execução [art. 56.º, n.º 2, alínea c)].
3) Direito de se fazer representar nos organismos de concertação social [art. 56.º, n.º 2, alínea d)] e no Conselho Económico e Social (art. 92.º, n.º 2).

D) *Direitos especiais na política agrícola*
Direito de participação na definição da política agrícola (art. 98.º).

IV
Garantias

1) Proibição de despedimentos sem justa causa (art. 53.º, 2.ª parte).
2) Proibição de despedimentos por motivos políticos ou ideológicos (art. 53.º, 3.ª parte).
3) Protecção legal dos representantes eleitos dos trabalhadores contra quaisquer formas de condicionamento, constrangimento ou limitação do legítimo exercício das suas funções (arts. 55.º, n.º 6, 2.ª parte, e 54.º, n.º 4).
4) Direito à greve (art. 57.º).
5) Proibição do *lock-out* (art. 57.º, n.º 4).
6) Garantia dos salários (art. 59.º, n.º 3).
7) Garantias em processo disciplinar (art. 269.º, n.º 3).

V
Direitos sociais

1) Direito à organização do trabalho em condições socialmente dignificantes, de forma a facultar a realização pessoal e a permitir a conciliação da actividade profissional com a vida familiar [arts. 59.º, n.º 1, alínea b), e 67.º, n.º 2, alínea h)].
2) Direito à prestação de trabalho em condições de higiene, segurança e saúde [art. 59.º, n.º 1, alínea c)].
3) Direito ao repouso e aos lazeres [art. 59.º, n.º 1, alínea d), 1.ª parte].
4) Direito à assistência material em caso de desemprego [art. 59.º, n.º 1, alínea e)].
5) Direito a assistência em caso de acidente de trabalho ou de doença profissional [art. 59.º, n.º 1, alínea f), 1.ª parte].

6) Especial protecção do trabalho das mulheres durante a gravidez e após o parto [art. 59.º, n.º 2, alínea c), 1.ª parte].
7) Especial protecção do trabalho dos menores, dos diminuídos e dos que desempenhem actividades particularmente violentas ou em condições insalubres, tóxicas ou perigosas [art. 59.º, n.º 2, alínea c), 2.ª parte).
8) Direito de mães e pais à dispensa de trabalho (art. 68.º, n.os 3 e 4).

VI
Incumbências do Estado

1) Criação de condições de trabalho, retribuição e repouso (art. 59.º, n.º 2).
2) Proibição do trabalho de menores em idade escolar (art. 69.º, n.º 2).
3) Protecção dos emigrantes e dos imigrantes no domínio do ensino [art. 74.º, n.º 2, alíneas i) e j)].
4) Apoio a experiências viáveis de autogestão (art. 85.º, n.º 3).
5) Apoio aos trabalhadores rurais [arts. 93.º, n.º 1, alínea b), 94.º e 97.º].

A ESCRAVIDÃO CONTEMPORÂNEA, VALORIZAÇÃO DO TRABALHO E DIGNIDADE DA PESSOA HUMANA

Marco Antonio Marques da Silva
Professor Titular de Direito Processual Penal da PUC/SP
Vice – Coordenador da Pós – Graduação em Direito da PUC/SP
Desembargador do Tribunal de Justiça do Estado de São Paulo
Secretário Geral Executivo da CJLP –
Comunidade de Juristas de Língua Portuguesa

1. Introdução

Num mundo globalizado, em que a tecnologia propicia não só modernidade, mas conforto, bem estar e facilidade às pessoas, ainda existem práticas desumanas como o trabalho escravo.

Notícias denunciam o subjugo de pessoas a trabalhos forçados, seja no meio rural, em plantações, carvoarias, minas; seja como na região urbana, em tecelagens, construção civil e indústrias.

Segundo a Comissão Pastoral da Terra, estimativas recentes indicam a existência de aproximadamente 25 mil trabalhadores submetidos a trabalho forçado ou degradante no Brasil[1].

---

[1] http://www.anamatra.org.br/customtags/impresao.cfm?cod_conteúdo=8619 – 09/09/2009

Essa infeliz realidade significa a negação radical da cidadania, a omissão do Estado e a ausência de ética por parte daqueles que, em todos os níveis da sociedade civil e das autoridades, persistem em negar sua existência e se opõem ao seu combate[2].

É preciso admitir a existência e enfrentar o problema; identificar a origem e maneira de execução desses crimes bárbaros, bem como apontar caminhos para solucionar a questão, é o que buscamos nesta abordagem, porque só com o debate, a conscientização e mobilização de todos, sejam operadores do direito, governantes, sociedade civil, essa triste realidade poderá ser mudada.

2. Escravidão contemporânea

A escravidão contemporânea, ao contrário de sua forma originária, não se caracteriza pelo trato do escravo como coisa, objeto de propriedade do "senhorio"; é figura de muitas facetas e, embora desatrelada daquela idéia, é tão aviltante quanto.

Tolhe oportunidade dos indivíduos, impedindo-os de qualquer expansão social; coloca pessoas ao subjugo de forças econômicas; é obscura e dissimulada, o que a torna ainda mais agressiva e violenta, pela dificuldade em detectá-la e combatê-la.

A escravidão contemporânea é uma realidade mundial; não está restrita a determinada região ou país e vem sendo agravada, pelas crises financeiras, automação e modernização das linhas de produção industrial e agrícola entre outros fatores econômicos e sociais, que causam a diminuição do número de empregos.

Associados, o desemprego, a pobreza, a discriminação e o tráfico de pessoas fazem crescer vertiginosamente o número de indivíduos que são compelidos a aceitar trabalho em qualquer lugar, desempenhando qualquer atividade e em condições laborativas menos dignas, permanecendo nessa situação de forma compulsória, mediante coerção, fraude, ameaças, violência física e psíquicas, verdadeira negação da liberdade.

---

[2] ROZIERS, Henri Burin Des. Trabalho Escravo no Brasil Hoje. Anais da XVIII Conferência Nacional dos Advogados do Brasil, 2002, pág. 171/175.

Outro dado a ser considerado é que a escravatura atual é menos onerosa aos tomadores do serviço, do que era para o senhor de escravos, tornando essa prática mais instigante e rentável.

Antes, os escravos eram comprados e, como patrimônio, merecedores de cuidados, ao menos para mantê-los saudáveis ao lavor, assegurando o lucro e compensando o investimento. Hoje, os "escravos" são baratos e abundantes; a única preocupação dos "escravagistas" é controlar o trabalhador, pelo tempo em que for conveniente explorá-lo.

Não temos a intenção de fazer uma abordagem das causas sociais do "trabalho escravo", mas apenas enfocar o problema no âmbito jurídico, principalmente no que diz respeito aos instrumentos legais de controle já existentes, bem como a necessidade de uma melhor adequação e previsão de medidas eficazes para prevenir e combater esse flagelo.

Necessário, entretanto, estabelecer no que consiste essa prática aviltante e como se apresenta nos tempos atuais, para dar suporte ao questionamento de que forma e através de quais mecanismos combatê-la (apontar possíveis soluções, caminhos).

Álvaro Augusto Ribeiro Costa[3] anota que "o trabalho escravo não é algo que ocorre simplesmente em uma relação de uma pessoa diante de outra, em uma submissão que exige uma prestação de serviço. O trabalho escravo é um conjunto de elementos, é uma situação "tipo", e para que possamos enfrentar este problema é preciso compreender essa situação "tipo", embora ela não seja unívoca, dependendo do lugar e do tempo, ela pode ter suas modificações, mas de qualquer forma são situações "tipo", geradoras dos fenômenos individuais de negação de direitos que denominamos "trabalho escravo" ou "trabalho forçado".

O trabalho escravo muitas vezes é desacreditado pelo fato de ser entendido no sentido clássico da escravidão, total negação da condição humana, em que a pessoa como "coisa". No dizer de Jairo Lins de Albuquerque Sento-Sé "um objeto que possui um determinado valor econômico e que é parte integrante do patrimônio de seu senhor a ponto de poder ser negociado ou trocado por uma outra mercadoria que mereça a preferência daquele[4]".

---

[3] Costa, Álvaro Augusto Ribeiro. Trabalho Escravo. Anais da XVI Conferência Nacional da Ordem dos Advogados do Brasil, 1996, pág. 851/856.

[4] Sento-Sé, Jairo Lins de Albuquerque. Trabalho Forçado e a Questão do menor na Zona Rural do Brasil. Revista de Direito do Trabalho, n.º 96, ano 25, out– dez/1996, pág. 23/29.

As formas recentes de labor escravizado não se utilizam de correntes ou grilhões, mas de ardis e fraudes, igualmente sujeitando seres humanos à degradação física e moral.

Explora-se a minoria e o desespero do indivíduo desempregado e sem meios de subsistência própria, através da promessa de uma melhor condição de vida. Entre os mais vulneráveis a essa prática estão as mulheres, os migrantes, as crianças, os pobres e as minorias étnicas ou sociais. Os postulantes ao emprego passam a buscar formas alternativas de inserção no mercado de trabalho e acabam por aceitar qualquer promessa de trabalho e, ludibriados, sujeitam-se a trabalhos degradantes e/ou análogos à condição de escravo.

A escravidão contemporânea manifesta-se na clandestinidade e é marcada pela ação de organizações criminosas, que através do autoritarismo, segregação social e desrespeito aos direitos humanos, subjugam os trabalhadores não propriamente ao regime de escravidão, mas a condições análogas a ele ou a trabalhos degradantes.

Em qualquer delas a igualdade, a liberdade e a dignidade são princípios ignorados.

2.1. Trabalho Forçado

A Organização Internacional do Trabalho – OIT, na Convenção 29, artigo 2.º, item 1, da qual o Brasil é signatário, denomina trabalho forçado, obrigatório ou compulsório como "todo trabalho ou serviço exigido de um indivíduo, sob ameaça de qualquer penalidade e para o qual ele não se ofereceu de espontânea vontade."

Essa modalidade caracteriza-se, pois, pela coação e privação da liberdade, como forma de obter a prestação do serviço, o que acontece através de fraude, dívida, retenção de salários e/ou documentos, ameaças, violências, entre outros meios.

O trabalhador não pode decidir espontaneamente, pela aceitação do trabalho, ou então, quando seu início é consentido, é impedido de interromper sua execução ou o vínculo trabalhista.

A forma mais comum de trabalho forçado é o sistema de endividamento ou escravidão por dívida.

Nessa hipótese, o empreiteiro, chamado popularmente de "gato", é encarregado de aliciar trabalhadores, em geral, para prestar serviços em locais distantes de sua cidade de origem, prometendo bons salários. Assumindo o compromisso, o futuro trabalhador recebe um adiantamento de salário, para suprir as necessidades imediatas de seus familiares. Ao chegar no local laborativo, recebe víveres e equipamentos que serão usados no desempenho do trabalho para o qual foi contratado, os quais serão cobrados pelo empregador. Dessa maneira, o trabalhador endivida-se tanto antes de iniciar o vínculo empregatício como durante sua execução. O pagamento da dívida é feito mês a mês, através de desconto direto do salário, nada ou muito pouco restando em pecúnia ao empregado.

Desgastado com essa situação, o obreiro decide abandonar o emprego, sendo obrigado, coativamente, a manter-se na relação empregatícia, sob o argumento de que ainda possui dívidas a saldar junto ao empregador.

Essa situação termina por traduzir-se na insatisfação dos trabalhadores ou de parte deles que, depois de algum tempo sofrendo uma autêntica exploração pelo patrão, decidem abandonar o emprego. Nesse momento, é que acontece o pior: sob o argumento de que ainda possui dívidas a adimplir junto ao empregador, é coagido (inclusive fisicamente) a manter a relação de trabalho, violando o direito de ir e vir.

Por fim, quando esse trabalhador não interessa mais ao empregador, por qualquer motivo, seja pela velhice, doença ou automação do serviço, é dispensado, sem receber qualquer indenização.

2.2. Trabalho Desumano ou Degradante

A falta de liberdade ou cerceamento do direito de ir e vir não são as únicas configurações do trabalho escravo contemporâneo ou em condições análogas à de escravo, mas também o trabalho degradante, sem as mínimas condições de dignidade.

Caracteriza-se o labor em condições degradantes quando o trabalhador é exposto à circunstâncias insalubres, de risco à saúde ou à segurança, como nas hipóteses de falta de higiene, moradia e alimentação inadequadas, maus tratos e até mesmo assédios.

São condições intoleráveis que atentem contra sua higidez física e mental, agravadas pelo fato de não serem observadas a condição humana do empregado.

2.3. Superexploração

Constitui na submissão do prestador de serviços a jornadas exaustivas, por até dezesseis horas diárias, sem descanso semanal, sem remuneração por horas extras, bem como à tarefas incompatíveis à sua compleição física, idade e número de trabalhadores, exigindo de única pessoa a produção que seria feita por duas ou mais.

Portanto, trabalho em condição análoga à de escravo é aquela em que há restrição, em qualquer forma, à liberdade do trabalhador ou quando não são respeitados os direitos mínimos para o resguardo à sua dignidade.

Não é raro todas essas irregularidades estarem juntas – trabalho forçado, degradante, com superexploração –, suprimindo os direitos trabalhistas mais básicos.

3. Tráfico de seres humanos

Intolerável e diretamente relacionado ao trabalho escravo é o tráfico de seres humanos.

Essa prática tem ocorrido, preocupantemente, por toda parte, relacionada às políticas de emigração e com a crise econômica e social, que afeta vários países. Agentes criminosos tirando partido dessa situação que gera pobreza e desemprego, encontram alta rentabilidade no tráfico de pessoas.

No passado os escravos eram capturados por grupos e vendidos como mercadorias. Hoje, a pobreza que torna populações socialmente vulneráveis garante oferta de mão-de-obra para o tráfico, sustentado pela demanda de força de trabalho.

O tráfico de seres humanos funciona como um processo e não apenas um ato, envolvendo desde o indivíduo que recruta ao que concretiza o fim pelo qual foi recrutado (recrutamento, transporte, recepção e emprego da pessoa traficada).

O Protocolo de Palermo[5] ratificado pelo Brasil em 2004 dispõe em seu artigo 3.º, que "a expressão "tráfico de pessoas" significa o recrutamento, o transporte, a transferência, o alojamento ou acolhimento de pes-

---

[5] Protocolo Adicional das Nações Unidas contra o Crime Organizado Transnacional Relativo à Prevenção, Repressão e Punição ao Tráfico de Pessoas.

soas, recorrendo à ameaça ou uso de força ou outras formas de coação, ao rapto, à fraude, ao engano, ao abuso de autoridade ou à situação de vulnerabilidade ou à entrega ou aceitação de pagamento de benefícios para obter o consentimento de uma pessoa que tenha autoridade sobre outra para fins de exploração. A exploração incluirá, no mínimo, a exploração da prostituição de outrem ou outras formas de exploração sexual, o trabalho ou serviços forçados, escravatura ou práticas similares à escravatura, a servidão ou a remoção de órgãos."

As vítimas são aliciadas, normalmente por pessoas inescrupulosas que ignoram a dignidade ou consideram legítimo privar dela um ser humano, através de oferta de emprego ou promessa de vida melhor. Entretanto, ao chegarem em seu destino, seus documentos e dinheiro são tomados, não há qualquer amparo ou possibilidade de reclamar ajuda, ficando à mercê dos aliciadores e terceiros beneficiados.

Esse crime é configurado pelo aliciamento enganoso ou coativo da vítima, com a apropriação da liberdade do traficado, por dívida ou outros meios, sempre com o propósito de exploração, seja ela sexual, laboral ou para retirada de órgãos.

O tráfico de pessoas é um fenômeno transnacional, extremamente lucrativo para seus autores, e está intimamente ligado à organizações criminosas e à pratica de outros crimes, como a falsificação de documentos, raptos, favorecimento da prostituição, trabalhos forçados, com redução à condição análoga a de escravo.

O tráfico de pessoas e a escravatura resultam na violação dos mais elementares direitos da pessoa e total desprezo pela dignidade humana.

4. Valorização do trabalho

Na antiguidade o trabalho era considerado (basicamente manual, então) como algo degradante para o homem (por isso, o escravo, único que trabalhava, era tido como coisa), algo inferior ao ócio, à vida contemplativa e à atividade militar[6].

---

[6] SILVA, José Afonso da. Comentário Contextual à Constituição. 6.ª Ed. São Paulo: Malheiros, 2009, pág. 39.

Na atualidade, é um dos fundamentos dos Estados Democráticos de Direto, como o Brasil[7]; é pilar de sustentação da organização econômica e social, desempenhando importante papel na sociedade, tendo em vista a função de criar riquezas, impulsionar a economia, fornecer estabilidade e progresso, mas principalmente pela dignificação do homem.

José Cretella Júnior[8] aponta dois ângulos, pelo menos, em que o trabalho pode ser apreciado: pelo individual ("o trabalho dignifica o homem") e pelo social, afirmando-se em ambos os casos, como valor que na escalonação axiológica se situa em lugar privilegiado. Dignificando a pessoa humana, o trabalho tem valor social dos mais relevantes, pelo que a atual Constituição Federal o coloca como um dos pilares da democracia brasileira.

A idéia de valorização do trabalho humano, como fonte de engrandecimento do mercado interno tem avançado nos últimos tempos. Reconhecido como importante elemento transformador da economia, o trabalho está diretamente relacionado à introdução de recursos financeiros no mercado de consumo.

De fato, o crescimento do trabalho é pré-condição para o crescimento da economia. Para se consumir, é necessário ter renda e para se ter renda, necessário trabalho.

Dessa forma, podemos afirmar que há lógica e estreita relação entre o crescimento social e o trabalho.

Entretanto, o trabalho não pode ser visto e tratado tão-somente como instrumento gerador de riquezas. Enquanto atividade social, fornece à pessoa humana as bases de sua autonomia e condições de vida digna e lhe confere uma de suas qualificações, mais marcantes, já que muitas vezes o indivíduo é reconhecido por sua profissão. É pelo trabalho que o homem realiza sua própria existência.

Mas não é qualquer trabalho, em qualquer circunstância. É aquele que lhe altiva, enobrece e não aquele que apenas lhe fornece meios parcos de sobrevivência, fato que tolhe a dignidade ao invés de acrescê-la.

---

[7] CF, artigo 1.º. A República Federativa do Brasil, formada pela união indissolúvel dos Estados e Municípios e do Distrito Federal, constitui-se em Estado Democrático de Direito e tem como fundamento:.......... IV – os valores sociais do trabalho e da livre iniciativa.

[8] CRETELLA JÚNIOR, José. Comentários à Constituição Brasileira de 1988. 3.ª Ed. Rio de Janeiro: Forense Universitária, 1997, p. 139/140.

Nesse contexto, o trabalho que edifica, é aquele que respeita os direitos sociais e faz realizar os princípios norteadores dos direitos humanos. Não é aquele imposto, mas o livremente escolhido e adequadamente reconhecido e recompensado.

A valorização do trabalho, portanto, só se efetiva com a concessão de ampla liberdade de escolha ao trabalhador do próprio lavor, assegurando-lhe condições de igualdade, respeito, justa remuneração, de forma a possibilitar a ele e seus familiares o gozo dos demais direitos sociais, como saúde, educação, moradia, lazer, alimentação de qualidade entre outros.

Equivale à valorizar a pessoa humana, e o exercício de uma profissão pode e deve conduzir à realização de uma vocação do ser humano.

No entanto, a desvalorização do trabalho vem se agravando na atualidade, fato decorrente do desemprego, crise econômica, ganância e se alastra de forma assustadora através de práticas abusivas que se podem chamar de escravidão contemporânea.

Além disso, as formas precárias de contratação, as questões que envolvem a saúde do trabalhador – como a produtividade, o ritmo do trabalho, o assédio moral e as doenças profissionais.

O desemprego é uma das facetas mais perversas da negação da cidadania. Se não há trabalho elimina-se a possibilidade de acesso aos bens mais básico da vida (alimentação, moradia, educação e saúde) e pouca relevância terá para o cidadão o direito de votar e ser votado, o direito de se expressa e se locomover[9].

É contra essa situação que temos de lutar, resistir, para que se possa encontrar trabalho decente para os cidadãos; trabalho decente, que dignifica e permite desenvolvimento das próprias capacidades não é qualquer trabalho; não é decente o trabalho que realiza sem respeito aos princípios e fundamentos, nem aquele que não permite o ingresso justo no mercado de trabalho, sem discriminação de gênero ou de qualquer outro tipo, nem o que ocorre sem proteção social, ou que exclui o diálogo social.

Desta forma, faz-se mister a valorização do trabalho humano, que, se por um lado, traz as benesses da justiça social, gerando mais e melhores empregos, também fortalece a economia, ao passo que reinsere no mercado de consumo trabalhadores, que são consumidores em potencial.

---

[9] FERREIRA FILHO, Manoel Gonçalves. Comentários à Constituição Brasileira de 1988. São Paulo: Saraiva, v. 4, 1995, p. 06

O Estado deve buscar meios, para, de uma só vez, tirar o grande contingente de trabalhadores que ficam à margem do trabalho digno, a fim de que este não sirva apenas e tão-somente como mão de obra para o mercado econômico.

5. Instrumentos legais de controle e combate ao trabalho escravo

5.1. Legislação brasileira

– Constituição da República Federativa do Brasil de 1988 – estabelece que ninguém será submetido a tortura, nem a tratamento desumano ou degradante; que não haverá pena de trabalhos forçados no país (artigo 5.°, incisos III e XLVII), além de dedicar todo um Capítulo aos direitos sociais (Capítulo II, artigos 6.° ao 11).

– Código Penal Brasileiro tipifica e prevê punição às condutas de reduzir alguém à condição análoga à de escravo, quer submetendo-o a trabalhos forçados ou a jornada exaustiva, quer sujeitando-o a condições degradantes de trabalho ou restringindo, por qualquer meio, sua locomoção em razão de dívidas contraídas com o empregador ou prepostos (artigo 149); cercear o uso de qualquer meio e transporte por parte do trabalhador, com o fim de retê-lo no local de trabalho; mantém vigilância ostensiva no local de trabalho ou se apoderar de documentos ou objetos pessoais do trabalhador, com o fim de retê-lo no local de trabalho (artigo149, §1°, incisos I e II). Além disso, dispõe que será punido aquele que constranger alguém, mediante violência ou grave ameaça, a celebrar contrato de trabalho (artigo 198); frustrar, mediante fraude ou violência, direito assegurado pela legislação do trabalho (artigo 204); obrigar ou coagir alguém a usar mercadorias ou determinado estabelecimento, para impossibilitar o desligamento do serviço em virtude de dívida (artigo 203, § 1°, incisos I e II); impedir alguém de se desligar de serviços de qualquer natureza, mediante coação ou por meio de retenção de seus documentos pessoais ou contratuais (artigo 206); aliciar trabalhadores, como o fim de levá-los de uma para outra localidade do território nacional ou recrutar trabalhadores fora da localidade de execução do trabalho, dentro do território nacional, mediante fraude ou cobrança de qualquer quantia do trabalhador ou, ainda, não assegurar-lhe condições de retorno ao local de origem (artigo 207, *caput* e § 1.°).

– Lei 10.608/02, que assegura o pagamento de seguro-desemprego ao trabalhador resgatado da condição análoga à de escravo (regulamentação complementar – Resolução n.º 306, do Ministério do Trabalho e Emprego).

5.2. Normas Internacionais

– Convenção da Organização Internacional do Trabalho n.º 29, sobre o Trabalho Forçado ou Obrigatório, de 1930, promulgada pelo Brasil através do Decreto n.º 42.131/57, que define a expressão "trabalho forçado ou obrigatório" e estabelece diretrizes para evitar essa prática.

– Declaração Universal dos Direitos dos Humanos, de 1948, dispõe que ninguém será mantido em escravidão ou servidão; a escravidão e o tráfico de escravos serão proibidos em todas as suas formas. Além disso, consigna que todo homem tem direito ao trabalho, à livre escolha do emprego, a condições justas e favoráveis em todas as suas formas, e que todo homem que trabalha tem direito a uma remuneração justa e satisfatória, que lhe assegure, assim como à sua família, uma existência compatível com a dignidade humana, e a que se acrescentarão, se necessário, outros meios de proteção social.

– Convenção sobre a Escravatura da Liga das Nações, emendada pelo Protocolo concluído na Sede da ONU em 1953, a qual o Brasil aderiu em 1965, através do Decreto Legislativo n.º 66, promulgada pelo Decreto n.º 58.563/66, estabelece o compromisso das partes contratantes a tomar medidas para impedir e reprimir o tráfico de escravos, promover a abolição completa da escravidão sob todas as suas formas; reconhecer que o recurso ao trabalho forçado ou obrigatório pode ter graves consequências e se comprometer a tomar todas as medidas necessárias para evitar que o trabalho forçado ou obrigatório produza condições análogas à escravidão.

– Convenção Suplementar sobre Abolição da Escravidão, Tráfico de Escravos e Instituições e Práticas Análogas à Escravidão, de 1956, aprovada pelo Brasil também através do Decreto Legislativo n.º 66, promulgada pelo Decreto n.º 58.563/66, em que os Estados participantes assumiram o compromisso de tomar todas as medidas, legislativas e de outra natureza, que sejam viáveis e necessárias, para obter progressivamente logo que possível, a abolição completa ou o abandono das instituições e práticas, onde quer que subsistam, que se enquadrem ou não na definição de escravidão, ou seja, o estado ou condição de um indivíduo sobre o qual se exercem todos ou parte dos poderes atribuídos ao direito de propriedade e escravo é o indivíduo em tal estado ou condição, consistentes na servidão, que se caracteriza pela condição de qualquer que seja obrigado pela lei, pelo costume ou por um acordo, a viver e trabalhar uma terra pertencente a outra pessoa e a fornecer a essa outra pessoa, contra remuneração ou gratuitamente, determinados serviços, sem poder mudar sua condição, bem como a servidão por dívidas, em que o devedor se compromete a fornecer, em garantia de uma dívida, seus serviços pessoais ou de outrem sobre o qual tem autoridade, se o valor desses serviços não for equitativamente avaliado no ato da liquidação da dívida ou se a duração desses serviços não for limitada, nem sua natureza definida.

– Convenção da Organização Internacional do Trabalho n.º 105, sobre a abolição do Trabalho Forçado, promulgada pelo Brasil em 1966, através do Decreto Legislativo n.º 58.822, estabelece o compromisso a seus membros de suprimir o trabalho forçado ou obrigatório, e a não recorrer a ele, sob forma de medida de coação, ou de educação política ou como sanção dirigida a pessoas que tenham ou exprimam certas opiniões políticas, ou manifestem sua oposição ideológica, à ordem política, social ou econômica estabelecida; como método de mobilização e de utilização de mão-de-obra para fins de desenvolvimento econômico; como medida de disciplina de trabalho; como punição por participação em greves ou como medida de discriminação racial, social, nacional ou religiosa.

– Pacto Internacional sobre Direitos Civis e Políticos, de 1966, aprovado pelo Brasil em 1991, através do Decreto Legislativo n.º 226, promulgado pelo Decreto n.º 592/92, dispõe que ninguém poderá ser submetido à escravidão ou servidão, nem mesmo ser obrigado a executar trabalhos forçados ou obrigatórios, além de proibir a escravidão, o tráfico de escravos, em todas as suas formas.

– Convenção Americana sobre Direitos Humanos – *Pacto de São José da Costa Rica*, de 1969, aprovado pelo Brasil através do Decreto Legislativo n.º 27/92, promulgada pelo Decreto n.º 678/92, proíbe a submissão de qualquer ser humano à escravidão ou à servidão, ao tráfico de escravos e de mulheres e estabelece que ninguém deve ser constrangido a executar trabalhos forçados ou obrigatórios.

– Pacto Internacional sobre Direitos Econômicos, Sociais e Culturais, de 1996, aprovado pelo Brasil em 1991, através do Decreto Legislativo n.º 226, promulgado pelo Decreto n.º 591/92, obrigando os Estados-Partes reconhecerem o direito de toda pessoa de gozar de condições de trabalho justas e favoráveis, que assegurem especialmente remuneração que lhe possibilite equidade salarial, existência decente para ele e sua família, segurança, higiene, descanso, lazer, férias remuneradas e limitação da jornada de trabalho.

6. Medidas para prevenção e repressão do trabalho escravo

Não há dúvida de que os direitos legalmente existem e são internacionalmente reconhecidos, mas o problema que se apresenta na atualidade refere-se à sua efetivação, que culmina na concretização da dignidade humana. Isso porque, para a maior parte da humanidade direitos humanos é expressão sem conteúdo[10].

O trabalho escravo está colocado dentro do vazio que existe entre a realidade vivida e experimentada e o quadro normativo do país, e essa defasagem imensa, que nos é imposta pelo desafio da superação, tem como vítimas sobretudo as chamadas "categoria vulneráveis", que se encontram nesta situação em razão de condições econômicas, sociais e até étnicas e culturais, conforme pondera Álvaro Augusto Ribeiro Costa[11]

Consciente de que a eliminação do trabalho escravo constitui condição básica para o Estado Democrático de Direito, esforços não devem ser medidos para erradicação de todas as formas contemporâneas de escravidão e trafico de pessoas.

Dados do Ministério do Trabalho e Emprego do Brasil apontam que até o início do ano de 2009, 157 (cento e cinqüenta e sete) operações de fiscalização foram realizadas com a liberação de 1482 (um mil quatrocentos e oitenta e duas) pessoas do trabalho escravo, totalizando o assustador número desde o ano de 1995, de 34.265 (trinta e quatro mil, duzentos e sessenta e cinco) trabalhadores resgatados em 2.342 (duas mil trezentas e quarenta e duas) fazendas fiscalizadas.

---

[10] SILVA, Marco Antonio Marques da. Cidadania e Democracia: Instrumentos para a Efetivação da Dignidade Humana, *in* Tratado Luso-Brasileiro da Dignidade Humana. 2.ª Ed. São Paulo: Quartier Latin, 2009, pág. 228

[11] COSTA, Álvaro Augusto Ribeiro. Trabalho Escravo. Anais da XVI Conferência Nacional da Ordem dos Advogados do Brasil, 1996, pás. 851/856.

Outro dado alarmante é o número de reincidência dos empregadores que se beneficiam do contemporâneo trabalho escravo, o que ocorre por dois principais motivos: a impunidade e a dificuldade de recolocação do trabalhador no mercado, mantendo sua condição de miserabilidade.

Entretanto, não basta o resgate para erradicação desse crime, é necessário combater a criminalidade desde sua origem.

É imprescindível a adoção de medidas tendentes a dificultar o recrutamento e o uso do trabalho escravo e a punir, de modo efetivo, seus transgressores. A simples comoção em relação aos seus efeitos, não resolve o problema.

A existência de direitos fundamentais separadas de sua garantia de nada vale, pois, como afirma Jorge Miranda, "Os direitos permitem a realização das pessoas e têm interferência imediata nas esferas jurídicas, enquanto as garantias estabelecem-se em função com o nexo que possuem com aqueles[12]".

A garantia do respeito aos direitos fundamentais torna-se expressa quando a Constituição afirma no seu artigo 5.º, inciso XXXV, que nenhuma lesão ou ameaça a direito será excluída da apreciação do Poder Judiciário.

Não podemos mais aceitar o formalismo legalista da função judicial, característico do Estado liberal, uma vez que o Estado Democrático de Direito, pelo seu crítico, não se satisfaz com uma pura e simples interpretação a partir de uma norma, como uma verdade universal e perene, distante da realidade onde deve intervir [13].

É ao poder jurisdicional que incumbe assegurar o cumprimento das normas constitucionais, mantendo sempre o curso do poder estatal em direção a proteção da dignidade da pessoa humana.

Há uma crise na área da justiça, o que é inegável.

Ela decorre da ineficiência dos institutos tradicionais para resolver os conflitos existentes na sociedade moderna; a sociedade se sente fragilizada e atemorizada, aceitando, muitas vezes, o risco, o que determina novas posturas do cidadão diante das ameaças sociais, levando o Estado ao conflito entre a imposição de meios mais rigorosos para tentar diminuir

---

[12] MIRANDA, Jorge. Manual de Direito Constitucional. t. IV, 4.ª Ed. Coimbra Editora, 2008, pág. 89.

[13] SILVA, Marco Antonio Marques da. Trabalho Escravo e Dignidade Humana, *in* Tráfico de Pessoas. São Paulo: Quartier Latin, 2010, pág. 206/207.

estes riscos, e a possibilidade de atingir de forma mais violenta a liberdade humana, o que contraria o perfil democrático.

Contudo, a responsabilidade não pode ser imputada única e exclusivamente ao Poder Judiciário. Existem vários processos em andamento, mas a burocratização legislativa e a dificuldade de se conseguir provas, especialmente pelo temor de vítimas e testemunhas, engessam a justiça, contribuem para a demora no término dos processos e com a impunidade.

Por outro lado, em razão do forte componente transnacional desse tipo de criminalidade organizada, impõe a necessidade de aprofundar a cooperação com instituições internacionais

Outro aspecto relevante é o desenvolvimento de estratégias de assistência e facilitação do restabelecimento das vítimas de tráfico de pessoas e trabalho escravo na sociedade, assegurando-lhes colocação profissional, para que não sejam obrigadas novamente a aceitar essa subjugação.

Imprescindível também a adoção de medidas atinentes à conscientização e divulgação dessas práticas e suas consequências, já que a ignorância das vítimas é arma dada aos aliciadores e maus empregadores.

Não podemos deixar de consignar o imperativo de normas mais rígidas para compelir o empregador a satisfazer os direitos trabalhistas.

Como já observamos, embora necessária, a repressão não é suficiente. É preciso investir mais na sua prevenção, o que só poderá ser feito através da conjugação de vontades políticas e esforços do Governo, da sociedade civil, dos setores privados.

É necessário, pois, estabelecer um plano ético, multidisciplinar, para promoção do homem para a justiça e para a paz, sem o que a dignidade não se realiza, tornando inócuos os fins sociais.

Flavia Piovesan[14] anota que "a ética dos direitos humanos é a ética que vê no outro um ser merecedor de igual consideração e profundo respeito, dotado do direito de desenvolver as potencialidades humanas, de forma livre, autônoma e plena. É a ética orientada pela afirmação da dignidade e pela prevenção ao sofrimento humano."

Entretanto, para que a ética democrática esteja verdadeiramente a serviço da sociedade, é preciso também que se reconheça o ser humano como

---

[14] PIOVESAN, Flávia. Tráfico de Pessoas para Fins de Exploração Sexual. *In* http://www.justica.sp.gov.br/downloads/biblioteca – 09.09.2009

cidadão ativo, pleno de direitos e de garantias, que ultrapasse os textos legais para a realidade da vida diária[15].

7. Dignidade da pessoa humana

O Estado Democrático de Direito tem como fundamento a soberania, a cidadania, a dignidade da pessoa humana, os valores sociais do trabalho e da livre iniciativa e o pluralismo.

Uma das características salientes do Estado de Direito de que aqui se trata é seu comprometimento prioritário não como o Estado e o poder instituído constitucionalmente, mas com os direitos fundamentais, inerentes à cidadania, razão de ser, justificativa primeira e última de um Estado, que se pretenda verdadeiramente democrático[16].

Os princípios que norteiam nosso direito são as linhas mestras que estabelecem os limites da atuação do Estado na sociedade contemporânea e, embora todos reflitam na interpretação e aplicação das leis, destacam-se a dignidade da pessoa humana e o pluralismo político como os principais para modificar a forma de análise dos fatos de interesse jurídico.

A dignidade da pessoa humana é o reconhecimento constitucional dos limites da esfera de intervenção do Estado na vida do cidadão e por essa razão os direitos fundamentais, no âmbito do poder do Estado, dela decorrem, determinando que a função judicial seja um fator relevante para conhecer-se o alcance real destes direitos.

A dignidade decorre da própria natureza humana, o ser humano deve ser sempre tratado de modo diferenciado em face de sua natureza racional. O seu respeito não é uma concessão ao Estado, mas nasce da própria soberania popular, ligando-se a própria noção de Estado Democrático de Direito.

Inexiste uma específica definição para a dignidade humana, porém, ela se manifesta em todas as pessoas, já que cada um, ao respeitar o outro, tem a visão do outro.

---

[15] SILVA, Marco Antonio Marques da. op.cit, pág. 232
[16] GUERRA FILHO, Willis Santiago. Dignidade Humana, Princípio da Proporcionalidade e Teoria dos Direitos Fundamentais, *in* Tratado Luso-Brasileiro da Dignidade Humana. 2.ª Ed. São Paulo: Quartier Latin, 2009, pág. 307.

A dignidade humana existe em todos os indivíduos e impõe o respeito mútuo entre as pessoas, no ato da comunicação, e que se opõe a uma interferência indevida na vida privada pelo Estado. Tais direitos são inerentes, porque conhecidos pelas pessoas, não podendo, portanto, o Estado desconhecê-los. A este cabe, ainda, criar condições favoráveis para sua integral realização.

A dignidade humana está ligada a três premissas essenciais: a primeira refere-se ao homem, individualmente considerado, sua pessoalidade e os direitos a ela inerentes, chamados de direitos da personalidade; a segunda, relacionada à inserção do homem na sociedade, atribuindo-lhe a condição de cidadão e seus desdobramentos; a terceira, ligada à questão econômica, reconhecendo a necessidade de promoção dos meios para a subsistência do indivíduo.

Jorge Miranda pontua "Característica essencial da pessoa – como sujeito, e não como objecto, coisa ou instrumento – a dignidade é um princípio que coenvolve todos os princípios relativos aos direitos e também aos deveres das pessoas e à posição do Estado perante elas. Princípio axiológico fundamental e limite transcendente do poder constituinte, dir-se-ia mesmo um *metaprincípio*[17]."

Ingo Wolfgang Sarlet salienta que "dignidade é a qualidade intrínseca e distintiva de cada ser humano que faz merecedor do mesmo respeito e consideração por parte do Estado e da comunidade, implicando, neste sentido, um complexo de direitos e deveres fundamentais que asseguram a pessoa, tanto contra todo e qualquer ato de cunho degradante e desumano, como venham a lhe garantir as condições existências mínimas para uma vida em comunhão com os demais seres humanos[18]."

A dignidade da pessoa humana fundamenta e confere unidade não apenas aos direitos fundamentais – desde os direitos pessoais (direito à vida, à integridade física e moral etc.), até os direitos sociais (direito ao trabalho, à saúde, à habitação), passando pelos direitos dos trabalhadores (direito à segurança no emprego, liberdade sindical etc.) – mas tam-

---

[17] MIRANDA, Jorge. A Dignidade da Pessoa Humana e a Unidade Valorativa do Sistema de Direitos Fundamentais, *in* Tratado Luso-Brasileiro da Dignidade Humana. São Paulo: Quartier Latin, 2008, pág. 170.

[18] SARLET, Ingo Wolfgang. Dignidade da Pessoa Humana e Direitos Fundamentais na Constituição, 6.ª Ed., Porto Alegre: Livraria do Advogado, 2009, pág. 63.

bém à organização econômica (princípio da igualdade da riqueza e dos rendimentos)[19].

Essa vinculação ao sistema de direitos fundamentais se justifica na medida em que não é possível conceber dignidade sem o mínimo imprescindível ao pleno desenvolvimento da personalidade humana.

Os direitos fundamentais, por sua vez, constituem "o conjunto institucionalizado de direitos e garantias do ser humano que tem por finalidade básica o respeito a sua dignidade, por meio de sua proteção contra o arbítrio do poder estatal e o estabelecimento de condições mínimas de vida e desenvolvimento da personalidade humana[20]".

A primeira dimensão dos direitos humanos compõe-se das liberdades públicas, constituindo o núcleo dos direitos fundamentais, integrados pelos direitos individuais e políticos. Decorrem da natureza humana e são chamados de direitos negativos, porque impõem a obrigação de não fazer ao Estado, de omissão, ou seja, não praticar atos ou condutas tendentes a reduzi-los ou eliminá-los e só permitem certa relativização quando, em situações excepcionais, confrontam-se com direitos de igual grandeza ou se inevitável for a sua disposição em prol da ordem social, como no caso de guerras ou outras causas extremadas.

A segunda dimensão integra-se pelos chamados direitos sociais, que possibilitam a inserção efetiva do homem na comunidade, "na medida em que apenas o reconhecimento de direitos fundamentais como à liberdade e à dignidade do ser humano são insuficientes para dar ao homem condição de vida digna em sociedade e de permitir-lhe inserir-se em seu tempo e em sua comunidade plenamente"[21].

Na Constituição da República de 1988, em seu artigo 6º, os direitos sociais receberam tratamento constitucional, que relaciona os postulados indispensáveis para assegurar a condição de digno aos seus cidadãos: educação, saúde, trabalho, moradia, lazer, segurança, previdência social, maternidade e infância e assistências aos desamparados.

---

[19] CANOTILHO, José Joaquim Gomes e MOREIRA, Vital. Constituição da República Portuguesa Anotada, 3.ª Ed. Coimbra: Editora Coimbra, 1993, p. 58/59.

[20] MORAES, Alexandre de. Direitos Humanos Fundamentais. São Paulo: Atlas, 2000, p. 39.

[21] MARTINS, Ives Gandra da Silva e BASTOS, Celso Ribeiro. Comentários à Constituição Brasileira, 1.º volume, 1.ª Ed. São Paulo: Saraiva, 1996, pág. 126.

A terceira dimensão assegura os direitos difusos e coletivos, enquanto que a quarta está relacionada à proteção da biodireito.

Dessa forma, o trabalho escravo e tráfico de seres humanos, por violarem a dignidade da pessoa humana, desrespeitam todas as dimensões dos direitos humanos, em especial as duas primeiras, já que suas práticas, no mínimo, aniquilam o direito à liberdade e suprimem os sociais.

Pelo princípio da dignidade da pessoa humana todo ser humano deve ser reconhecido como membro da humanidade e ser tratado com respeito e consideração pelos demais indivíduos, grupos, organizações sociais e pelo Estado.

Carla Tereza Martins Romar[22] observa que, "um dos aspectos que compõem a dignidade humana é o *trabalho*. Como diz o antigo ditado, *o trabalho dignifica o homem,* um homem sem trabalho é um homem que tem sua dignidade afetada; o trabalho é fator de dignidade para o ser humano."

E continua: "Embora repetitivas, tais afirmações dão a exata dimensão do que o *trabalho* representa nos dias de hoje, após a longa e difícil trajetória histórica da afirmação dos direitos humanos e dos direitos do trabalhador: o trabalho figura como um dos componentes da dignidade do homem; direciona-se para o bem-estar do ser humano e funciona como fator de inserção do homem na sociedade.

O estudo da relação existente entre dignidade humana e trabalho abrange três questões iniciais: a) a dignidade se afirma a partir da garantia ao trabalho, ou seja, o fato de *ter trabalho* assegura ao homem *dignidade*; b) a dignidade somente é assegurada se o *trabalho é decente*, ou seja, não basta ter trabalho, é preciso que do trabalho decorram circunstâncias que assegurem ao trabalhador e à sua família uma vida digna; e c) o ordenamento jurídico deve assegurar ao trabalhador *direitos fundamentais* e deve prever mecanismos de proteção e efetivação de tais direitos"

Devemos ter a consciência de que o "agir justo" é procurar o bem de todos os seres humanos, fundamento da solidariedade que deve pautar a vida comunitária. Trata-se, pois, de elemento essencial à igualdade e respeito, que tornam possível a convivência.

---

[22] ROMAR, Carla Teresa Martins. Direito do Trabalho e Dignidade da Pessoa Humana, *in* Tratado Luso-Brasileiro da Dignidade Humana. 2.ª Ed. São Paulo: Quartier Latin, 2009, pág. 1393.

Portanto, assegurar a todos o direito ao trabalho, estabelecendo-se mecanismos eficazes de inserção de todas as pessoas no mercado de trabalho, condizentes com os valores inerentes à dignidade humana é dever do Estado Democrático de Direito, que tem como postulado a efetivação da Dignidade Humana.

8. Conclusão

I – A dignidade da pessoa humana está vinculada ao sistema de direitos fundamentais, entendido estes como o conjunto de direitos e garantias indispensáveis ao estabelecimento de condições mínimas de vida e desenvolvimento da personalidade humana .

II – O princípio da dignidade humana indica que toda pessoa deve ser reconhecida como membro da humanidade e ser tratada com respeito e consideração pelos demais indivíduos e pelo Estado.

III – Assegurar a todos o direito ao trabalho, estabelecendo-se mecanismos eficazes de inserção das pessoas no mercado, condizentes com os valores inerentes à dignidade humana é dever do Estado Democrático de Direito e seu postulado de efetivação da Dignidade Humana.

IV – O trabalho escravo contemporâneo, embora não realizado nos mesmos moldes antigos, considerando a pessoa como "coisa", passível de ser submetida ao domínio de outrem, é tão deplorável quanto o de outrora.

V – No passado, os escravos eram capturados por grupos e vendidos como mercadorias. Hoje, verdadeiras organizações criminosas se encarregam de aliciar o trabalhador e traficá-lo até os locais onde ocorrerá a exploração laboral.

VI – A submissão de pessoas ao trabalho escravo, forçado, em condições análogas a escravidão ou degradantes é uma realidade que ainda persiste nos dias de hoje.

VII – Atualmente exploram-se as minorias mais desfavorecidas da população, subjugando-as à condições análogas à de escravos, quer por meio de trabalhos forçados, degradantes ou pela superexploração.

VIII – Essa prática é verdadeiro desrespeito aos princípios que norteiam o Estado Democrático de Direito, em especial a dignidade da pessoa humana.

IX – Diversos são os instrumentos legais, nacionais ou internacionais, de combate ao trabalho escravo. Entretanto, não basta o reconhecimento formal do direito e sua catalogação como norma; é preciso assegurar sua efetivação.

X – Inúmeras pessoas são resgatadas do trabalho escravo ou análogos através de operações de fiscalização, mas para a erradicação do problema isso não basta, é necessário combatê-lo desde sua origem.

XI – Medidas eficazes a dificultar e impedir essa prática desumana devem ser tomadas, evitando-se a impunidade e sua reiteração; para isso indispensável é a atuação mais efetiva dos órgãos do Poder Público e da própria sociedade.

XII – São instrumentos salutares à erradicação do trabalho escravo, a informação e conscientização da população mais vulnerável, bem como viabilização da colocação profissional e melhores condições sociais, permitindo que o trabalho seja efetiva condição de Dignidade Humana.

9. Bibliografia

CANOTILHO, José Joaquim Gomes e Moreira, Vital. Constituição da República Portuguesa Anotada, 3.ª Ed. Coimbra: Editora Coimbra, 1993.

COSTA, Álvaro Augusto Ribeiro. Trabalho Escravo. Anais da XVI Conferência Nacional da Ordem dos Advogados do Brasil, 1996, pág. 851/856

COSTA, José de Faria e SILVA, Marco Antonio Marques da. Direito Penal Especial, Processo Penal e Direitos Fundamentais: Visão Luso-Brasileira. São Paulo: Quartier Latin, 2006.

CRETELLA JÚNIOR, José. Comentários à Constituição Brasileira de 1988. 3.ª Ed. Rio de Janeiro: Foresnse Universitária, 1997.

FERREIRA FILHO, Manoel Gonçalves. Comentários à Constituição Brasileira de 1988. São Paulo: Saraiva, v. 4, 1995.

GUERRA FILHO, Willis Santiago. Dignidade Humana, Princípio da Proporcionalidade e Teoria dos Direitos Fundamentais, *in* Tratado Luso-Brasileiro da Dignidade Humana. 2.ª Ed.. São Paulo: Quartier Latin, 2009.

MARTINS, Ives Gandra da Silva e BASTOS, Celso Ribeiro. Comentários à Constituição Brasileira, 1.º volume, 1.ª Ed. São Paulo: Saraiva, 1996.

MIRANDA, Jorge. A Dignidade da Pessoa Humana e a Unidade Valorativa do Sistema de Direitos Fundamentais, *in* Tratado Luso-Brasileiro da Dignidade Humana. 2.ª Ed.. São Paulo: Quartier Latin, 2009.

MIRANDA, Jorge. Manual de Direito Constitucional. t. IV, 4.ª Ed. Coimbra Editora, 2008.

MORAES, Alexandre de. Direitos Humanos Fundamentais. São Paulo: Atlas, 2000.

PEREIRA, Cláudio José Langroiva. Proteção Jurídico-Penal e Direitos Universais. São Paulo: Quartier Latin, 2008.

PIOVESAN, Flávia. Tráfico de Pessoas para Fins de Exploração Sexual. *In* http://www.justica.sp.gov.br/downloads/biblioteca – 09.09.2009

ROMAR, Carla Teresa Martins. Direito do Trabalho e Dignidade da Pessoa Humana, *in* Tratado Luso-Brasileiro da Dignidade Humana. 2.ª Ed. São Paulo: Quartier Latin, 2009, pág. 1389/1402.

ROZIERS, Henri Burin Des. Trabalho Escravo no Brasil Hoje. Anais da XVIII Conferência Nacional dos Advogados do Brasil, 2002, pág. 171/175.

SARLET, Ingo Wolfgang. Dignidade da Pessoa Humana e Direitos Fundamentais na Constituição, 6.ª Ed., Porto Alegre: Livraria do Advogado, 2009.

SENTO-SÉ, Jairo Lins de Albuquerque. Trabalho Forçado e a Questão do menor na Zona Rural do Brasil. Revista de Direito do Trabalho, n.º 96, ano 25, out--dez/1996, pág. 23/29.

SILVA, José Afondo da. Comentário Contextual à constituição. 6ª Ed. São Paulo: Malheiros, 2009.

SILVA, Marco Antonio Marques da. Cidadania e Democracia: Instrumentos para a Efetivação da Dignidade Humana, *in* Tratado Luso-Brasileiro da Dignidade Humana. 2.ª Ed.. São Paulo: Quartier Latin, 2009, pág. 223/236.

____. Trabalho Escravo e Dignidade Humana, *in* Tráfico de Pessoas. São Paulo: Quartier Latin, 2010, pág. 193/217.

____. Processo Penal e Garantias Constitucionais. São Paulo: Quartier Latin, 2006.

http://www.anamatra.org.br/customtags/impresao.cfm?cod_conteúdo=8619 – 09/09/2009

Relatório global do Seguimento da Declaração da OIT relativa a Princípios e Direitos Fundamentais no Trabalho – Conferência Internacional do Trabalho – 89.ª Reunião – 2001

Plano Nacional para a Erradicação do Trabalho Escravo – Presidência da República – Brasil – 2003.

Protocolo Adicional das Nações Unidas contra o Crime Organizado Transnacional Relativo à Prevenção, Repressão e Punição ao Tráfico de Pessoas.

GLOBALIZAÇÃO ECONÔMICA E DIREITOS FUNDAMENTAIS, EM FACE DOS CONCEITOS DE FLEXISEGURANÇA

CLAUDIO JOSÉ LANGROIVA PEREIRA
Professor Doutor em Direito Processual Penal da PUC/SP
Professor dos Cursos de Graduação e Pós-Graduação em Direito da PUC/SP
Advogado Criminal

1. Princípios e valores

A Constituição Federal deve ser reconhecida com uma base em valores eleitos pelo Estado Democrático de Direito[1], onde os princípios orientadores são permeados por previsões explícitas e implícitas, de forma a considerarmos, de maneira mais ampla, valores culturais, sociais, políticos, jurídicos, administrativos.

Assim, todo o sistema jurídico acaba alimentado por princípios norteadores de garantias e condutas, sem um rol taxativo, mas que expressamente determinam a proteção jurídica.

Podemos considerar, assim, que os princípios surgem como normas determinantes da realização de um projeto maior, e que envolvem possibilidades jurídicas e fáticas, em uma constituição reconhecida por Robert Alexy[2] como verdadeiros "mandados de otimização", que podem ser iden-

---

[1] Artigo 1.º, *caput*, da Constituição da República Federativa do Brasil.
[2] ALEXY, Robert. *Problemas de la teoria del discurso*. Atas do "Congreso Internacional de Filosofia", Córdoba: Universidade de Córdoba, 1988, pp. 59/70.

tificados por serem cumpridos por critérios de ponderação, em diversos graus, sendo incluídos como orientadores e fundamentadores de decisões.

Desta forma, decorrentes de todo um sistema jurídico-político, identificador do Estado Democrático de Direito, os princípios constituem verdadeira orientação motivadora de valores fundamentais, que acabam previstos, direta ou indiretamente, no âmbito da Constituição Federal.

2. Democracia e valores constitucionais.

O modelo de Estado Democrático de Direito ficou delimitado na Constituição Federal Brasileira através da identificação de princípios orientadores de soberania popular, cidadania, garantia da dignidade da pessoa humana, que reconhecem valores sociais do trabalho e da livre iniciativa, e acolhem o pluralismo político, na busca por justiça social através da defesa da liberdade e da igualdade[3].

Podemos destacar a cidadania, como valor jurídico-político de cada integrante do Estado brasileiro, e o direito à vida, à liberdade, à igualdade, à segurança e à propriedade como mecanismos disponíveis para a concretização da independência do povo e do Estado em relação a outros Estados[4], e assim constituindo uma individualidade cultural, política e social, que acabam por expressar todo um conteúdo social e democrático dos preceitos constitucionalmente adotados no Brasil[5], podemos destacar a cidadania, como valor jurídico-político de cada integrante do Estado brasileiro, e o direito à vida, à liberdade, à igualdade, à segurança e à propriedade.

De outro lado, decorrente da soberania e realização popular[6], apresentando a própria democracia como princípio informativo[7] de caráter social, participativo e pluralista do Estado brasileiro, surge a legalidade democrática como princípio, exigindo a subordinação dos integrantes do Estado ao regime regulador fundamental, expresso na Constituição.

---

[3] Artigos 1.º. e 3.º., da Constituição da República Federativa do Brasil.

[4] BARRETO, Vicente. "Interpretação Constitucional e Estado Democrático de Direito"..., p. 19 e ss.

[5] REALE, Miguel. *O Estado Democrático*..., p. 3.

[6] SILVA, José Afonso da. *Curso*..., p. 121 e ss.

[7] Artigo 1.º da Constituição da República Federativa do Brasil.

Podemos destacar, ainda, todo o sistema garantidor dos direitos fundamentais de natureza individual, coletiva, social e cultural[8]; o princípio da justiça social[9], em um exercício da democracia econômica, social e cultural[10]; os princípios da legalidade e da igualdade[11]; o princípio da segurança jurídica[12]; o princípio da independência de poderes[13]; todos integrantes desta organização democrática.

Não se afastando da adaptação aos reclamos da sociedade que soberanamente mantém sua existência, o princípio da justiça social possibilita a realização da democracia social e cultural, através dos valores sociais dominantes atingindo seus objetivos, de justiça social, sob a égide da legalidade.

Como condição pré-existente da própria natureza do homem[14], a dignidade assume forma com o reconhecimento do valor da pessoa humana, imposto no artigo 1º, inciso III, da Constituição da República Federativa do Brasil, como fundamento do Estado Democrático de Direito.

Surgindo como base de todos os direitos humanos previstos, a dignidade humana estabelece a conexão entre o ser humano e suas ações como integrante da sociedade, independentemente de quaisquer atributos de ordem pessoal, como função, título ou cargo[15], concretizando-se através do inter-relacionamento que a sociedade proporciona aos seus integrantes, pautado pela ética comportamental e pela intervenção do Estado somente como última opção.

Considerado como supra-princípio[16], e assim destacando-se como valor inerente à própria natureza do ser humano, em um caráter absoluto e informador de todos os demais princípios instrutores do Estado, a digni-

---

[8] Títulos II, VII e VIII, da Constituição da República Federativa do Brasil.
[9] Artigos 3.º, 170, *caput*, e 193, da Constituição da República Federativa do Brasil.
[10] J.J. Gomes Canotilho, em sua obra *Direito Constitucional* – 5.ª. ed., Coimbra: Almedina, 1991, p. 373 e ss.
[11] Artigo 5.º, *caput*, I e II, da Constituição da República Federativa do Brasil.
[12] Artigo 5.º, XXXVI e LXXIII, da Constituição da República Federativa do Brasil
[13] Artigo 2.º da Constituição da República Federativa do Brasil.
[14] REALE, Miguel. *O Estado Democrático*..., p. 106.
[15] CAMARGO, Antonio Luis Chaves. "Direitos Humanos e Direito Penal: limites da intervenção estatal no Estado Democrático de Direito". In: *Estudos Criminais em Homenagem a Evandro Lins e Silva (criminalista do século)*, São Paulo: Editora Método, 2001, p. 74.
[16] NUNES, Luiz Antônio Rizzatto. *O Princípio Constitucional*..., p. 50

dade humana não permite seu afastamento em favor de outro direito constitucionalmente previsto.

Como princípio orientador, exige um reconhecimento mútuo de direitos e deveres dos cidadãos e do Estado, fruto das experiências históricas do ser humano, que conduziram à segregação de seus direitos fundamentais e, via de conseqüência, à dimensão dos valores essenciais à concretização destes direitos na sociedade[17] e, assim, como limite de esfera de proteção e intervenção do Estado na vida do cidadão[18].

A Constituição que deve assumir em sua redação a existência dos direitos e garantias fundamentais, que estão acima de quaisquer ideologias políticas[19].

Importante, ainda, reiterar que, como limite de interferência que o próprio ser permite ao outro e em seu inter-relacionamento social, figura a dignidade como valor supremo, que assimila o conteúdo de todos os denominados direitos fundamentais de ordem pessoal, física e moral, social e econômica, definindo-se por características de autonomia e especificidade, sendo fonte de todos os direitos humanos.

Exigindo a participação efetiva e concreta para um desenvolvimento social, de acordo com os valores definidos pelo próprio grupo[20], aparece a dignidade como parâmetro social que prioriza seu cumprimento através da responsabilidade pessoal de cada integrante da sociedade, com base no seu mundo de vida.

Considerada como respeito mútuo em uma comunidade jurídica de convivência[21], possui um conteúdo de personalismo ético, de forma a possibilitar que cada ser humano possa atribuir um valor a si mesmo, a ser respeitado por todos os outros na sociedade.

---

[17] NUNES, Luiz Antônio Rizzatto. *O Princípio Constitucional da Dignidade da Pessoa Humana*, São Paulo: Editora Saraiva, 2.002, p. 48 e ss.

[18] MIRANDA, Jorge. *Manual de Direito Constitucional*, t. IV, 2.ª. edição, Coimbra: Coimbra Editora, 1998, p. 89.

[19] FERRAZ JÚNIOR, Tércio Sampaio. *Poder Constituinte*, São Paulo: Editora Revista dos Tribunais, 1995.

[20] CAMARGO, Antonio Luis Chaves. "Direitos Humanos e Direito Penal: limites da intervenção estatal no Estado Democrático de Direito"..., p. 74.

[21] LARENZ, Karl. *Derecho Civil parte general*, tradução Miguel Izquierdo y Macías-Picave, Madrid: Ed. Edersa, 1978, p. 44/46.

Mediante o reconhecimento pleno do Princípio da Dignidade Humana, podemos concluir que toda a Constituição exige um método de interpretação próprio, que leve em conta normas positivamente definidas, mas analisadas sob a ótica dos valores democráticos defendidos neste Estado, estabelecendo uma relação entre seus princípios orientadores e as práticas constitucionais que possibilitam sua materialização[22]. Só esta interpretação se justifica.

3. Os direitos sociais em face da expansão econômica

Após as grandes guerras mundiais, a sociedade mundial adotou princípios modeladores, verdadeiros mandados de otimização[23], que proporcionaram a preservação da ordem social e da ordem econômica, considerados assim como meios de produção de condições dignas de vida, buscando a integração e a sustentabilidade dos direitos fundamentais, e conseqüentemente afastando as desigualdades do modelo de estado democrático de direito[24].

Sustentada pelas idéias de supressão de barreiras alfandegárias e custos variados, instalou-se uma expansão econômica que proporcionou a internacionalização, e acabou por concorrer com a ampliação das relações comerciais e dos mercados de trabalho, estabelecendo uma verdadeira integração regional que, por outro lado, levou à instabilidade nas relações sociais, em especial de trabalho.

A nova ordem mundial reconheceu que a globalização surge como caminho evolutivo, incluindo características eminentemente econômicas[25], acenando para a possibilidade de uma globalização das relações sociais de caráter econômico, em uma ordem comunitária ou supranacio-

---

[22] BARRETO, Vicente. "Interpretação Constitucional e Estado Democrático de Direito"..., p. 14 e ss.

[23] ALEXY, Robert. *Sistema Jurídico, princípios jurídicos y razón práctica*, Buenos Aires: Doxa, 1988, p. 143 e ss.

[24] SILVA, Marco Antonio Marques. *Acesso à Justiça Penal e Estado Democrático de Direito*, São Paulo: Editora Juarez de Oliveira, 2001, p. 5 e ss.

[25] PETERMANN, Rolf. *Conceito jurídico de constituição econômica*. Dissertação de mestrado, Biblioteca de Direito da Universidade de São Paulo, São Paulo: Editoração do autor, 1990.

nal, com uma multiplicidade de sistemas normativos reguladores (anglo--saxão/*common law*; legalista de influência francesa ou tradicional ítalo--germânico), buscando um resultado satisfatório e eficaz, que deve manter as bases constitucionais do estado democrático de direito[26], conduzindo esta nova ordem econômica para um patamar de valorização do trabalho humano, superando contradições históricas entre trabalho e capital, em busca de uma revalidação dos princípios de dignidade da pessoa humana[27].

A nova realidade econômica globalizada estabeleceu critérios de modificação da aplicação da lei no espaço, pondo em crise o princípio da territorialidade, flexibilizando princípios de proteção e segurança jurídico sociais, justificada pelos mandatos de soberania que os Estados exercem quando das relações econômicas.

A sociedade de consumo, em uma recomposição social dirigida ao respeito às organizações transnacionais, empresariais, diretamente constituídas sobre severas previsões orçamentárias, planejamentos estratégicos e regulamentações objetivas dos limites de atuação, adaptou-se ao desenvolvimento técnico-científico, atribuindo valores significativos aos bens jurídicos de caráter econômico.

4. A constituição de uma teoria do bem jurídico segundo parâmetros democráticos

Como princípio e valor máximo, orientador do modelo de Estado Democrático de Direito, a dignidade humana precipita uma leitura de que tudo aquilo que, em um sentido amplo de conceituação doutrinária, possuir importância para o ser humano como objeto útil, apto para satisfazer suas necessidades, em um contexto de valoração pessoal, estabelecendo uma relação entre um indivíduo e um objeto deve ser considerado como bem.

Tendo como titular tanto o particular como a própria coletividade, o bem jurídico pode ser entendido como um valor ideal, proveniente da ordem social em vigor, juridicamente estabelecido e protegido, em relação ao qual a sociedade tem interesse na segurança e manutenção.

---

[26] Artigos 170 a 192, da Constituição da República Federativa do Brasil.
[27] Artigo 1.º, inciso III, da Constituição da República Federativa do Brasil.

O bem jurídico submete-se a comandos e proibições elencadas no Direito, que têm sua origem nas denominadas normas de valoração, decorrentes de aprovações e desaprovações sociais.

Envolvendo tanto objetos físicos como qualidades de uma pessoa, tanto direitos como garantias, materiais e imateriais, em uma constituição de interesses e objetos vinculados por um conceito de valores sociais, que os destaca como de grande ou significante valia, o bem jurídico dá preferência a determinados interesses considerados sagrados ou intocáveis, até que um novo conceito social surja[28].

O conceito de bem jurídico é obra da ilustração, do iluminismo, decorrente do pensamento de Paul Johann Anselm Feuerbach[29], que passou pela discussão jurídica de Karl Binding[30] e Franz von Liszt[31], até sua negação durante o domínio da escola nazista alemã de Kiel[32], que reduziu sua contextualização às lesões ao dever, estas como conteúdo ou sentido do próprio delito[33], o que foi facilmente aplicado pelo pensamento nazista, através da utilização de uma noção neokantiana de bem jurídico perfilada com a dependência normativa[34].

A recuperação das características sociais do conceito de bem jurídico, só acabou por ocorrer parcialmente com Hanz Welzel[35], que retoma

---

[28] ENGISCH, Karl. *Introdução ao pensamento jurídico*. 7.ª edição, tradução de J. Baptista Machado, Lisboa: Fundação Calouste Gulbenkian, 1996, p.46 e ss.

[29] A doutrina jurídica, em geral, praticamente de forma unânime, atribui a Paul Johann Anselm Feuerbach a limitação do Direito Penal à proteção de direitos ou interesses subjetivos, afetos a determinado sujeito. Neste sentido, dentre inúmeros outros: HASSEMER, Winfried. *Fundamentos...*; ROXIN, Claus. *Problemas...*, p. 27 e ss.; MIR PUIG, Santiago, *El Derecho Penal...*; SILVA SÁNCHEZ, Jesús-María, *Aproximación...*; PRADO, Luiz Régis, *Bem-Jurídico Penal...*, p. 28 e ss.

[30] BINDING, Carlo. *Compendio de diritto penale – parte generale*, tradução de Adelmo Borettini, Roma: Atheneum, 1927, p. 197 e ss.

[31] LISZT, Franz von. *Tratado de Direito Penal allemão*. Tradução e comentários de José Hygino Duarte Pereira, Rio de Janeiro: F. Briguiet & C., 1899, tomo I, p. 94 e ss.

[32] BUSTOS RAMÍREZ, Juan. *Introducción...*, p.25

[33] BUSTOS RAMÍREZ, Juan. Op. cit., p. 26, nota 108.

[34] R. Honig e a Escola de Marburgo, representada por E. Schwinge e L. Zimmerl, via no bem jurídico e seu conceito um princípio motriz para toda interpretação e constituição de conceitos, dentro do Direito Penal. Uma dialética de conceitos pré-estabelecidos, segundo uma ordem normativa orientada pelos bens jurídicos eleitos. Vide: BUSTOS RAMÍREZ, Juan. Op. cit., p. 25/26 e nota 107.

[35] WELZEL, Hanz. *Derecho Penal alemán*. 11.ª edição, tradução de Juan Bustos

o bem jurídico como "bem da vida", um verdadeiro estado social, sem natureza jurídico-positiva, mas sócio-política, apesar de manter um caráter abstrato[36].

Em um caráter funcional de sistema, podendo qualquer coisa adquirir o caráter de bem jurídico, temos o conceito de Knut Amelung[37], que apresenta um posicionamento sobre os bens jurídicos como produtos da vida social.

Já Günther Jakobs[38], em uma representação da própria validação fática da norma, considera o bem jurídico como residente na garantia de expectativas de bom funcionamento da vida social, dentro de conjunturas exigidas e estabelecidas legalmente.

Tendo como base a posição de cada indivíduo em relações sociais estabelecidas, segundo valores e objetos tutelados e, por conseqüência, a interação que se opera entre eles, Juan Bustos Ramirez[39] define o bem jurídico como conseqüência de uma formulação normativa sintética concreta, decorrente de uma relação social dinâmica determinada.

De outro lado, Claus Roxin define o bem jurídico como um conjunto de pressupostos imprescindíveis para a existência e convivência, concretizado em condições de valor, como vida, liberdade, propriedade, indispensáveis para a manutenção da vida em sociedade[40].

Os bens jurídicos têm um caráter eminentemente pessoal, ligados às próprias condições de existência individuada de cada ser humano em uma sociedade[41], devendo se posicionar segundo a realidade social, formada dos conflitos estabelecidos entre as pessoas, decorrente de necessidades particulares de satisfação de interesses diversos.

Ramirez y S. Yáñez, Santiago: Editora Jurídica de Chile, 1976, p. 15 e ss.
[36] BUSTOS RAMÍREZ, Juan. Op. cit., p. 26.
[37] Ibid., mesma página.
[38] JAKOBS, Günther. *Derecho Penal- Parte general; fundamentos y teoria de la imputación*. Tradução Joaquim Cuello Contreras, José Luis Serrano Gonzalez de Murillo. Madrid: Marcial Pons, 1997, p. 44 e ss; *Fundamentos del Derecho Penal*. Tradução de Manuel Cancio Meliá e Enrique Peñaranda Ramos (Universidad Autónoma de Madrid), Buenos Aires: Ad-Hoc S.R.L., 1996, p. 179 e ss.
[39] BUSTOS RAMÍREZ, Juan. *Introducción*..., p. 28.
[40] ROXIN, Claus. *Problemas*..., p. 27 e 28.
[41] PRADO, Luiz Régis. *Bem Jurídico-Penal*..., pp. 49 e 50.

Assim o bem jurídico acaba no campo dos valores sociais, traduzindo-se em uma concreta possibilidade de tutela dos interesses individuais, alinhado com um sistema jurídico social e democrático[42].

Neste sentido, para justificar a identificação do bem jurídico no atual modelo de Estado Democrático de Direito, alguns princípios orientadores de sua contextualização devem ser destacados, de forma a compor seu conceito, segundo os valores orientadores deste mesmo modelo: a dignidade da pessoa humana[43]; a inviolabilidade da vida, da liberdade, da igualdade, da segurança e da propriedade[44]; a legalidade[45].

Estes princípios compõem um chamado constitucional para impor limites e garantias ao cidadão, satisfazendo a consciência jurídica geral, através de uma re-afirmação de valores sociais[46], em uma diretiva restritiva constitucional, através de um quadro de referenciais jurídico-constitucionais, explicita ou implicitamente consagrados pela Constituição, em um exercício de proporcionalidade de bens[47].

Um conceito de bem jurídico, por isto mesmo, vem pautado em uma apreciação dos elementos fundamentais para uma vida digna do ser humano[48], e assim referendado por teorias constitucionalistas preenchidas por conceitos sociológico-funcionalistas.

De outro lado encontramos, também, a danosidade social[49] como teoria de concepção de bens jurídicos, considerada no critério de correção de condutas, segundo uma potencialidade lesiva ou ofensiva, em uma visão participativa dos princípios orientadores das práticas de reconhecimento e proteção da dignidade e da liberdade do ser humano, que surgem como elemento orientador e legitimador desta teoria.

---

[42] MIR PUIG, Santiago. El Derecho Penal..., p. 161.
[43] Artigo 1.º, inciso III, da Constituição da República Federativa do Brasil.
[44] Artigo 5.º, caput, da Constituição da República Federativa do Brasil.
[45] Artigo 5.º, inciso II, da Constituição da República Federativa do Brasil.
[46] MIR PUIG, Santiago. El Derecho Penal..., p. 37 e 38.
[47] AGUADO CORREA, Teresa. El principio de proporcionalidade en derecho penal. Madrid: Editorial Edersa, 1999, p. 178 e ss.
[48] SILVA SÁNCHEZ, Jesús Maria. Aproximación..., p. 267.
[49] HASSEMER, Winfried. Fundamentos..., p. 38.

5. O trabalho como bem jurídico

Em razão da explosão demográfica das relações econômicas transnacionais, da produção e do consumo de massas, dos meios de comunicação, dentre outras atividades que escaparam ao controle individual do ser humano, a organização do homem em sociedade consolidou a existência de certos interesses que não pertenciam a indivíduos determinados, mas a toda a coletividade.

Estes interesses atingem a qualidade de vida e precipitam a necessidade de uma proteção jurídica diferenciada, e uma definição inicial destes novos interesses, não possibilita divergências quanto a serem sinônimos, mas encerra-se na problemática da definição dos interesses difusos e coletivos, segundo a doutrina civil, como um todo.

Os interesses difusos podem ser considerados como aqueles que envolvem um número indeterminado de pessoas em razão de um mesmo fato em comum. Já os interesses coletivos são aqueles que se referem aos grupos ou categorias de pessoas determinadas, individualizadas, segundo determinada categorização ou projeção corporativa. Assim, apesar de possuírem diferenças como, por exemplo, de ordem quantitativa e qualitativa, permanecem como espécies do gênero "meta-individual, supra-individual, universal"[50].

Os interesses públicos, ou do Estado, nesta perspectiva clássica de conflito de interesses entre o Estado e os cidadãos, também compõe este mesmo grupo[51].

Os interesses jurídicos substanciais não subjetivados; que não se individualizam; que não se situam numa determinada pessoa, apenas reflexamente protegidos, escapam a essa esfera de subjetivação.

Embora pertinentes a uma cadeia indeterminada de indivíduos (o que lhes confere a conotação de metaindividualidade), alguns deles são passíveis de serem atraídos por atos da administração pública, e simultaneamente mantêm características de interesse individual, assim denominados de interesses difusos.

---

[50] MANCUSO, Rodolfo de Camargo. *Interesses Difusos – Conceito e legitimação para agir*. 5.ª edição, São Paulo: Editora Revista dos Tribunais, 2.000, p. 74 e ss..

[51] GRINOVER, Ada Pellegrini. A problemática dos interesses difusos. *A tutela dos interesses difusos*. São Paulo: Editora Max Limonad Ltda., 1984, p. 30.

Identificados como coletivos, não envolvendo o homem-unidade, mas tão só como órgão integrante de associações ou corporações, temos outros interesses ou bens que incidem sobre o homem socialmente engajado, membro de comunidades menores ou grupos que se perfilam entre o indivíduo e o Estado, sujeitando-se a regime jurídico portador de características peculiares[52].

Por mera identidade de situações e não por vínculos associativos e corporativos como nos interesses coletivos, os interesses difusos abraçam uma série indeterminada e aberta de indivíduos, sem se limitar a certos segmentos, com titulares que se ligam apenas mediante vínculos essencialmente fáticos.

Não podemos deixar de considerar como natural a condução à potencialização do indivíduo perante a sociedade, valorizando direitos pessoais, bem como direitos perante os grupos sociais aos quais ele se integra, ou mesmo em relação à própria estrutura social a que pertence[53].

Compondo assim um grupo homogêneo, que acaba sendo protegido "universalmente" da mesma forma, a expansão do âmbito de proteção do indivíduo, de forma progressiva, eleva o diâmetro de proteção até obter uma sobreposição de direitos individuais de mesma espécie e natureza.

Assim, a funcionalização de interesses generalizados e do próprio Estado deve ser sempre dirigida ao indivíduo, reconhecido de forma singular ou coletiva, onde a prioridade deve ser dada aos bens jurídicos individuais[54].

Da necessidade de posicionamento sobre a atuação do direito, a própria segurança ao trabalho, em todo este contexto, acaba por se destacar.

Assim, o trabalho e a segurança ao trabalho, podem ser considerados como conjuntos de valores e direitos interpretados segundo a Constituição, que reconhecem o ser humano como centro dos interesses do ordenamento.

O indivíduo coletivamente conduz a uma consideração de bens jurídicos quando estes correspondem a interesses conciliados, assegurando as necessidades vitais do ser humano[55].

---

[52] PRADE, Péricles. *Conceito...*, p. 41.
[53] HASSEMER, Winfried; MUÑOZ CONDE, Francisco. *Introducción...*, p. 103 e ss.
[54] PÉREZ ALVAREZ, Fernando. *Protección penal del consumidor. Salud pública y alimentación*. Barcelona: Práxis, 1991, p. 51.
[55] SILVA SÁNCHEZ, Jesús Maria. *Aproximación...*, pp. 269/271.

Considerando o indivíduo como um ser social, temos que a real função das instituições e do próprio sistema é atender às necessidades sociais e, assim, por conseqüência, as necessidades individuais de cada componente esta mesma sociedade.

5.1. Da proteção, do direito ao trabalho e seu histórico-evolutivo

O trabalho, assim considerado como bem jurídico, pressupõe o respeito ao princípio da proteção do trabalhador, como orientador de todo o sistema.

A defesa do trabalhador em razão, em regra, da hipossuficiência desenvolvida na relação contratual com o empregador, prevalece como forma de representação da intervenção do Estado, para assegurar o equilíbrio das relações sociais, em verdadeiro respeito ao princípio da igualdade.

A relação estrutural do direito ao trabalho tem por base a retificação, no plano jurídico, do desequilíbrio existente no contrato de trabalho, propugnando pela igualdade na propositura de regras protetivas da vontade e dos interesses dos trabalhadores.

A criação de derivações desta orientação principiológica envolve o reconhecimento da prevalência da norma favorável, da imperatividade das normas e da indisponibilidade dos direitos trabalhistas.

A orientação histórico-evolutiva deste princípio evidencia uma relação de sobreposição das diretivas protetoras dos trabalhadores em relação às demais normas.

Conceitos de equilíbrio social, perseguidos por séculos pela sociedade organizada, observaram na Revolução Francesa de 1789, que estabeleceu princípios abstratos de igualdade e liberdade, na busca de melhores condições de vida, um importante momento político, todavia onde a liberdade foi estabelecida em todos os níveis em igualdade de condições.

Em virtude disto, os parâmetros impostos pela Revolução Francesa não foram satisfatórios, pois marcados pelo desequilíbrio no tratamento de desiguais de forma igual, em uma verdadeira violação ao princípio ideal da igualdade, falhando no campo social ao manter a desigualdade como realidade[56].

---

[56] SUSSEKIND, ARNALDO L., Direito Constitucional do Trabalho, Editora Renovar, 2.ª edição, 2001.

De outro lado, o valor da Revolução Francesa, para a evolução histórica dos direitos sociais, se concretiza com o impulso na discussão da necessidade do estabelecimento de direitos sociais nas constituições, em um equilíbrio entre os deveres e os direitos inerentes a trabalhadores e empregadores.

Tal situação de equilíbrio e justiça social se vê finalmente materializada na Constituição Federal do México, 1917[57], que serviu de inspiração às demais constituições latino-americanas. A Constituição Mexicana, em seu conteúdo normativo, amplia o campo das relações sociais, estabelecendo direitos e deveres do cidadão trabalhador.

Seguindo os mesmos passos nas relações sociais, a Constituição de Weimar de 1919, na Alemanha, de outro lado, foi a base dos conceitos de democracia social, servindo de paradigma e inspiração para as demais constituições européias da época, e, neste contexto, assegurando direitos e garantias dos trabalhadores.

Em 1927, o regime fascista estabeleceu na Constituição italiana[58], um modelo corporativista de direitos e garantias trabalhistas, com a significativa intervenção estatal como marca.

No Brasil, somente na Constituição de 1934 os direitos do trabalhador começam a ser considerados, em especial sob a inspiração da Constituição Alemã de Weimar.

A Carta Constitucional brasileira de 1937, agora sob a influência da Constituição italiana de 1927, adota posicionamentos corporativistas, com a intervenção do Estado como regra, quando da questão dos direitos e das garantias trabalhistas.

Seguindo a ordem evolutiva mundial, pautada pelo fim da Segunda Guerra, a Constituição brasileira de 1946 acolhe ideais democráticos como sustento das previsões sobre direitos e garantias sociais.

Em linhas gerais, a legislação trabalhista começou a ser elaborada no Brasil a partir da Revolução de 1930, quando o *Governo Provisório*, sob a chefia do Presidente Getúlio Vargas, criou o Ministério do Trabalho, Indústria e Comércio e promulgou a Consolidação das Leis do Trabalho, através do Decreto-lei n.º 5.452, de 1.º de maio de 1943.

---

[57] O artigo 123 da Constituição Federal do México estabelece direitos sociais dos trabalhadores.
[58] A denominada *Carta Del Lavoro*

A Constituição brasileira de 1967, mesmo com a emenda constitucional de 1969, manteve estes mesmos direitos sociais do trabalhador, apesar da limitação decorrente da intervenção militar na época.

Finalmente a Constituição Federal de 1988, estabelecendo o modelo de *Estado Democrático de Direito* no país, trouxe os direitos sociais como característica marcante do texto constitucional, apesar de não se tratar de uma constituição que os tem como sua principal base de sua sustentação, daí porque o questionamento sobre suas características social-democráticas[59].

A Constituição Federal de 1988 apresentou ao Brasil um avanço significativo, quando destacou os direitos trabalhistas, atribuindo-lhes a condição de direito alienável, que independe da vontade e da política a ser impressa pelo Estado, deslocando estes direitos formalmente para o título "Dos Direito Sociais".

6. Pós-modernidade, globalização e flexisegurança

Com a globalização das relações sociais, um novo modelo de relação de trabalho surgiu. Envolvendo rápidas mudanças estruturais, com a individualização nas relações de emprego, a flexibilidade dos contratos de trabalho, a ampliação do trabalho autônomo, terceirizado e do trabalho informal, uma rápida redução da segurança empregatícia se estabeleceu.

Ao contrário de toda a história dos direitos e garantias sociais é possível observar, como decorrência da globalização das relações sociais, em especial econômicas, um crescimento e a uma valorização de um princípio de proteção capitalista do empregador, em prejuízo do trabalhador.

Aparecendo como uma espécie de terceira via, a flexisegurança se coloca como uma construção situada entre o modelo americano de total desregulamentação e o direito à segurança do trabalho, este último que emergiu dos modelos constitucionais que se sustentam através de bases e garantias a direitos individuais e sociais, historicamente iniciados com a Constituição do México de 1917.

Assim, de um lado encontramos empregados com direitos individuais assegurados e, em contrapartida, estes mesmos direitos impedindo a

---

[59] SUSSEKIND, ARNALDO L., Direito Constitucional do Trabalho, Editora Renovar, 2.ª edição, 2001.

ampliação e a conquista de outros direitos, em uma verdadeira troca de grandes concessões por pequenas conquistas, principalmente de caráter individual.

Temos, por exemplo, os casos onde o salário, abaixo das expectativas e do próprio mercado, acaba por possibilitar jornadas mais longas de trabalho, através de seu complemento por meio de horas extraordinárias, que são incorporadas ao pagamento.

No mesmo sentido vemos adicionais de insalubridade e periculosidade, que acabam por equilibrar economicamente os ambientes insalubres de trabalho, mas mantém legal a falta de medidas de segurança necessárias à diminuição dos riscos e dos prejuízos ao trabalhado, em verdadeira precariedade das condições de trabalho.

Neste contexto se identifica a flexibilização das relações de trabalho ou a flexisegurança.

Trata-se da perda da aplicabilidade jurídica do princípio da proteção do trabalhador e, assim, de uma possível deterioração da dignidade humana nas relações sociais.

Através da flexibilização dos mercados de trabalho e de sua desregulamentação, a flexisegurança resta sustentada por um modelo tecnocentrico de teorias neo-liberais, onde o homem é identificado como um produto no centro das relações de produção, distribuição e redistribuição.

A flexisegurança concilia dois valores sensivelmente antagônicos, alinhando a flexibilidade do mercado de trabalho com a segurança dos trabalhadores, de forma a flexibilizar ao máximo a mobilidade do emprego, facilitar as formas flexíveis de contratação, como a contratação temporária, e as dispensas sem ônus, os contratos de trabalho vinculados ao resultado e a fixação de horários de trabalho flexíveis que atendam à demanda de produção. Como compensação aos trabalhadores, propõe um significativo impulso à quotas do seguro-desemprego e a uma política de recolocação de trabalho.

Todavia a compensação aos trabalhadores representa prejuízos indiretos como, por exemplo, o ônus aos cofres públicos decorrente dos aumentos das quotas do seguro-desemprego e assim, conseqüentemente, levando a um aumento de impostos, a ser suportado pela sociedade. Também duvidosa resta a eficácia e a vantagem da recolocação de novo posto de trabalho.

A flexisegurança tem sua origem nos países nórdicos, Holanda, Suécia e Dinamarca.

Destaca-se neste grupo a Dinamarca, onde a flexisegurança teve sua origem com a chamada *Lei de Jante* (denominada "Lei Invisível" ou "lei não escrita") um conjunto de regras que cuidam da flexibilização das relações de trabalho.

Um Estado onde a competitividade internacional, a segurança e a satisfação com o emprego, aliadas à qualidade de vida e sustentabilidade econômica, colocam o país entre os primeiros em qualidade de vida na União Européia. Os trabalhadores na Dinamarca recebem seguro-desemprego até a obtenção de uma recolocação no mercado, restando proibido ao trabalhador negar a empregar-se, restando caracterizada uma proteção individual, distante da segurança de postos de trabalho, em uma efetiva política de cooperação entre empregadores e empregados.

Dotada de um PIB (produto interno bruto) de cerca de 30.000 (trinta mil) euros per capita ano, e assim baseada a remuneração média anual do trabalhador neste valor, ainda mantém um salário mínimo nacional de cerca de 1.000 (mil) euros para trabalhadores com pouca formação, em uma população média de 5,5 (cinco e meio) milhões de habitantes.

A flexisegurança nasceu em um país onde o trabalho identifica-se com o próprio ser humano como parte de uma sociedade, que considera o desemprego como uma situação de vida precária, já que o trabalho lhes dá esta identificação social.

Podemos destacar a flexisegurança, através dos parâmetros dinamarqueses, dentre algumas características, por prever uma maior agilidade na dispensa do empregado, pela possibilidade da exigência de um número de 10 ou mais horas por dia quando de uma contratação e, ainda, pela possibilidade de pagamento de horas extraordinárias por preço ajustado individualmente entre empregador e empregado, que poderá trocá-las por um preço simbólico, por exemplo, pela isenção de horário fixo de trabalho, mantida sempre a impossibilidade de dispensa sem justa causa.

Desta forma, a Dinamarca apresenta um sistema laboral baseado em uma elevada mobilidade no emprego, com muitos novos empregos, com trinta por cento de trabalhadores mudando de emprego por ano e a criação de dez por cento de novos empregos, também anualmente. Ainda conta com um regime de apoio e subsídio aos trabalhadores desempregados, pagos até encontrarem um novo emprego, uma política ativa de qualificação e formação de trabalhadores, flexibilização dos horários de trabalho, por meio de acordos individuais, com partilhas de postos de trabalho de forma proporcional ao cálculo anual do tempo de trabalho, flexibilização salarial segundo os parâmetros de cada empresa.

Em defesa da flexisegurança sustentada no modelo dinamarquês, apresenta-se uma re-leitura de alguns elementos deste modelo de sistema.

O interesse dos empregadores na manutenção de relações de trabalho estáveis e seguras, com trabalhadores motivados, deve ser considerada. De outro lado surge o interesse do trabalhador em manter a flexibilidade de seus horários de trabalho, de sua organização e das condições salariais conseqüentes, em uma geração de novos modelos de mercado de trabalho, que interagem com a flexibilidade e segurança.

O dinamismo econômico do mercado liberal destaca-se ao lado de uma segurança decorrente do serviço público universal, participando de uma distribuição equitativa de rendimentos, que é muito conhecida nos "Estados-Providência" escandinavos.

Os empregadores e os empregados participam de um novo pacto social de colaboração total.

Surgem, então, parâmetros de elevada carga fiscal para empregados e empresas, à qual todos satisfeitos propõem-se ao pagamento, pois esta resta direcionada a manter os seguros-desemprego em quotas elevadas e permanentes, até recolocação no mercado de trabalho, com uma política social de conscientização da obrigação de encontrar um novo emprego, com empregadores e trabalhadores cooperando para o interesse geral, de forma a proteger os indivíduos e não os postos de trabalho.

Desta maneira a elevação da flexibilidade na demissão e na admissão de empregados, alia-se ao crescimento econômico sustentado por finanças públicas saudáveis e estruturas sociais sólidas diante de um funcionalismo público qualificado pela formação constante, aliado ao funcionamento favorável e positivo das empresas.

Este difícil caminho buscaram trilhar outros países da União Européia, mesmo com contradições oriundas de sociedades significativamente diferentes em suas economias e culturas. Neste sentido a impressão do "Livro Verde sobre Relações Laborais da União Européia", em 2006, que defende uma "modernização" das relações de trabalho e, no mesmo sentido, a Diretiva n.º 21, da União Européia, buscando a promoção de relações de trabalho sustentadas pela "flexibilidade combinada com segurança".

Essas tendências oriundas dos membros da União Européia, também permeiam posicionamentos sobre as relações de trabalho no Brasil, Índia, China, Austrália e Japão, dentre outros.

7. Uma crise na identidade globalizada

A nova ordem global imprimiu ao campo jurídico reflexos significativos ligados a um recuo dos direitos humanos, uma administrativização das competências do judiciário, de forma a levar ao seu descrédito e enfraquecimento, relegando apenas à "ultima ratio", o direito penal, a capacidade de solucionar conflitos sociais, em uma diminuição da soberania, com a criação e a adesão a organismos supranacionais, em franca diminuição dos espaços de independência e de prevalência do Estado.

É neste cenário que a flexibilização de direitos sociais, em prol de direitos individuais, se sustenta.

Um processo de desconstitucionalização e desregulamentação, característico do instituto ou do sistema da flexisegurança, aponta para o enfraquecimento do poder do Estado e, assim, para um recuo na tutela dos direitos humanos.

O enfraquecimento do poder normativo do Estado nas relações sociais, leva à consideração de que, com o avanço do processo de desemprego, cria-se uma classe de subempregados, destinados a fomentar a economia informal, sem meios seguros de sobrevivência, de forma a contribuir para seu encaminhamento à criminalidade. Assim apóia-se na expansão do direito penal como solução de todos os problemas de ordem social.

Estruturas políticas ligadas ao poderio econômico e à criação e sustentabilidade de conglomerados multinacionais, em um processo de globalização econômica, criam espaços para sistemas normativos internacionais, que regulam o investimento financeiro e as atividades econômicas, estendendo suas necessidades para a criação de órgãos legislativos e judiciários supranacionais, com uma globalização econômica que se expande para todos os demais setores da sociedade.

Neste cenário o que sempre resta enfraquecido são os direitos sociais e individuais, com os excluídos economicamente tornando-se "associais", verdadeiros "párias", em um novo contexto social baseado na economia e na sustentabilidade.

Assim quando surgem novas teorias para sustentar bases sistêmicas que afastam a função social do Estado, em direção ao aproveitamento extremo da sociedade em prol da economia, o comportamento social que se busca impor utiliza, inclusive, de teorias de comunicação como a "espiral do silêncio", defendendo uma produção de informações voltadas a um retorno à "força da comunicação de massa", inspiradora da teoria do "estímulo-resposta", com a suposição fundamental de que a própria opinião pública é conseqüência da busca de juízos e consensos comuns daqueles que vivem em um determinado grupo social[60].

Diante do medo, do desprezo, do isolamento, do ridículo e da falta de aceitação, a política que se tenta implantar busca que os integrantes da sociedade encontrem recompensas no conformismo e na repressão a quaisquer posições antagônicas a este juízo de valor.

Neste contexto surge uma pressão constante para que os integrantes da sociedade acolham e compartilhem uma mesma opinião, em acordos sociais – dogmas e costumes – que deveriam ser expostos publicamente quando o tema discutido aparecer, em uma verdadeira busca do estabelecimento de uma opinião pública favorável ao interesse dos economicamente e politicamente dominantes.

É sob a égide desta crise que se estabelece a discussão sobre a flexisegurança.

Bibliografia

AGUADO CORREA, Teresa. *El principio de proporcionalidade en derecho penal.* Madrid: Editorial Edersa, 1999

AGUIAR, Roberto Armando Ramos de. Direito, poder e opressão. 3.ª ed. Ciência do direito. Biblioteca alfa-omega de ciências sociais, v.1. São Paulo: Alfa-ômega, 1990.

ALEXY, Robert. *Problemas de la teoria del discurso.* Atas do "Congreso Internacional de Filosofia", Córdoba: Universidade de Córdoba, 1988.

_____ *Sistema Jurídico, princípios jurídicos y razón práctica*, Buenos Aires: Doxa, 1988.

ANDRADE, Manoel da Costa. *Liberdade imprensa e tutela penal da personalidade.* Coimbra: Coimbra Editora, 1996.

BARRETO, Vicente. "Interpretação Constitucional e Estado Democrático de Direito". In: *Revista de Direito Administrativo*, volume 203 – janeiro/março, Rio de Janeiro: Editora Renovar, 1996.

BINDING, Carlo. *Compendio de diritto penale – parte generale*, tradução de Adelmo Borettini, Roma: Atheneum, 1927.

---

[60] KUNCZIK, pp. 332 e ss.

BUSTOS RAMIREZ, Juan. *La imputación objetiva -. Teorias actuales em el Derecho penal*. Buenos Aires: Ad-Hoc, 1998.

CAMARGO, Antonio Luis Chaves. "Direitos Humanos e Direito Penal: limites da intervenção estatal no Estado Democrático de Direito". In: *Estudos Criminais em Homenagem a Evandro Lins e Silva (criminalista do século)*, São Paulo: Editora Método, 2001.

CARVALHO, Luiz Gustavo Grandinetti Castanho de. *Liberdade de informação e o direito difuso à informação verdadeira*. Rio de Janeiro: Renovar, 2003.

ENGISCH, Karl. *Introdução ao pensamento jurídico*. 7.ª edição, tradução de J. Baptista Machado, Lisboa: Fundação Calouste Gulbenkian, 1996.

FARIAS, Edilson Pereira de. *Liberdade de expressão e comunicação: teoria e proteção constitucional*. São Paulo: Revista dos Tribunais, 2004.

FERNANDEZ, Gonzalo D. Bien jurídico y sistema del delito. *Teorías Actuales em el Derecho Pena – 75.º Aniversario del Código Penal*. Buenos Ayres: Ad-Hoc S.R.L., 1998,

FERRAZ JÚNIOR, Tércio Sampaio. *Poder Constituinte*, São Paulo: Editora Revista dos Tribunais, 1995.

GRINOVER, Ada Pellegrini. A problemática dos interesses difusos. *A tutela dos interesses difusos*. São Paulo: Editora Max Limonad Ltda., 1984

HASSEMER, Winfried. *Fundamentos del Derecho Penal*, Casa Editorial Bosh, trad. Francisco Muñoz Conde e Luis Arroyo Zapatero, Barcelona, 1984.

HASSEMER, Winfried; MUÑOZ CONDE, Francisco. *Introducción a la criminologia y al derecho penal*. Valencia: Tirant lo Blanch, 1989.

J.J. Gomes Canotilho, em sua obra *Direito Constitucional* – 5ª. ed., Coimbra: Almedina, 1991.

JAKOBS, Günther. *Fundamentos del Derecho Penal*. Tradução de Manuel Cancio Meliá e Enrique Peñaranda Ramos (Universidad Autónoma de Madrid), Buenos Aires: Ad-Hoc S.R.L., 1996

JAKOBS, Günther. *Derecho Penal- Parte general; fundamentos y teoria de la imputación*. Tradução Joaquim Cuello Contreras, José Luis Serrano Gonzalez de Murillo. Madrid: Marcial Pons, 1997, p. 44 e ss;

KUNCZIK, Michael. *Manual de Comunicação – Conceitos de jornalismo – norte e sul*. Tradução Rafael Varela JR. São Paulo: Edusp Editora da Universidade de São Paulo, 2002,

LARENZ, Karl. *Derecho Civil parte general*, tradução Miguel Izquierdo y Macías--Picave, Madrid: Ed. Edersa, 1978.

LISZT, Franz von. *Tratado de Direito Penal allemão*. Tradução e comentários de José Hygino Duarte Pereira, Rio de Janeiro: F. Briguiet & C., 1899.

MANCUSO, Rodolfo de Camargo. *Interesses Difusos – Conceito e legitimação para agir*. 5.ª edição, São Paulo: Editora Revista dos Tribunais, 2.000.

MELLO, Celso Antônio Bandeira. *Conteúdo jurídico do princípio da igualdade*. São Paulo: Malheiros, 3.ª ed., 1995.

MIR PUIG, Santiago, *El Derecho penal en el Estado social y democrático de derecho*, Barcelona: Editorial Ariel, S.A., 1994.

MIRANDA, Jorge. *Manual de Direito Constitucional*, t. IV, 2ª. edição, Coimbra: Coimbra Editora, 1998.

MIRANDA, Jorge. *Manual de Direito Constitucional*. Coimbra: Coimbra Editora, 4.ª ed., 1990.

NUNES, Luiz Antônio Rizzatto. *O Princípio Constitucional da Dignidade da Pessoa Humana*, São Paulo: Editora Saraiva, 2.002.

PEREIRA, Claudio José Langroiva. *Proteção Jurídico-Penal e Direitos Universais – tipo, tipicidade e bem jurídico universal*. São Paulo: Quartier Latin, 2008.

_____. *Princípio da Oportunidade e Justiça Penal Negociada*. São Paulo: Juarez de Oliveira, 2002.

PEREIRA, Guilherme Döring Cunha. *Liberdade e responsabilidade dos meios de comunicação*. São Paulo: RT, 2002.

PÉREZ ALVAREZ, Fernando. *Protección penal del consumidor. Salud pública y alimentación*. Barcelona: Práxis, 1991.

PETERMANN, Rolf. *Conceito jurídico de constituição econômica*. Dissertação de mestrado, Biblioteca de Direito da Universidade de São Paulo, São Paulo: Editoração do autor, 1990.

PRADE, Péricles. *Conceito de Interesses Difusos*. 2.ª edição, São Paulo: Editora Revista dos Tribunais, 1987.

PRADO, Luiz Régis. *Bem Jurídico-Penal e Constituição*. 3.ª edição, São Paulo: Editora Revista dos Tribunais, 2.003.

REALE, Miguel. *O Estado Democrático de Direito e o Conflito das Ideologias*, 2ª. edição, São Paulo: Editora Saraiva, 1999.

ROXIN, Claus. *Problemas Fundamentais de Direito Penal*, traduções de Ana Paula dos Santos Luís Natscheradetz, Maria Fernanda Palma e Ana Isabel de Figueiredo, 3.ª edição, Lisboa: Vega Universidade/Direito e Ciência Jurídica, 1988.

SCHÜNEMANN, Bernd. *Consideraciones críticas sobre la situación espiritual de la ciência jurídico-penal alemana*. Tradução de Manuel Cancio Meliá, Centro de Investigaciones de Derecho Penal y Filosofia del Derecho. Colômbia: Universidade Externado de Colombia, 1996.

SILVA SÁNCHEZ, Jesús-María, *Aproximación al Derecho Penal contemporáneo*, José Maria Bosh Editor S.A., Barcelona, 1992.

SILVA, José Afonso da. *Curso de Direito Constitucional Positivo*, 11.ª edição, São Paulo: Malheiros Editores, 1996.

SILVA, Marco Antonio Marques da. *Acesso à Justiça Penal e Estado Democrático de Direito*, São Paulo: Editora Juarez de Oliveira, 2001.

____ (coord.). *Processo Penal e garantias constitucionais*. São Paulo: Quartier Latin, 2006.

____ & COSTA, José de Faria (coord.). *Direito Penal Especial, Processo Penal e Direitos Fundamentais – Visão Luso-Brasileira*. São Paulo: Quartier Latin, 2006.

____ & MIRANDA, Jorge (coordenação) *Tratado Luso-Brasileiro da Dignidade Humana*, Lisboa/São Paulo: Editora Almedina , 2.ª edição, **2009**.

SUSSEKIND, ARNALDO L., Direito Constitucional do Trabalho, Editora Renovar, 2.ª edição, 2001.

WEITNGARRTNER NETO, Jayme. *Honra, privacidade e liberdade de imprensa – uma pauta de justificação penal*. Porto Alegre: Livraria do Advogado Editora, 2002.

WELZEL, Hanz. *Derecho Penal alemán*. 11.ª edição, tradução de Juan Bustos Ramirez y S. Yáñez, Santiago: Editora Jurídica de Chile, 1976

TRIBUTAÇÃO E AMPLIAÇÃO
DO MERCADO DE TRABALHO[1]

ROQUE ANTONIO CARRAZZA

Professor Titular da Cadeira de Direito Tributário da Faculdade de Direito da Pontifícia Universidade Católicade São Paulo – Advogado e Consultor Tributário – Mestre, Doutor e Livre-docente em Direito Tributário pelaPUC/SP – ex-Presidente da Academia Paulista de Direito

SUMÁRIO: 1. Introdução. 2. Delimitação do tema. 3. A supremacia da Constituição e dos seus grandes princípios. 4. O princípio da dignidade da pessoa humana e o valor *trabalho*. 5. Características do sistema constitucional tributário brasileiro. 6. A tributação como forma de alavancar empregos: 6.1. Considerações gerais – 6.2. Detalhamento do assunto. 7. Conclusão.

1. Introdução

Antes de tudo, agradeço aos organizadores deste *2.º Congresso Internacional de Direito – Brasil – Europa*, pela gentileza de me haverem convidado a dele participar, na condição de conferencista. E o faço nas pessoas dos eminentes Professores Doutores Pedro Romano Martinez, da Faculdade de Direito da Universidade de Lisboa, e Marco Antonio Marques da

---

[1] Adaptação de palestra proferida no 2.º Congresso Internacional de Direito – Brasil – Europa, no dia 10 de dezembro de 2009, na Faculdade de Direito da Universidade de Lisboa (Portugal).

Silva, da Faculdade de Direito da Pontifícia Universidade Católica de São Paulo, bem como, do ilustre Causídico, o Doutor Nelson Faria de Oliveira, todos grandes responsáveis por mais este evento vitorioso.

A propósito, gostaria de deixar consignado que nós brasileiros temos grande admiração por Portugal, País ao qual devemos o idioma, a organização administrativa e a própria unidade nacional.

Mas, nós brasileiros, devemos, sobretudo, a Portugal, o amor à cultura, ao pensamento, à poesia.

Lamentava Goethe ser *"tão verde a árvore da vida e tão cinzenta e teoria"*. Pois os homens de ciência de Portugal, máxime os juristas, lograram a proeza de construir teorias tão estimulantes, tão seivosas, tão verdejantes, quanto a própria árvore da vida. E teorias que continuam a encantar e elucidar a nós brasileiros.

Registro, enfim, neste breve intróito, que a Terra de Santa Cruz continua a muito se engrandecer nas areias da Lusitânia.

2. Delimitação do tema

Neste seminário, em que se discute, sob a óptica do Direito, a globalização e a crise econômica, fui incumbido de falar sobre *"Tributação e ampliação do mercado de trabalho"*.

É um tema amplíssimo que, seguramente, não conseguirei esgotar. Por isso, limitar-me-ei a levantar alguns pontos que me parecem mais oportunos ou interessantes, sempre atento à célebre advertência do Padre Antonio Vieira, o Príncipe da Palavra Sacra: *"aquele que levanta muita caça e não vai atrás de nenhuma, não deve queixar-se caso, ao final da jornada, volte para casa com as mãos vazias"*.

De qualquer modo, quero registrar que procurarei fugir das interpretações literais, caudatárias do lugar-comum e apoiadas em padrões expositivos rotinizados. Meu propósito é fazer com que as idéias circulem livremente por este egrégio plenário, carregadas de força criadora e de verdade. Verdade, diga-se de passagem, que, em Ciência, nunca é plenamente alcançada, pois, se por um lado, cada descoberta traz algumas certezas, por outro, abre espaço a um número ainda maior de dúvidas.

3. A supremacia da Constituição e dos seus grandes princípios

I – Como se sabe, as normas jurídicas de mais alto grau encontram-se na Constituição. A Constituição não só cria o Estado, seus poderes, o modo de adquiri-los e exercitá-los, como elenca e garante os direitos fundamentais das pessoas, físicas ou jurídicas.

A Constituição, por sem dúvida, é a Lei Maior, a Lei Suprema, a Carta Magna do País. É, como queria Kelsen, a *matriz* de todas as manifestações normativas do Estado. As leis, os decretos, as portarias, os atos administrativos valem, em última análise, porque desdobram comandos constitucionais.

Até aí nenhuma novidade. Qualquer estudioso da Ciência Jurídica sabe disso.

O que nem sempre é dito, é que as normas constitucionais não possuem todas a mesma importância. Por quê? Porque algumas veiculam simples regras, ao passo que, outras, verdadeiros princípios.

As normas constitucionais que veiculam princípios são muito mais importantes do que as que veiculam regras. Tanto que a eventual desobediência a um princípio constitucional acarreta conseqüências muito mais danosas ao *"edifício jurídico"*, que a eventual desobediência a uma regra constitucional.

Peço aos colegas congressistas que não me interpretam mal. Não estou aqui a apregoar que disposições constitucionais podem ser desobedecidas. Apenas estou a dizer que, se, por acaso, um princípio constitucional for desacatado, o fenômeno acarretará conseqüências mais graves ao *"edifício jurídico"*, do que se uma regra constitucional for posta em oblívio.

E isso por uma razão muito simples: os princípios constitucionais formam os *alicerces* do *"edifício jurídico"*. Nele, como sabemos, tudo está disposto em sábia arquitetura. O jurista, contemplando-o, imediatamente percebe, não só a ordem, na aparente complicação deste *"edifício"*, como seus *alicerces*.

Muito bem. Com as cautelas que as comparações impõem, esses *"alicerces"* são os princípios constitucionais.

Penso que a analogia é boa, porque, de fato, num edifício tudo tem sua importância: as portas, as janelas, as luminárias, os alicerces. Porém, não são necessários conhecimentos mais aprofundados de Engenharia para discernirmos que, muito mais importante do que uma porta, é o alicerce. Tanto que, se, num edifício, retirarmos uma porta, ele sofrerá um abalo estético – reparável, diga-se de passagem –, mas continuará de pé; pelo contrário, se dele subtrairmos os alicerces, fatalmente ruirá.

II – Mas, em termos mais técnicos, que vem a ser um princípio constitucional? Tenho para mim, que *princípio constitucional* é uma regra básica, implícita ou explícita, que, por sua grande generalidade, ocupa posição de preeminência no mundo do Direito, e, bem por isso, vincula o entendimento e a boa aplicação, seja dos simples atos normativos, seja dos próprios mandamentos constitucionais.

Algumas observações, a respeito dessa definição: princípio é uma regra básica, implícita ou explícita. Não importa se o princípio é implícito ou explícito, mas se existe ou não existe. Se existe, o jurista, com o instrumental teórico que lhe é fornecido pela Ciência do Direito, tem condições para trazê-lo à clara luz do dia.

Tomemos um exemplo: não há nenhum dispositivo na Constituição brasileira que proclame, com todas as letras, serem a União, os Estados, os Municípios e o Distrito Federal juridicamente isônomos. Portanto, em vão buscaremos na Carta Magna um artigo que disponha: *"inexiste hierarquia jurídica entre as pessoas políticas"*.

Todavia, se levarmos em conta a Constituição brasileira como um todo, maiormente se dermos atenção a seus princípios federativo, da autonomia municipal e da autonomia do Distrito Federal, facilmente discerniremos a existência, em nosso ordenamento jurídico, do princípio da isonomia (da igualdade jurídica) das pessoas políticas. Este princípio, conquanto implícito, existe e é dos mais relevantes de quantos ela alberga.

III – Torno a dizer que o princípio constitucional é uma regra básica, que vincula o entendimento e a boa aplicação de todos os atos normativos; até, dos mandamentos constitucionais. De fato, sempre que uma norma constitucional tiver pluralidade de sentidos deve ser interpretada e aplicada em consonância com o princípio que lhe for mais próximo.

Melhor explicitando, é comum uma norma constitucional aceitar várias interpretações. Qual haverá de prevalecer? *A priori*, respondo: aquela que guardar maior harmonia com um princípio constitucional.

Como se vê, os princípios constitucionais são *vetores para soluções interpretativas*, ou, se preferirmos, pontos de apoio normativos à boa aplicação do Direito.

Não é à toa que, na análise de qualquer problema jurídico, por mais trivial que seja (ou aparente ser), deve o operador do direito alçar-se ao altiplano dos princípios constitucionais, a fim de verificar em que sentido apontam. Positivamente, nenhuma interpretação será havida por jurídica (e, portanto, por boa), se fizer *tabula rasa* de um princípio constitucional.

O princípio constitucional exerce, em suma, uma função axiologicamente mais importante, no sistema jurídico, do que a regra, mesmo a constitucional.

Assim agremiado, passo a cuidar do princípio dignidade da pessoa humana e do valor *trabalho*, que ele alberga.

4. O princípio da dignidade da pessoa humana e o valor *trabalho*

I – A Carta Magna brasileira – tanto quanto a portuguesa – garante às pessoas condições mínimas de existência digna, como se pode inferir da só leitura de seu art. 3.º, IV, que aponta como um dos objetivos da República Federativa do Brasil *"promover o bem de todos, sem preconceitos de origem, raça, sexo, cor, idade e quaisquer outras formas de discriminação"*.

Isso exige, mais do que proclamações, uma ação positiva do Estado, capaz de garantir a todos uma existência digna, ou seja, condições de desfrutar dos progressos da Humanidade. Para tanto, deve adotar medidas que se mostrem capazes de atender às *necessidades vitais básicas* de cada pessoa, com moradia, alimentação, educação, trabalho, saúde, lazer, vestuário, higiene, transporte e previdência social, entre outras.

Registre-se que o patrimônio nacional não é formado exclusivamente por seus bens materiais, mas, acima de tudo, pelas pessoas que vivem no País. Assim, quando privilegia a vida, a saúde, o lazer, a moradia, a previdência social etc. de seus habitantes, a própria Nação se enriquece.

De outra parte, já em seu *Preâmbulo*, a Constituição brasileira consagra uma série de valores supremos, que devem ser constantemente perseguidos pela Nação. Dentre eles, merecem destaque, para os fins desta exposição, os *direitos sociais*, que vêm enumerados no art. 6.º, deste Diploma Supremo: *"São direitos sociais a educação, a saúde, o trabalho, a moradia, o lazer, a segurança, a previdência social, a proteção à maternidade e à infância, a assistência aos desamparados, na forma desta Constituição"*.

Como se vê, a Constituição brasileira manda, por meio de uma série de normas, proteger e garantir o trabalho, em ordem a alavancar a dignidade da pessoa humana.

II – Assinale-se que tais normas constitucionais são *de eficácia plena e aplicabilidade imediata*, independendo, pois, para produzirem seus regulares efeitos, da edição de normas inferiores, que lhes explicitem o conteúdo. Seus comandos endereçam-se tanto ao legislador (que editará normas de alcance geral e, neste sentido, dará consecução aos mandamentos da Lei Maior), como ao juiz e ao administrador público (que aplicarão estas normas de caráter geral, se e enquanto estiverem conformes à Constituição Federal).

A propósito, nunca se deve perder de vista que o intérprete e o aplicador são obrigados a implementar ao máximo os direitos fundamentais, que – insista-se – dizem de perto com o *princípio da dignidade da pessoa humana*. O próprio Poder Judiciário, ao decidir casos em que eles estão em jogo, deve despegar-se dos métodos tradicionais de interpretação, para assumir uma atuação criadora, que concretize os valores constitucionais.

Indo ao ponto, as leis, os decretos, os atos administrativos, as decisões judiciais etc., devem sujeitar-se aos princípios constitucionais que consagram e garantem, dentre outros, o valor *trabalho*.

Pois bem. O nosso sistema constitucional tributário também está a serviço da ampliação do mercado de trabalho.

5. Características do sistema constitucional tributário brasileiro

I – Em matéria tributária, a Constituição brasileira foi extremamente minuciosa. Alberga dezenas de princípios e centenas de regras, que disciplinam a ação estatal de exigir tributos, pouco espaço deixando à criatividade dos poderes constituídos.

Saliento que a Lei Maior Tributária, no Brasil, é a própria Constituição. Tanto isso é certo, que a pessoa política, quando cria *in abstracto* o tributo, vê-se a braços com o seguinte dilema: ou praticamente reproduz o que na Constituição está estatuído – e, ao fazê-lo, apenas recria, num grau de concreção maior, o tributo que nela já se encontra delineado – ou, na ânsia de ser original, acaba resvalando para o campo da inconstitucionalidade.

Portanto, o legislador brasileiro (federal, estadual, municipal ou do Distrito Federal), ao tributar, encontra perfeitamente iluminado, no Texto Supremo, o caminho que pode validade percorrer.

Estou convencido de que isso é bom, pois, como não se ignora, o tributo é exigido *iuri imperii*, isto é, a partir de um ato de autoridade, sem que concorra a vontade do contribuinte.

Logo, é justamente a Constituição, com seus grandes princípios, que mantém a ação de tributar dentro do Estado Democrático de Direito.

Ademais, o tributo, num certo sentido, lanha o *direito de propriedade*, já que fica com uma parcela da riqueza privada das pessoas. Ora, o direito de propriedade foi extremamente protegido por nossa Carta Magna, que, já em seu art. 5.º, XXII, o insere no rol dos direitos fundamentais. Um pouco mais adiante, em seu art. 150, IV, estabelece que nenhum tributo poderá ser utilizado com efeito de confisco. Ainda nessa linha, prescreve, agora em seu art. 170, II, que a ordem econômica deverá levar em conta o direito de propriedade. Vai daí que, tendo o direito de propriedade sido consagrado na Constituição brasileira, o tributo somente será válido, se também nela deitar raízes.

I

I – É o caso, agora, de indagar: afinal, o que a Constituição brasileira fez, de tão importante, em matéria tributária?

Em primeiro lugar, discriminou competências tributárias, isto é, deu às pessoas políticas a aptidão para, querendo, criar *in abstracto* tributos.

Além disso, classificou-os em espécies e subespécies, tendo o cuidado de apontar-lhes as *regras matrizes* (os *arquétipos*, as *normas-padrão de incidência*). Noutros termos, mais técnicos, indicou-lhes, direta ou indiretamente, as *hipóteses de incidência possíveis* (fatos geradores possíveis), os *sujeitos ativos possíveis*, os *sujeitos passivos possíveis*, as *bases de cálculo possíveis* e, num certo sentido, até as *alíquotas possíveis* (quando determina, por exemplo, que os impostos deverão ser progressivos e levar em conta a capacidade econômica dos contribuintes).

Por fim, a Constituição brasileira limitou a ação de tributar por meio de uma série de princípios, dentre os quais se inscreve o da *dignidade da pessoa humana*, que manda privilegiar o valor *trabalho*.

E com apoio nessas diretrizes, que passamos a cuidar do emprego da tributação, para alavancar empregos.

6. A tributação, como forma de alavancar empregos

6.1. *Considerações gerais*

I – Como se sabe, a atividade tributária proporciona ao Estado os meios pecuniários de que necessita, para atingir os fins que lhe são apontados pela Constituição (prover a educação, a cultura, o trabalho, o lazer, melhorar a saúde da população, dar-lhe segurança, prestar-lhe serviços públicos etc.).

Assim, a tributação visa carrear somas de dinheiro para os cofres públicos, a fim de que o Estado possa levar adiante suas funções precípuas.

A par disso, porém, os tributos prestam-se à consecução de outros objetivos econômicos e sociais, como se depreende da só leitura do art. 170, da Constituição brasileira, que, cuidando da ordem econômica, imprime ao Estado brasileiro uma feição social e intervencionista.

Dispõe o art. 170, *caput*, da Constituição brasileira: "*A ordem econômica, fundada na valorização do trabalho humano e na livre iniciativa, tem por fim assegurar a todos existência digna, conforme os ditames da justiça social, observados os seguintes princípios:...*".

Vai daí que, mais do que tributos justos, exige-se que eles estimulem a criação e a proteção do emprego, a correção dos desequilíbrios sociais, a implantação de uma política urbanística adequada, o acesso universal igualitário às ações e serviços para a promoção, proteção e recuperação da saúde, e assim avante.

Em suma, da concepção do tributo como meio de obtenção de recursos, avançou-se para a idéia de que ele deve ser utilizado para favorecer a realização dos mais elevados objetivos sociais, econômicos e políticos. Converteu-se, pois, num instrumento privilegiado de intervenção estatal, em ordem a possibilitar, por exemplo, o aumento da oferta de emprego.

II – Deveras, de há muito se percebeu que a lei tributária é mais bem obedecida quando, em lugar de determinar condutas, vale-se de meios mais sutis de influenciá-las, outorgando aos contribuintes subvenções, isenções, créditos presumidos, bonificações e assim avante.

Tais intervenções legislativas de incentivo ou dissuasão, com serem legítimas, são altamente recomendáveis, na medida em que transformam os contribuintes em verdadeiros "*parceiros*" do Estado, na realização de seus objetivos político-institucionais.

Com efeito, ao utilizar o mecanismo da *extrafiscalidade* – assunto do qual tratarei logo em seguida – para estimular comportamentos (comissivos ou omissivos) dos contribuintes, o Estado quase sempre obtém vantagens maiores do que se previamente arrecadasse os tributos, para, depois, aplicá-los aos gastos públicos. Realmente, com a supressão das instâncias burocráticas encarregadas de controlar a destinação do dinheiro obtido mediante o exercício da tributação, a despesa pública tende a diminuir, sem prejuízo do atendimento das exigências de estabilidade e progresso sociais.

Vai daí que, somente por eufemismo, pode-se falar que tais incentivos representam "*favores fiscais*" que o Estado concede aos contribuintes. Na real verdade, os incentivos levam os contribuintes que os fruem a assumir compromissos que, em última análise, têm mais a ver com os interesses do Estado, do que com os deles próprios.

E aqui entramos no campo da *extrafiscalidade*.

III – No mais das vezes, conforme há pouco acenado, os tributos são instituídos com o fito de prover de dinheiro os cofres públicos, para que o Estado tenha os meios necessários à consecução dos fins que lhe são assinalados pela Constituição e, em alguns casos, também pelas leis. A tributação, pois, quase sempre se desenvolve com finalidades arrecadatórias, ou seja, fiscais.

Não raro, porém, a tributação vem utilizada para estimular ou desestimular comportamentos, havidos, respectivamente, por convenientes ou nocivos, ao interesse público. Este fenômeno há nome *extrafiscalidade*.

Extrafiscalidade é justamente o emprego dos meios tributários para fins não-fiscais, mas *ordinatórios*, isto é, para disciplinar comportamentos de virtuais contribuintes, induzindo-os a fazer ou a deixar de fazer alguma coisa. A fazer, bem entendido, o que vem ao encontro do interesse público; a não-fazer, o que, mesmo sem tipificar um ilícito, é menos útil ao progresso da sociedade.

Deveras, como é fácil perceber, exacerbando-se a tributação, desencorajam-se os comportamentos que ela alcança, pois as pessoas tendem a procurar caminhos alternativos, para fugir à taxação além da conta. Não é por outro motivo que, por exemplo, a alíquota do imposto sobre a importação de produtos voluptuários costuma ser altíssima. Isto ocorre, não propriamente para aumentar a arrecadação, mas para que as pessoas, sentindo-se desestimuladas a adquiri-los, dêem preferência aos similares nacionais. Com tal medida, protege-se a indústria nacional e evita-se a evasão maciça de divisas, que tanto desequilibra a balança financeira de qualquer país.

Outras vezes, no entanto, a tributação é utilizada para suscitar comportamentos comissivos desejáveis, porque atendem aos reclamos do bem comum. É o que freqüentemente ocorre quando, ao invés de tributar, a pessoa política faz uso dos já mencionados *incentivos fiscais*. Nesses casos, a tributação deixa de ocorrer ou se dá de forma mitigada, justamente para que os beneficiários (normalmente as empresas) colaborem para o desenvolvimento da Nação e promovam os seus mais altos valores.

Convém que se frise que, em rigor, a extrafiscalidade pura – tanto quanto a fiscalidade absoluta – não existe. Em alguma medida, todos os tributos cumprem funções arrecadatórias e regulatórias. Diz-se, no entanto, que um tributo é extrafiscal, quando, nele, estas últimas prevalecem sobre as primeiras, vale dizer, quando a exação tem por escopo primordial induzir os contribuintes a adotarem determinados comportamentos, positivos ou negativos, havidos por úteis ao País e a seus habitantes.

De qualquer modo, os tributos extrafiscais, tanto quanto os fiscais, devem submeter-se aos princípios que informam a tributação: igualdade, legalidade, generalidade, proporcionalidade, não-confiscatoriedade etc. Além disso, na medida em que interferem nas condutas das pessoas, precisam encontrar respaldo em valores constitucionalmente consagrados; nunca em concepções ideológicas ou morais, incompatíveis com a liberdade na atuação da vida privada das pessoas, que deve imperar em Estados Democráticos de Direito que, a exemplo de Portugal e Brasil, valorizam sobremodo o *princípio da dignidade da pessoa humana*, com todos os seus consectários.

IV – Sempre a propósito, a Constituição brasileira não só admite, como estimula a extrafiscalidade.

De fato, embora nela não existam artigos expressos, que determinem a utilização dos tributos para fins extrafiscais, há implícito reconhecimento da faculdade que o Estado tem de utilizá-los, não só para "*promover o equilíbrio do desenvolvimento sócio-econômico entre as diferentes regiões do País*" (art. 151, I, *in fine*), como para "*desestimular a manutenção de propriedades improdutivas*" (art. 153, § 4.º, 1.ª parte), facilitar "*a transmissão de bens ou direitos incorporados ao patrimônio de pessoa jurídica em realização de capital*" (art. 156, § 2.º, I, 1.ª parte), garantir a "*função social da propriedade*" (art. 170, III), ensejar "*a redução das desigualdades regionais e sociais*" (art. 170, VII), dispensar "*tratamento favorecido para as empresas de pequeno porte constituídas sob as leis brasileiras e que tenham sua sede e administração no País*" (art. 170, IX), favorecer "*as operações de transferência de imóveis desapropriados para fins de reforma agrária*" (art. 184, § 5.º), financiar "*a seguridade social*" (art. 195), garantir a saúde de todos, "*mediante... acesso universal igualitário às ações e serviços para sua promoção, proteção e recuperação*" (art. 196) etc.

Relembro que as citadas normas constitucionais, e outras da mesma índole, são de aplicação efetiva e, não, como querem alguns, meros programas de ação, a serem, um dia, desenvolvidos e implementados. De conseguinte, impõem, aos poderes públicos, o dever de prestigiá-las de todas as formas, inclusive em ordem a ensejar a criação de empregos.

6.2. Detalhamento do assunto

I – Como já adiantei, o art. 170, da Constituição brasileira, prescreve que a ordem econômica (expressão tomada no sentido de conjunto das normas jurídicas que regulam a conduta dos agentes econômicos) é fundada, também, na valorização do trabalho humano. Isso sinaliza, de modo inequívoco, que a atividade econômica, no Brasil, deverá ser exercida de modo para gerar empregos.

Nessa linha, o direito positivo deve favorecer a todos que empreendem esforços e mobilizam recursos para a produção de riquezas, com a geração e expansão de novos postos de trabalho.

Mas, não apenas isso: ao guindar o pleno emprego ao patamar dos valores supremos da ordem econômica, a Constituição brasileira impôs ao Estado o encargo de propiciar as melhores condições, para que as empresas atinjam este louvável objetivo.

De fato, o direito positivo há de garantir, ao empresário, o maior número de meios, para que possa cumprir a preceito seus deveres, na relação de trabalho.

II – E é aqui que entra a tributação. Esta não pode envolver exigências descabidas, que, tornando excessivamente onerosa a oferta de empregos, impeçam o atingimento desta meta.

Há, pois, de haver uma tributação mais justa, voltada para os interesses das empresas geradoras de empregos, assunto que, de resto, é uma das grandes preocupações globais.

Deveras, no relatório *"Tendências Mundiais do Emprego"*, que a OIT (Organização Internacional do Trabalho) divulgou em janeiro de 2009, a propósito da crise econômica mundial, foram alvitrados três cenários: o mais otimista estima que o crescimento do número de desempregados no mundo, nos próximos dois anos, será de 20.000.000 de pessoas; o médio, de 35.000.000 de pessoas; o mais tétrico, de 51.000.000 de pessoas.

Urge reverter este quadro, o que, no Brasil, pode ser feito desonerando, total ou parcialmente, de tributos (imposto sobre a renda, imposto sobre operações mercantis, impostos prediais, contribuições sociais etc.), as empresas que multiplicam o número de seus empregados.

O mesmo objetivo pode ser alcançado, dispensando-se tratamento fiscal mais favorável às empresas que privilegiam a mão de obra e, não, a mecanização, que, como é de compreensão intuitiva, diminui a oferta de empregos. A propósito, a Constituição brasileira, em seu art. 195, § 4.º, determina que as contribuições sociais deverão ter alíquotas e bases de cálculo diferenciadas, em razão *"da utilização intensiva da mão de obra, do porte da empresa ou da condição estrutural do mercado de trabalho"*. Esta é uma diretriz salutar, que deveria ser seguida também em relação a todos os demais tributos.

Também seria fundamental que se estimulasse, por meio de incentivos fiscais, a manutenção dos trabalhadores em seus empregos.

III – Lamentavelmente, no Brasil, ainda é possível a demissão imotivada do trabalhador, desde que se lhe paguem as verbas devidas.

Neste particular, Portugal está na vanguarda, já que sua Constituição garante *"aos trabalhadores a segurança no emprego, sendo proibidos os despedimentos sem justa causa"* (art. 53).

Enquanto o Brasil não envereda por esta louvável trilha de pleno emprego e de reconhecimento de que todos têm direito ao trabalho, que pelo menos crie vantagens fiscais para as empresas que, por garantirem às pessoas, trabalho condignamente remunerado, associam-se ao Estado, na consecução do bem comum.

7. Conclusão

Muito mais, poderia falar-lhes sobre *"tributação e ampliação do mercado de trabalho"*, tantas as dificuldades que o tema encerra.

É soada a hora, porém, de caçar as velas do discurso.

Permito-me, apenas, registrar, a guisa de conclusão, que não quis esgotar o assunto, mas, sim, espancar alguns equívocos, que passeiam por aí afora como verdades absolutas. Os colegas congressistas dirão se fui bem-sucedido na tarefa. Afinal, todos aqui estão habilitados a arriscar os mesmos abismos, intercambiando comigo o papel de produzir Ciência do Direito.

São essas as idéias que submeto à douta apreciação dos senhores. Muito obrigado.

A GLOBALIZAÇÃO E AS NOVAS TENDÊNCIAS DO MERCADO DE TRABALHO

TELETRABALHO E DESLOCALIZAÇÃO DO TRABALHO
O CASO PORTUGUÊS

GUILHERME DRAY

1. O tema desta intervenção centra-se no «teletrabalho», enquanto modalidade especial de contrato de trabalho realizada a distância e com recurso a tecnologias de informação e de comunicação. Trata-se de um tema não apenas do presente, mas também do futuro: o teletrabalho tende a marcar o futuro da sociedade laboral e a assumir-se, no domínio juslaboral, como uma das modalidades contratuais que melhor se enquadra nas grandes tendências que se avizinham no século XXI. A razão é simples de enunciar: no plano teórico, o teletrabalho apresenta várias vantagens, confirmadas à luz das várias experiências-piloto já realizadas um pouco por todo o mundo (*v.g.* na Alemanha, Áustria, Bélgica, Dinamarca, Espanha, Estados Unidos da América, França, Grécia, Holanda, Japão, Irlanda, Itália, Luxemburgo, Portugal, Reino Unido e Suécia), quer para o trabalhador, quer para o empregador, quer para a sociedade em geral.

No que diz respeito ao *trabalhador*, é habitual indicarem-se as seguintes vantagens: redução ou eliminação de tempo despendido na deslocação casa-trabalho; redução ou eliminação de despesas inerentes ao exercício de uma actividade profissional longe de casa, nomeadamente de transporte e alimentação; diminuição do *stress;* maior gosto pelo trabalho desenvolvido; melhor conciliação da vida profissional e familiar; flexibilização do horário de trabalho; ambiente de trabalho mais confortável; desempenho profissional com maior autonomia; maior facilidade de emprego e acréscimo da liberdade de trabalho.

Quanto ao *empregador*, as vantagens habitualmente apontadas são as seguintes: diminuição de custos em instalações, energia, transportes e pessoal; optimização dos espaços disponíveis; maior eficiência e produtividade relativamente ao trabalho desenvolvido pelos teletrabalhadores, de quem se exige maior responsabilidade e criatividade e cujo grau de motivação é maior; possibilidade de adopção de esquemas de gestão por objectivos ou resultados; maior flexibilização da gestão empresarial; melhor fixação do trabalhador; maior facilidade de recrutamento de pessoal; maior resistência face a factores externos que poderiam pôr em causa o regular funcionamento da unidade produtiva, tais como greves de transportes, actos de terrorismo ou calamidades naturais.

Quanto à *sociedade em geral*, as vantagens emergentes do teletrabalho podem ser as seguintes: diminuição do tráfego urbano e do *commuting* – deslocações diárias e maciças de trabalhadores dos subúrbios para os grandes centros urbanos; redução dos níveis de poluição atmosférica; melhor gestão dos espaços urbanos e requalificação das cidades, em especial dos subúrbios; redução das disparidades e desníveis de natureza económico-social existentes entre os centros urbanos e os centros rurais, fruto da fixação, nestes, de teletrabalhadores ou de telecentros comunitários e rurais; descongestionamento do centro das cidades e desenvolvimento de zonas menos favorecidas e mais remotas, designadamente rurais; aumento da produtividade e eficiência no trabalho; criação de novos empregos, designadamente para trabalhadores portadores de deficiências físicas; e contribuição para a divisão internacional do trabalho, através do teletrabalho *"off shore"*.

2. A estas vantagens classicamente atribuídas ao teletrabalho, desde finais do século XX, acrescentam-se as que decorrem dos desafios que o século XXI encerra.

O século XXI, entre outras tendências que se podem manifestar, será marcado por algumas «mega tendências» que em bom rigor já se têm vindo a revelar: a «globalização», o combate às «alterações climáticas», a protecção da segurança e saúde das populações, (nomeadamente contra «fenómenos pandémicos»), os fenómenos migratórios e a defesa da dignidade humana. O Direito, em geral, e o Direito do Trabalho, em especial, não pode ficar imune a estes fenómenos e tem de estar à altura do devir social.

E o teletrabalho, quem diria, pode ter um importante papel a desempenhar a estes vários níveis.

3. A **globalização** é, sem dúvida, uma das «mega tendências» do último quartel do séc. XX e do séc. XXI. Todos o sabemos. Os mercados, de um modo geral, estão abertos. O proteccionismo esmoreceu e a abertura económica, dentro de espaços regionais ou entre blocos regionais tende a imperar. A deslocalização das empresas multinacionais e a sua proliferação por vários mercados é enorme e crescente. E os efeitos sentidos na economia de um determinado Estado rapidamente se proliferam pelos demais. As tecnologias de informação e de comunicação, por sua vez, desenvolvem-se a um ritmo absolutamente frenético: os computadores pessoais massificaram-se; o acesso à internet em banda larga passou a universalizar-se e constitui um dos principais objectivos das políticas públicas, enquanto instrumento de prossecução de políticas de igualdade de oportunidades nomeadamente nas zonas rurais e despovoadas; os Estados promovem a construção de novas infra-estruturas de comunicações – as Redes de Nova Geração – que irão potenciar uma utilização da internet mais abrangente, mais célere e com mais conteúdos. O teletrabalho encaixa-se nestas tendências: enquanto fenómeno laboral que permite o trabalho a distância, ele faculta a possibilidade de trabalhadores residentes num Estado prestarem serviço para empresas sedeadas noutro Estado, através do recurso a tecnologias de informação e de comunicação. O teletrabalho é, ou tende a ser, por isso, um importante instrumento do mercado laboral global.

A par da Globalização, o séc. XXI traz consigo outras «mega tendências», de entre as quais se destacam, nos termos já enunciados, o combate às «alterações climáticas», a protecção da segurança e saúde das populações, nomeadamente contra «fenómenos pandémicos», os fenómenos migratórios e a defesa da dignidade humana. Em todos eles o teletrabalho pode ter uma palavra a dizer.

4. A redução do tráfego urbano e do *commuting* – deslocações diárias e maciças de trabalhadores dos subúrbios para os grandes centros urbanos – potenciada pelo teletrabalho pode ter um importante efeito de redução dos níveis de poluição atmosférica e de emissão de CO_2, sendo consequentemente um factor a ter em conta na atenuação ou desaceleração das **alterações climáticas**; por outro lado, o teletrabalho, enquanto fenómeno que permite o trabalho a distância, é certamente um dos mais poderosos instrumentos destinados a impedir a cadeia de transmissão de **fenómenos pandémicos**, atendendo a que por esta via os trabalhadores podem desenvolver a sua actividade no seu próprio domicílio e com diminuição de risco de contágio – não foi por acaso que o teletrabalho surgiu enunciado nos mais diversos planos de contingência empresariais aprovados aquando do aparecimento do vírus H1N1, como forma de evitar a propagação da Gripe A. Por fim, o teletrabalho surge, também, como um importante instrumento de protecção da **dignidade humana**, ao promover a empregabilidade de pessoas deficientes, designadamente pessoas com problemas de locomoção – o teletrabalho permite quebrar barreiras físicas, permitindo que o trabalhador deficiente preste a sua actividade no seu próprio domicílio.

É por isso que em Portugal, o recentemente aprovado regime jurídico de concessão de apoio técnico e financeiro para o desenvolvimento de políticas de emprego e de apoio às pessoas com deficiência – Decreto-Lei n.º 290/2009, de 12 de Outubro – alude especificamente ao teletrabalho.

O teletrabalho, enfim, tem ou pode ter um importante papel a desempenhar no mercado laboral do século XXI.

5. Segundo dados da Comissão Europeia de 2000 (cf. Relatório da Comissão Europeia, "e-Work *2000 – Status Report on New Ways to Work in the Information Society"*, 2000, p. 29) o número de teletrabalhadores, na Europa, ascendia em 1999 a cerca de 9 milhões, representativos de 6% da força de trabalho europeia, estimando-se a existência de 10 milhões em 2000, sendo certo que, tanto quanto se sabe, aquando da aprovação do CT2003, apenas em Itália se havia legislado expressamente sobre esta matéria (Lei de 16 de Junho de 1998, n.º 191, relativo ao teletrabalho na Administração Pública). Em 2007, segundo dados do Eurofound, citados no Livro Branco Para as Relações Laborais do Ministério do Trabalho e da Solidariedade Social, da Comissão do Livro Branco das Relações Laborais (2007, pp. 62-63), a percentagem de pessoas que trabalha com computador pessoal a partir da sua residência não é em média muito elevada na União Europeia, mas ainda assim ascende a cerca de 8% – todavia, que há países em que essa percentagem é o dobro da média comunitária – é o caso da República Checa (cerca de 19%), da Croácia (cerca de 17%) e da Dinamarca (cerca de 18%). A análise das respostas ao inquérito da citada Fundação Europeia revela que Portugal se situa entre os países europeus em que o teletrabalho assume menor significado – cerca de 3% – sendo certo que apenas a Roménia e a Bulgária assumem valores percentuais inferiores aos nacionais.

6. Em Portugal, todavia, o número de teletrabalhadores tende a aumentar, face ao forte impulso atribuído pelas entidades públicas à modernização da economia digital e ao desenvolvimento das tecnologias de informação e de comunicação, na sequência da aprovação, em 2005, do «Plano Tecnológico», lançado pelo XVII Governo Constitucional.

Com este Plano nasceu a ambição de promover o acesso generalizado dos cidadãos e das empresas às Tecnologias da Informação e Comunicação, com o objectivo de construir uma economia dinâmica e competitiva e uma Sociedade de Informação inclusiva. Em poucos anos, Portugal passou da cauda para um lugar de destaque na Europa. Em resultado deste plano, Portugal destaca-se hoje nas seguintes áreas:

– Na Banda Larga, Portugal tem actualmente 100% do território coberto e está a implementar velocidades de 100 Megas;
– Nas Redes de Nova Geração (RNG), Portugal tem em curso um programa que permitirá uma cobertura de 100% do território nacional até 2012;
– Na Rede Móvel, Portugal tem a segunda maior taxa de penetração *per capita* da Europa;
– No e-government, Portugal é líder europeu na disponibilização de serviços electrónicos para os cidadãos e as empresas;
– Na Balança Tecnológica, Portugal atingiu – desde 2007 e pelo terceiro ano consecutivo – um saldo positivo, o que significa que exporta mais tecnologia do que aquela que importa;
– No acesso à Sociedade da Informação, Portugal foi pioneiro na implementação do programa e.Escola – único programa no mundo a garantir o acesso de um computador portátil a toda a comunidade escolar, num total de 1.3 Milhões de computadores e 850 mil ligações à Internet em Banda Larga no curto espaço de 2 anos.

7. Esta infra-estrutura digital, que apostou na massificação, num curto espaço de tempo, da utilização de computadores pessoais com acesso a banda larga, permite que se diga que em Portugal as bases tecnológicas necessárias para o desenvolvimento do teletrabalho existem e são sólidas. Esta situação, aliada ao enquadramento legal atribuído ao teletrabalho no domínio do Código do Trabalho, permite que se afirme, com segurança, que o teletrabalho tem condições – físicas e de enquadramento legal – para se desenvolver no nosso país.

8. Do ponto de vista jurídico, o teletrabalho foi acolhido em Portugal em 2003, aquando da aprovação do Código do Trabalho, subsequentemente revisto em 2009. Portugal orgulha-se, por isso, de ter sido o primeiro país a nível europeu, porventura a nível mundial, a ter disciplinado juridicamente o teletrabalho no sector privado e a tê-lo incorporado no cerne da legislação laboral – o Código do Trabalho.

9. No essencial, os traços que melhor caracterizam o regime jurídico adoptado assentam em três pilares:

i) Quanto ao **âmbito de aplicação** – o Código do Trabalho apenas versou sobre o teletrabalho subordinado;
ii) Quanto às **modalidades de teletrabalho** – o Código do Trabalho apresenta um conceito amplo, que faculta às partes uma ampla margem de liberdade na configuração do tipo do regime de teletrabalho a adoptar;
iii) Quanto aos **princípios que regem o regime jurídico do teletrabalho** – no essencial, eles radicam na liberdade de celebração, na exigência de forma escrita, no princípio da igualdade, no direito à privacidade e nos princípios da participação e representação colectivas.

10. No que diz respeito ao **âmbito de aplicação do regime**, o Código do Trabalho de 2003, tal como o Código do Trabalho de 2009, apenas versou sobre o teletrabalho subordinado, i.e., sobre aquele que se realiza em regime de subordinação jurídica, sob as ordens e direcção do empregador, não regulando outros fenómenos em que se pode manifestar o teletrabalho, nomeadamente o teletrabalho prestado em regime de prestação de serviço ou aquele que se executa em regime de dependência económica, mas sem subordinação jurídica – neste último caso, das denominadas *situações equiparadas,* tratar-se-á de uma hipótese de contrato legalmente equiparado ao contrato de trabalho, nos termos do artigo 10.º do Código do Trabalho.

A noção de teletrabalho que consta do artigo 165.º do Código do Trabalho é, de resto, absolutamente elucidativa a este propósito: – nos termos deste preceito *«considera-se teletrabalho a prestação laboral realizada com subordinação jurídica, habitualmente fora da empresa e através do recurso a tecnologias de informação e de comunicação».* A subordinação jurídica é, por isso, um elemento essencial da noção de teletrabalho.

11. A noção de teletrabalho acima referida assenta num conceito normativo amplo de teletrabalho, cujos elementos essenciais se reconduzem ao facto de a actividade laboral ser *habitualmente*, i.e., primordialmente, prestada fora da empresa (mas não necessariamente em exclusivo), por um lado, e à circunstância de tal actividade envolver a utilização de tecnologias de informação e de comunicação, por outro lado. As características principais do teletrabalho são, consequentemente, a distância do trabalhador em relação à sede social e instalações principais da empresa e o recurso a meios informáticos e/ou telemáticos para a execução do contrato de trabalho. Atenta a amplitude do conceito, admitem-se várias **modalidades** de prestação laboral em regime de teletrabalho: quanto ao local onde é exercida a actividade laboral, admite-se que o seja no domicílio do trabalhador (*home-based telework*), em vários locais dispersos, tais como aeroportos, hotéis ou em instalações de clientes (*mobile telework)*, em centros de multimedia especialmente concebidos para o efeito, em locais desconcentrados, em especial na periferia das grandes cidades (*telecenters*), em centros de multimedia criados em zonas rurais, especificamente destinados às respectivas comunidades locais (*telecottages*) ou, de forma alternada, nalgum destes locais e nas instalações da empresa; relativamente às tecnologias de informação e de comunicação utilizadas, poderão envolver a utilização de telefones fixos ou móveis e computadores pessoais, bem como das redes de internet, sistemas de videoconferência ou correio electrónico, que garantam uma efectiva comunicabilidade entre o trabalhador, os respectivos colegas de trabalho e o empregador; quanto à ligação entre o empregador e o trabalhador, esta poderá ser contínua (*online*) ou descontínua (*offline*). Para além destas modalidades, admite-se também a prestação de teletrabalho em regime de contrato de trabalho a termo ou de trabalho temporário, reunidos que estejam os pressupostos destes tipos contratuais e na medida em que os respectivos requisitos (*maxime* quanto ao motivo justificativo) estejam preenchidos. Por fim, tanto pode exercer a actividade em regime de teletrabalho alguém que já seja trabalhador da empresa, como um trabalhador especialmente admitido para o efeito, mediante a celebração de contrato para prestação subordinada de teletrabalho. Trata-se da habitual distinção entre teletrabalho interno e teletrabalho externo – veja-se, a este propósito, o artigo

166.º do Código do Trabalho, segundo o qual «*Pode exercer a actividade em regime de teletrabalho um trabalhador da empresa ou outro admitido para o efeito, mediante a celebração de contrato para prestação subordinada de teletrabalho*».

12. No essencial, o regime do teletrabalho vertido no Código do Trabalho português centra-se nos princípios da **liberdade de celebração**, na **exigência de forma escrita**, no **princípio da igualdade**, no **direito à privacidade** e nos **princípios da participação e representação colectivas**, nos termos adiante assinalados.

13. O **princípio da liberdade de celebração** surge a dois níveis, quer no *teletrabalho externo*, quando alguém é especialmente contratado *ab initio* para exercer a sua actividade em regime de teletrabalho, quer no *teletrabalho interno*, quando esteja em causa a passagem de um trabalhador que trabalha segundo o regime comum para o regime especial de teletrabalho.

No *teletrabalho externo*, a liberdade de celebração está presente na medida em que o contrato para prestação subordinada de trabalho em regime de teletrabalho depende, necessariamente, da manifestação de vontade do trabalhador nesse sentido – só é contratado para prestar a sua actividade em regime de teletrabalho quem manifestar contratualmente a sua vontade em fazê-lo (cf. artigo 166.º); por outro lado, no *teletrabalho interno*, a liberdade de celebração é exigível dado que o empregador não pode, ao abrigo do respectivo poder de direcção, dar ordens e instruções ao trabalhador que trabalhe segundo o regime de trabalho normal para que este passe, a dado momento, a prestar a sua actividade em regime de teletrabalho – o trabalhador só pode passar a exercer a sua actividade em regime de teletrabalho se der o seu acordo nesse sentido, ou seja, se der o seu assentimento no âmbito da respectiva liberdade de celebração. Mais do que isso: nos termos do artigo 167.º, sempre que seja celebrado com o trabalhador da empresa (que trabalha segundo o regime comum) um acordo que vise o início de funções em regime de teletrabalho, o trabalhador (tal como de resto o empregador) pode, durante os primeiros 30 dias da sua execução, denunciar este contrato, retomando-se a execução do contrato segundo o regime normal. Ou seja: a alteração do regime comum de prestação do trabalho para um regime especial não pode ser unilateralmente imposta ao trabalhador através do simples exercício do poder de direcção do empregador, e a transformação do vínculo laboral, no sentido da sua passagem para o regime especial do teletrabalho, apenas é possível mediante acordo das partes. Por outro lado, a lei admite uma hipótese de *direito de arrependimento:* o contrato conducente à prestação de trabalho em regime de teletrabalho pode ser unilateralmente denunciado pelas partes, sem necessidade de invocação de qualquer motivo justificativo, durante os primeiros 30 dias da sua execução. Trata-se, afinal, de um mecanismo que desempenha um papel similar ao do período experimental, sendo certo que a denúncia do acordo, no caso do *teletrabalho interno*, não acarreta a extinção do vínculo laboral: o contrato de trabalho inicial mantém-se; aquilo que se extingue é, tão-somente, a prestação laboral segundo o regime especial do teletrabalho, pelo que o trabalhador adquire o direito a retomar a prestação de trabalho segundo o regime comum.

14. O contrato de trabalho para prestação subordinada de teletrabalho, enquanto contrato de trabalho sujeito a regime especial, é um **negócio jurídico formal**, no sentido em que a lei exige forma escrita para a sua celebração (artigo 166.º, n.º 4), para além da observância de um conjunto de formalidades. Trata-se de uma excepção ao princípio do consensualismo, aplicável ao contrato de trabalho segundo o regime comum. Nesse sentido, o artigo 166.º enuncia um conjunto de menções obrigatórias que devem constar do contrato de trabalho para prestação subordinada de teletrabalho, nomeadamente a obrigação de se fazer constar a menção expressa ao regime de teletrabalho (alínea *b)*), o dever de indicar o período normal de trabalho do teletrabalhador (alínea *c)*), a indicação da actividade a exercer pelo teletrabalhador após o período de execução do contrato em regime de teletrabalho se o período previsto para a prestação de trabalho em teletrabalho foi inferior à duração previsível do contrato de trabalho (alínea *d)*), a indicação de quem é a propriedade dos instrumentos de trabalho e quem se responsabiliza pela respectiva instalação, manutenção e pagamento das inerentes despesas de consumo e de utilização (alínea *e)*) e a identificação do representante da empresa com quem o teletrabalhador pode contactar, de forma a evitar-se o seu isolamento pessoal e profissional. A propósito dos instrumentos de trabalho recorda-se que o artigo 168.º determina que «*na falta de estipulação no contrato, presume-se que os instrumentos de trabalho respeitantes a tecnologias de informação e de comunicação utilizados pelo trabalhador pertencem ao empregador, que deve assegurar as respectivas instalação e manutenção e o pagamento das inerentes despesas*».

15. Nos termos do artigo 169.º «*O trabalhador em regime de teletrabalho tem os mesmos direitos e deveres dos demais trabalhadores, nomeadamente no que se refere a formação e promoção ou carreira profissionais, limites do período normal de trabalho e outras condições de trabalho, segurança e saúde no trabalho e reparação de danos emergentes de acidente de trabalho ou doença profissional*». Por outro lado, no âmbito da formação profissional, «*o empregador deve proporcionar ao trabalhador, em caso de necessidade, formação adequada sobre a utilização de tecnologias de informação e de comunicação inerentes ao exercício da respectiva actividade*». O preceito em causa reafirma o **princípio da igualdade** neste particular domínio, com uma finalidade clara: evitar que a prestação de uma actividade em regime de teletrabalho seja desfavorável para o respectivo trabalhador, nomeadamente em sede de progressão na carreira e acesso à formação profissional. Ou seja: trata-se da concretização do princípio da igualdade previsto nos artigos 23.º e ss. do Código, no sentido de garantir que o estatuto do teletrabalhador não é prejudicado relativamente ao da generalidade dos trabalhadores subordinados contratados segundo o regime comum. É nesse sentido, também, que se compreendem determinadas garantias especificamente dirigidas ao teletrabalhador, como sejam a reserva da respectiva privacidade (artigo 170.º) e a preservação da participação e representação colectiva dos teletrabalhadores (artigo 171.º).

16. O respeito pela **reserva da intimidade da vida privada** do trabalhador integra um dos princípios basilares do regime do teletrabalho constante do Código do Trabalho português. Nesse sentido, o artigo 170.º deste diploma determina que «*o empregador deve respeitar a privacidade do trabalhador e os tempos de descanso e de repouso da família deste, bem como proporcionar-lhe boas condições de trabalho, tanto do ponto de vista físico como psíquico*» (n.º 1). Para o efeito, o preceito em causa determina, também, que «*sempre que o teletrabalho seja realizado no domicílio do trabalhador, a visita ao local de trabalho só deve ter por objecto o controlo da actividade laboral, bem como dos instrumentos de trabalho e apenas pode ser efectuada entre as 9 e as 19 horas, com a assistência do trabalhador ou de pessoa por ele designada*», considerando-se contra-ordenação grave a violação do disposto neste artigo. No essencial, concretiza-se por esta via o direito à reserva da intimidade da vida privada previsto, enquanto regra geral, no artigo 16.º do Código, *maxime* em caso de teletrabalho no domicílio.

A tutela da reserva da intimidade da vida privada e familiar do teletrabalhador é garantida por duas vias: por um lado, circunscreve-se o escopo das visitas ao local de trabalho ao controlo da prestação laboral ou à manutenção dos respectivos equipamentos; por outro lado, determina-se que as visitas em causa apenas podem ser efectuadas dentro de determinado hiato temporal e nas condições a que se refere a segunda parte do n.º 2. Trata-se de uma limitação à actuação do empregador, justificável à luz dos direitos de personalidade do teletrabalhador. Em qualquer caso, a existência da presente regra não afasta a aplicação dos artigos 15.º a 22.º do Código do Trabalho, que abarcam o regime dos direitos de personalidade.

Impõe-se, pois, para efeitos de tutela dos direitos de personalidade do teletrabalhador, quer a aplicação do direito consagrado no artigo 170.º do Código do Trabalho, quer o recurso ao regime geral emergente dos citados preceitos legais, em especial os regimes consagrados a propósito do *direito à reserva da intimidade da vida privada* (artigo 16.º) e dos *meios de vigilância a distância* (artigos 20.º e 21.º). No limite, poder-se-ão ainda aplicar subsidiariamente os artigos 70.º e 80.º do Código Civil, que disciplinaram o regime dos direitos de personalidade e o da reserva da intimidade da vida privada no Direito Privado.

17. Por fim, cumpre assinalar que o regime do teletrabalho previsto no Código do Trabalho garante a **participação e representação colectivas do trabalhador** em regime de teletrabalho.

Nos termos do artigo 171.º deste diploma, «*O trabalhador em regime de teletrabalho integra o número de trabalhadores da empresa para todos os efeitos relativos a estruturas de representação colectiva, podendo candidatar-se a essas estruturas*» e «*pode utilizar as tecnologias de informação e de comunicação afectas à prestação de trabalho para participar em reunião promovida no local de trabalho por estrutura de representação colectiva dos trabalhadores*». Mais do que isso: qualquer estrutura de representação colectiva dos trabalhadores pode utilizar as tecnologias referidas no número anterior para, no exercício da sua actividade, comunicar com o trabalhador em regime de teletrabalho, nomeadamente divulgando informações relativas à actividade sindical.

Por outras palavras: o Código do Trabalho garante ao teletrabalhador o exercício dos direitos de participação e representação colectivas, quer através do direito de se candidatar às estruturas representativas de trabalhadores (v.g. artigos 415.º e 462.º); quer pela permissão concedida ao trabalhador de utilização dos instrumentos de trabalho do empregador para efeitos de participação nas reuniões promovidas no local de trabalho pelas estruturas de representação colectivas dos trabalhadores; quer através da permissão atribuída às estruturas representativas de trabalhadores de afixarem e divulgarem textos, convocatórias, comunicações ou informações relativos à vida sindical e aos interesses sócio-profissionais dos trabalhadores (artigo 465.º) através dos aludidos instrumentos de trabalho.

18. Em suma: o regime do teletrabalho previsto no Código do Trabalho português é simultaneamente progressista, no sentido em que está na linha com o que de mais evoluído existe a nível europeu e mundial nesta matéria, e tutelar, atendendo a que assenta em princípios que garantem a aplicação do princípio da igualdade, da reserva da intimidade da vida privada do teletrabalhador e dos direitos de representação e participação colectivos, garantindo-se por esta via uma adequada protecção ao teletrabalhador. O regime em causa, aliado às infra-estruturas digitais existentes no país e ao forte impulso dado à sociedade da informação nestes últimos anos confere ao teletrabalho a possibilidade de se desenvolver e de assumir um papel de destaque enquanto modalidade especial de contrato de trabalho no ordenamento jurídico português (*).

(*) Do ponto de vista bibliográfico e a propósito do teletrabalho, nomeadamente das suas vantagens e desvantagens, perspectivas de evolução, modalidades e análise jurídico-comparativa, veja-se Guilherme Dray, "Teletrabalho, sociedade da informação e direito", in Estudos do Instituto de Direito do Trabalho, Volume III, Almedina, Coimbra, 2002, pp. 261-286; e Regina Redinha, "O Teletrabalho", in II Congresso Nacional de Direito do Trabalho, Almedina, Coimbra, 1999, pp. 85 e ss. A propósito da diferença entre teletrabalho *subordinado*, teletrabalho *autónomo* e teletrabalho *autónomo mas com dependência económica*, veja-se Rosário Palma Ramalho, "Novas Formas da realidade Laboral: o Teletrabalho", *in Estudos de Direito do Trabalho*, I, Coimbra, 2003, pp. 195-211. A propósito do regime do teletrabalho positivado no Código do Trabalho, veja-se Romano Martinez, *Direito do Trabalho*, Almedina, Coimbra, 4.ª edição, 2007, pp. 675-679 e Rosário Palma Ramalho, *Direito do Trabalho*, II, Almedina, Coimbra, 7.ª edição, 2009, pp. 426-441.

A DURAÇÃO DO TRABALHO E TEMAS CORRELATOS NO CONTEXTO DA GLOBALIZAÇÃO ECONÔMICA

MARCELO FIGUEIREDO

Advogado, consultor jurídico em São Paulo. Professor de Direito Constitucional da Faculdade de Direito da PUC-SP, onde também é atualmente seu Diretor. Professor Associado da mesma Universidade. Presidente da Associação Brasileira de Constitucionalistas Democratas – ABCD e Membro da Diretoria da IACD – International Association of Constitutional Law. E-mail: mfigueiredo.adv@uol.com.br

I – A evolução da duração da jornada de trabalho

O presente artigo pretende discutir a assim chamada *flexibilização das relações de trabalho*, especialmente o tema da *redução da jornada de trabalho*, pois a organização do seminário atribui-me *"a duração do trabalho no Brasil"* para desenvolvimento. Quero inicialmente agradecer profundamente aos organizadores portugueses e brasileiros a honra e a oportunidade para aqui estar, trocando idéias e experiências com nossos irmãos europeus. A proposta desse trabalho no fundo pretende responder a seguinte questão: que tipo de regulamentação deve o direito (do trabalho) conter para, da melhor forma possível, zelar pelas partes envolvidas nessa relação, essencialmente, o empregador e o empregado, ou se quisermos a empresa, o empregado e o Estado, visualizando tais atores em um mundo globalizado.

Cremos que todo o país do mundo vem tomando medidas para enfrentar *a crise da empregabilidade*, que é o principal problema nesta passagem da idade moderna para a pós-moderna. Nessa quadra, é provável a diminuição sensível da relação de trabalho subordinado, substituída por outro tipo de prestação de trabalho sobre o qual até agora não há previsão nem consenso. Por isso é que se fala a todo instante em desregulação, flexibilização, redução de custos, negociação por empresa, co-gestão e participação, trabalho cooperado, contrato de atividade, etc.

No mundo inteiro tenta-se enfrentar a crise da empregabilidade. Na Alemanha, por exemplo, tradicionalmente rígida na proteção do trabalho, foi realizada reforma no sentido da desregulação, flexibilização e modernização da dispensa, da co-gestão no estabelecimento na lei de fomento ao emprego, na lei do horário de trabalho, permitindo-se através de convenções coletivas, *horário flexível com compensações anuais.*

Antes mesmo de discutir a questão da **flexibilização** que tem no Brasil dividido a doutrina do Direito do Trabalho, em ao menos duas correntes – os que admitem a inevitabilidade de sua ocorrência (com vários matizes) e os que simplesmente a negam; vamos verificar como a *carga horária de trabalho vem sendo distribuída ao longo do tempo.*

É evidente que na essência, toda essa problemática decorre da *mudança do perfil das relações de trabalho no mundo contemporâneo.* De fato, houve uma época em que alguns tipos de trabalhadores detiveram em suas mãos, os meios de produção, determinando o ritmo e a duração do trabalho.[1]

---

[1] JOSÉ CELSO CARDOSO JÚNIOR, no artigo intitulado "Crise e Desregulação do Trabalho no Brasil, afirma que houve uma precarização ou piora na qualidade dos postos de trabalho no Brasil a partir da década de 90. "com aumento da assimetria já existente entre capital e trabalho, especialmente para as categorias ocupacionais tidas como informais, no interior das quais parecem residir às atividades mais precárias, do ponto de vista da qualidade da ocupação – caso claro dos trabalhadores por conta própria – e de mais frágil inserção profissional, do ponto de vista das relações de trabalho – caso evidente dos sem registro em carteira. Embora reconhecendo a complexidade conceitual e empírica em definir e mensurar o fenômeno da precarização é possível constatar particularmente junto aos assalariados sem carteira, que a ausência de mediação institucional pelo Estado torna mais frágeis e assimétricas as relações capital-trabalho, favorecendo uma flexibilidade quantitativa (dispensa e contratação de mão de obra) muito elevada, que apenas serve para engendrar uma alta rotatividade de trabalhadores nestas ocupações. Como se sabe, níveis muito altos de rotatividade produzem, de um lado, postos de trabalho de baixa qualidade e praticamente nenhum investimento em recursos humanos e, de outro, trabalhadores sem especialização definida, que rodam intensamente por ocupações distintas, sem perspectivas de ascenção profissional nem salarial. De outro lado, a ausência ou precariedade dos mecanismos de proteção social

A duração diária do trabalho chegou há atingir 14 horas e mais de 3.750 horas anuais ao tempo da primeira Revolução Industrial (1780-1830). A insatisfação geral com a precariedade das condições de trabalho levou às sucessivas revoltas operárias em torno de sua redução e por suas melhores condições, inclusive salariais.

Após diversos conflitos, em 1847, a Inglaterra fixou em 10 horas diárias a jornada, equivalentes a 3.000 horas de duração anual. A França fez o mesmo no ano seguinte. Tinha início, como conseqüência da revolução econômica, a revolução jurídica que levou ao surgimento do *Estado/intervencionista*, e com ele as leis trabalhistas protetoras[2].

Até o advento da Primeira Guerra Mundial a duração do trabalho foi reduzida de 3.000 horas anuais para cerca de 2.600 horas. Contribuíram para essa redução a legislação de proteção ao trabalho feminino e infantil, as limitações à jornada diária e a ampliação dos dias de descanso.

Em 1919, a OIT já aconselhava aos países convenentes a jornada de 8 horas diárias. No período entre guerras, a jornada média manteve-se em declínio, atingindo cerca de 2.200 horas. Tal não ocorreu, por exemplo, na Alemanha, em que o governo nazista aumentou a duração anual do trabalho.

Finda a Segunda Grande Guerra, durante os anos de reconstrução, muitos países europeus praticaram jornadas elevadas. Austrália, EUA e Canadá, adotaram a duração semanal de 40 horas[3].

Excluídos os períodos de exceção, verificou-se a tendência reducionista. A partir de 1950, até os anos 70, a redução da duração anual persistiu direta e indiretamente. Em 1979 estava situada entre 1.600 e 1.800 horas de trabalho. O Japão, com 2.100 horas e a Suécia, com 1.450 horas eram exceções.

---

conferidos pelo Estado a seus cidadãos tende a transferir aos âmbitos familiar e individual a responsabilidade pela sobrevivência numa sociedade marcada por uma crescente redundância de trabalho vivo. Esse aspecto é particularmente dramático junto aos trabalhadores por conta própria de menores rendas, que tendem a não recolher contribuição previdenciária e tampouco tendem a ter registrados nas administrações públicas seus pequenos negócios". Revista de Sociologia da USP, Volume 13, Novembro 2001, página 44.

[2] Conforme Dal Rosso, Sadi, "A jornada de trabalho na sociedade: o castigo de Prometeu", LTR, São Paulo, 1996, página 90.

[3] Conforme Belmonte, Alexandre Agra, "Redução da Jornada de Trabalho", Revista LTR, Volume 68, número -02-Fevereiro de 2004, 165

Observa **Dal Rosso**[4] que de 1980 em diante, a tendência à redução nominal de horas diárias de trabalho tornou-se significativamente menos acentuada.

A crise de petróleo e os problemas decorrentes das novas estratégias de valorização do capital e dos novos padrões de concorrência internacional *interromperam a tendência de concessão de direitos trabalhistas*.

A competição decorrente da globalização da economia tem obrigado a pessoas, empresas e países a trabalharem mais, não obstante o aumento de produtividade possibilitasse uma redução ainda maior das horas de trabalho[5].

Sustenta o autor acima sitado, que meios econômicos avançados não trazem automaticamente menores jornadas de trabalho e que a repartição da acumulação capitalista e a regulação da quantidade de trabalho é *"assunto político"*.

II – O tema da flexibilização das relações de trabalho – As diferentes visões

Nos últimos oitenta anos, as transformações econômicas, políticas, tecnológicas, sociológicas e culturais foram de tal magnitude, a ponto de se dizer que superaram todos os milhões de anos de história da civilização. O mundo do trabalho também foi atingido por esse fenômeno.

Parece que há consenso da doutrina ao assumir que a finalidade do Direito do Trabalho é a de propiciar o *equilíbrio possível entre os fatores de produção: empresa, capital e trabalho*. Por isso, o Direito do Traba-

---

[4] Ob. Cit.

[5] O chamado "custo-Brasil" para alguns prejudicaria a competitividade internacional das empresas privadas. Entretanto esquece-se que ele é formado por impostos e taxas estranhos à regulação das relações de emprego. É dizer, existem outras variáveis além dos custos salariais, tanto na dimensão macroeconômica como microeconômica relacionadas à forma de organização da produção e ao padrão de gestão empresaria. Não parece ser, portanto, o custo salarial o único vilão dessa história, talvez nem mesmo seja o vilão já que **a média do salário-hora do trabalhador brasileiro**, acrescido dos "encargos sociais", seria de somente U$ 2,70, enquanto que no Japão é de U$ 16,00, nos Estados Unidos da América de U$ 17,00, e na Alemanha, de U$ 24,00.

lho, mais que qualquer outro ramo do Direito, recebe direta influência dos acontecimentos sociais e dos rumos da atividade econômica.

A mundialização da economia, a alta competitividade exigida na abertura dos mercados e o advento da nova tecnologia são os fatores que mais tem contribuído para o *aumento do desemprego* que se observa atualmente no mundo[6].

O mundo estava acostumado, até bem pouco tempo, com a coincidência entre o fim da vida profissional, a obtenção de aposentadoria e o envelhecimento biológico. Mas o desemprego está atingindo ainda a quem está na vida ativa.

Diante da perspectiva de perder o emprego, o trabalhador – consumidor corta seus gastos. As empresas, conseqüentemente, diminuem a produção e demitem mais trabalhadores, o que vai enfraquecer a economia nacional.

O desemprego se converteu, num dos graves e múltiplos problemas a resolver, não só no Primeiro mundo, mas também no Segundo e Terceiro mundo.

Desde 1993, os americanos nunca estiveram tão ocupados com suas perspectivas de emprego.

O nível do otimismo em geral foi prejudicado não tanto pelo fraco mercado de trabalho, mas pelos temores da guerra, do terrorismo e da alta do petróleo. Não só grandes, mas também empresas menores estão contratando menos.

Em uma pesquisa da Federação Nacional de Empresas Independentes, apenas 8 % das pequenas empresas nos Estados Unidos pretendiam expandir-se em janeiro de 2003.

Segundo alguns doutrinadores, como a proteção ao emprego no Brasil, se limita à multa de 40% sobre o FGTS, aviso prévio, férias proporcionais e 13.º salário, *o empregador prefere demitir para depois contratar no período de maior produção*.

Os custos com a manutenção de um trabalhador ocioso são maiores do que os gastos com a demissão. Além disso, o custo de demissão será menor, se menor o tempo de serviço do trabalhador.

---

[6] Conforme excelente artigo de Cássio Mesquita Barros, "A redução da jornada de trabalho como estímulo à ampliação dos empregos", Revista LTR, Volume 67, 05/537.

Evidentemente as visões variam. Há autores que, pelo contrário, entendem que no panorama internacional, *o desemprego não é uma fatalidade* e que *não haveria uma relação relevante* entre desemprego e leis de proteção ao trabalho. É o caso de Giddens[7]:

> "No período de 1983, a 1996, houve larga variação nas taxas de desemprego dos países europeus membros da OCDE, de 1,8% na Suíça a 20% na Espanha. Dos países da OCDE, 30% durante estes anos tiveram taxas médias de desemprego mais baixas do que as do EUA. Aqueles com as taxas mais baixas não têm mercados de trabalho desregulamentados (Áustria, Portugal, Noruega). **A rigidez do mercado de trabalho, assim como a rigorosa legislação protetiva do emprego não influenciam fortemente no desemprego.** Desemprego alto é causado por seguros desemprego de duração ilimitada e por baixos Standards educacionais nos extratos mais baixos do mercado de trabalho – o fenômeno da exclusão. Por isto, a posição da terceira via não deveria ser a de que a desregulamentação é a resposta para o desemprego".

E mais adiante afirma:

> "Se o emprego não desaparecerá, também não parece confirmada a hipótese dos "fundamentalistas de mercado", ou "liberais ortodoxos", segundo os quais o pouco de emprego remanescente dependerá da ausência de regulamentação estatal do mercado de trabalho. Os estudos sobre o impacto das chamadas leis de proteção ao emprego (LPE) no mercado de trabalho tem sistematicamente refutado a hipótese, como bem exemplifica o Relatório Anual de 1999, da OCEDE sobre o Emprego. **A quase totalidade dos países que integram a organização, alguns com índices de desemprego tão baixos quanto os da Holanda, Noruega, Suíça e Áustria, possui densa regulamentação das relações de trabalho.** Estas regulamentações envolvem leis, contratos coletivos, decisões judiciais e práticas costumeiras. Uma boa parte destes ordenamentos chega a ponto de impor a reintegração de trabalhadores quando a despedida de iniciativa do empregador contraria

---

[7] Apud, Maurício Rands, "Desregulamentação e Desemprego – Observando o Panorama Internacional", Revista TST, Brasília, Volume 67, número 3, Julho – Setembro – de 2001, página 83.

os parâmetros definidos como *unfair dismissal*. **Sobre a questão da dispensa, é de se notar que rigorosamente nenhum dos países da OCDE permite que o empregador dispense trabalhadores ao seu inteiro arbítrio**. Mesmo os EUA, onde a doutrina da liberdade de dispensa (*Employment at Will Doctrine*) tem suas raízes, a dispensa está sujeita a inúmeros limites".

Mas como dissemos, as visões variam. Existem aqueles que defendem e apregoam que o papel do Estado não é mais o de regulador e promotor das forças sócio-econômicas, mas de regulador do desenvolvimento, a ser promovido fundamentalmente pela atividade empresarial.

III – A visão da centralidade da atividade econômica da empresa

Entendem os defensores dessa posição que o papel do Estado não é mais o de regedor e promotor das forças sócio econômicas, mas o de regulador do desenvolvimento, a ser promovido fundamentalmente pela atividade empresarial.

Essa é, por exemplo, a visão do Professor **Renato Rua de Almeida**[8], de nossa Pontifícia Universidade Católica de São Paulo, que a respeito doutrina:

"... Daí que a regulação do conteúdo da relação de emprego inclinar-se necessária e fundamentalmente para a realidade das empresas, sobretudo *das pequenas e médias empresas, que se tornaram as grandes promotoras do pleno emprego,* conforme é reconhecido pela Recomendação número 189 de 1988 da OIT, o que acarretou a flexibilização pelo processo de adaptação dos paradigmas tradicionais de regulação, resultantes do intervencionismo do Estado-Nação, e, como visto, caracterizado pela legislação trabalhista protecionista e completada pela negociação coletiva e esta instrumentalizada pela convenção coletiva de trabalho, com condições sempre mais favoráveis aos trabalhadores. Esta **flexibilização** dá-se pelos instrumentos jurídicos resultantes da autonomia da vontade coletiva dos particulares mais próximos da vida da empresa (*acordos coletivos de trabalho*), contemplando os interesses

---

[8] Almeida, Renato Rua de "A teoria da empresa e a regulação da relação de emprego no contexto da empresa", LTR-Separata – maio 2005, página 573.

coletivos dos empregados, e também pelo renascimento da chamada individualização da vontade".

Neste artigo, o ilustre Professor defende a tese que a centralidade da atividade econômica deslocou-se do Estado para a empresa, que se tornou o grande foco de produção de bens e serviços. Entende que a teoria da empresa adotada pelo Código Civil de 2002 justifica a regulação da relação de emprego no contexto da empresa.

Afirma: "Portanto, é a atividade empresarial, como profissão voltada à atividade econômica organizada para a produção ou circulação de bens ou serviços e não mais como ato de mercancia, que possibilita dizer que *a empresa é uma instituição fundamental da ordem econômica*.

E é por essa razão, que a articulação da mão-de-obra, como fator de produção, deve ser encarada na perspectiva da empresa, como propriedade, tem também função social, na medida em que incentivar a participação dos trabalhadores na gestão, ao lado da função social de produzir ou circular bens ou serviços para o consumo da sociedade.

Após trazer alguns argumentos constitucionais entende que a interpretação jurídica do Direito do Trabalho deve ser mais realista e menos racionalista, tendo em vista o contexto da empresa moderna, sobretudo da pequena empresa, por ser fonte privilegiada do pleno emprego.

Pois bem, a flexibilização da ordem pública social significa uma legislação trabalhista mais dispositiva e menos imperativa, *revalorizando a autonomia da vontade individual em situações cruciais da relação de emprego. Significa ainda a retipificação do contrato de trabalho, sobretudo com novas modalidades de contrato a prazo, bem como formas de trabalho a tempo parcial, módulos mais amplos de fixação e, por último, até a suspensão do contrato de trabalho para a formação profissional do trabalhador.*

IV – Novas formas de trabalhar

O desenvolvimento da alta tecnologia e a tentativa de *combate ao desemprego* tem propiciado a criação de novos institutos de Direito do Trabalho e a modificação ou redução da jornada, *flexibilizando* as relações de trabalho.

Juan Antonio Sagardoy Bengoechea[9], defensor da flexibilização observa:

"Não há uma definição aceita da palavra flexibilização. Entre outros aspectos, cabe citar a mobilidade geográfica e profissional dos trabalhadores, a flexibilidade dos custos de mão de obra, incluindo a flexibilidade dos custos de mão de obra, flexibilidade de gestão de recursos humanos em cada empresa (que compreende tudo o que se relaciona com a contratação de pessoal, certos aspectos da supressão de postos de trabalho, as condições que precedem a contratação do trabalho temporário e o trabalho mediante contratos de duração limitada), a organização do tempo de trabalho e no sentido mais amplo deste conceito, o valor do salário mínimo das empresas e aquelas as quais se devem aplicar diversas disposições da legislação social e fiscal".

V – As alterações flexibilizadoras da legislação brasileira: o contrato a prazo, o banco de horas, o trabalho a tempo parcial e a suspensão do contrato de trabalho para a participação do trabalhador em curso ou programa de qualificação profissional.

A Lei **9.601, de 21 de janeiro de 1998**, ao dispor sobre a nova modalidade do contrato de trabalho por prazo determinado, *flexibilizou*, em condições especiais, a regra do artigo **433** da CLT que, a teor do seu parágrafo 2º, só admitia a validade do contrato por prazo determinado nas hipóteses de *prestação de serviço de natureza transitória, das atividades empresariais de caráter transitório e do contrato de experiência.*

Observa-se que a tendência flexibilizatória do contrato por prazo determinado é vista na Suécia, onde o prazo máximo de sua duração é de seis meses; na Grã-Bretanha verifica-se a modalidade com prazo máximo de dois anos; na França, a Lei de 1990 fixa a duração do contrato por prazo determinado em uma escala que vai de seis meses, nove meses, até vinte e quatro meses para o trabalho sazonal; na Espanha, há dez modalidades de contrato por prazo determinado com duração máxima de três anos, segundo autorizado em lei; na Argentina, a Lei de 1991 estabelece alguns tipos diferentes de contratos por prazo determinado, como o de aprendiz, no Uruguai, há três modalidades de contratação; no Chile há

---

[9] Apud, Cassio Mesquita Barros, Ob. Cit.

quatro, todas elas sujeitas a limite máximo e fiscalização do Governo e sindicatos.

De fato, a **Lei 9.601, de 1988** permite um novo tipo de contrato de trabalho a prazo em **qualquer atividade desenvolvida pela empresa**, desde que as admissões representem acréscimo no número de empregados em proporção àqueles anteriormente admitidos por prazo indeterminado.

Por sua vez, o **Decreto número 2.490, de 4 de fevereiro de 1998**, a pretexto de regulamentar a Lei em tela, vedou a contratação de empregados por prazo determinado *em substituição de pessoal regular e permanente contratado por prazo indeterminado*. Não discutiremos a constitucionalidade desse decreto, pois não é esse o nosso foco.

O propósito dessa modalidade especial de contrato foi o de **ampliar a oferta de trabalho subordinado,** sobretudo porque, além das vantagens fiscais previstas para o empregador, desobriga-o de pagar verbas rescisórias de caráter indenizatório, quando da extinção do contrato.

VI – a) *O Banco de Horas*

O sistema de compensação de horas, pelo qual *o excesso de horas e dias de trabalho nos períodos de pico de produção é compensado com a correspondente diminuição quando a atividade empresarial é menor*, já existe em várias partes do mundo. Na União Européia, a compensação de horas é quadrimestral. Na França, as normas trabalhistas já permitem a compensação anual de horas de trabalho.

No Brasil, mesmo antes da Lei 9.601/98 e do Decreto 2.490/98, o Banco de Horas já era adotado por meio de *cláusulas específicas inseridas em convenções coletivas*. Algumas empresas automobilísticas, por exemplo, adotaram desde o final de 1995, a jornada flexibilizada, segundo a qual **o funcionário trabalha até 44 horas quando mercado está aquecido e até 36 horas quando a demanda é menor**.

A Lei 9.601, de 1998, em seu artigo 6°, adota outra medida flexibilizadora no sentido de manter o vínculo de emprego, ao criar *a possibilidade de maior prazo para o acordo de compensação de horas extraordinárias,* configurando-se o banco de horas.

Assim, o parágrafo 2.° do artigo **59 da CLT** foi alterado, no sentido de que o excesso de horas de um dia – provocado pela necessidade de aumento de produção em atendimento a pedidos de clientes, – poderá ser compensado pela correspondente diminuição em outro dia, *não mais na semana seguinte, como era entendido, mas no prazo máximo de cento e vinte dias.*

Forma-se um banco de horas extraordinárias a serem compensadas num prazo maior, sem onerar a empresa com o seu pagamento, caso se visse na necessidade de manter o mesmo ritmo de produção na semana seguinte.

Na hipótese de extinção antecipada do contrato, sem que tenha havido a compensação integral da jornada extraordinária, fará o empregado jus ao pagamento das horas extras não compensadas.

Dentro desse mesmo espírito, a **Medida Provisória número 1709,** em seu artigo 8°, ampliou o prazo máximo de compensação das horas extras de cento e vinte dias para o período máximo de um ano, dando assim, uma maior elasticidade ao banco de horas.

b) *O Trabalho a tempo parcial*

Uma das modalidades de **redução de jornada de trabalho** é o *trabalho em tempo parcial,* que implica na aceitação do empregado em **ganhar menos para ter mais tempo livre disponível**.

Nas duas últimas décadas, a jornada **holandesa** foi reduzida graças à presença significativa de trabalhadores com emprego de tempo parcial. Em 1973, por exemplo, **13%** dos trabalhadores holandeses tinham um emprego de até 30 horas semanais. Em **1996,** como resultado dos pactos entre o governo e os sindicatos patronais e de trabalhadores que, tentando combater o desemprego e atender às necessidades das empresas, queriam adequar o tempo de trabalho de seus funcionários com o ritmo de produção, esse percentual elevou-se para **37%**.

Segundo estudiosos, o trabalho em tempo parcial é adequado *para países extremamente homogêneos,* como a Holanda, no qual 38% da força de trabalho têm emprego *part-time.*

Nos EUA, o trabalho em tempo parcial também cresceu, mas não por acordo entre as partes. Foi como imposição, gerando um crescimento da desigualdade social no primeiro mandato de Bill Clinton.

Na Alemanha, ainda que o empresariado esteja ainda reticente, vale citar duas empresas de grande porte a **Volkswagen e a Siemens**, que tiveram *resultados bastante favoráveis com a redução de jornada*.

A VW, diante de prejuízos sofridos em 1993 e da alternativa de dispensar 30 mil dos 128 mil trabalhadores das suas dez unidades, propôs e os *trabalhadores aceitaram reduzir em 10% a jornada de trabalho, que passou a ser de 18,8 horas semanais*. O corte salarial foi de 15%. Com essas modificações, a VW voltou a ter lucro e 75% dos funcionários, segundo pesquisa feita em 1996, estavam satisfeitos.

Acordo com o sindicato permitiu à Siemens, que possui 197 mil funcionários e é a maior empregadora alemã, *reduzir à metade a jornada de trabalho dos empregados de 55 anos ou mais. O corte salarial foi de 18%*.

O trabalho a tempo parcial vem a ser aquele cuja jornada semanal não exceda a vinte e cinco horas (a jornada integral é de quarenta e quatro horas, a teor do artigo 7, XIII, da CF-88).

Sem dúvida, *o trabalho a tempo parcial haverá* de aumentar a oferta de emprego, uma vez que implicará, para *as empresas, um menor custo salarial*.

Com efeito, os empregados submetidos ao regime de tempo parcial receberão seus salários em proporção à sua jornada semanal, pois serão inferiores aos recebidos pelos empregados, exercentes das mesmas funções, mas submetidos à jornada de tempo integral.

Embora o padrão salarial seja o mesmo, em respeito ao princípio da isonomia salarial e do instituto da equiparação salarial (artigo 461 da CLT), o pagamento efetivo do salário total será inferior, porque será calculado pela jornada semanal contratada.

Também haverá *menor custo para as empresas*, em virtude da redução dos dias de férias a serem concedidas, na proporção da jornada reduzida, que varia de *dezoito dias de férias para a jornada semanal superior a vinte e duas horas, até vinte e cinco horas*, a apenas oito dias de férias, para a jornada semanal igual ou inferior a cinco horas, ao passo que o regime de férias para a jornada de tempo integral, varia de trinta dias de férias ao mínimo de doze dias.

Vantagens da redução de jornada:

Alguns vêem vantagens nas duas modalidades de redução do horário de trabalho, que podem ser eficazes para frear o ritmo das demissões.

A grande preocupação da corrente *contrária à redução do horário de trabalho* é no tocante à perda dos direitos constitucionalmente assegurados. No entanto, essa preocupação é excessiva, até porque, *constitucionalmente, só podem ser flexibilizados dois direitos: jornada de trabalho e salário*.

A flexibilização possibilita o sindicato acordar a redução de salário. À primeira vista, a redução de salário pode parecer sempre negativa.

No entanto, em face ao caso concreto e considerando a totalidade dos direitos e garantias, o que se deve indagar é se há efetivamente, perda ou não. Não se pode esquecer que, *no conjunto, a redução do salário poderá até ser mais vantajosa para a totalidade da categoria*. A supressão ou diminuição de algum direito pode ser benéfica tanto para o trabalhador quanto para o empregador.

Entretanto, no Brasil, a **Lei 9.601/98, ao exigir a celebração de convenções e acordos coletivos de trabalho para a validade da nova modalidade de contrato de trabalho por prazo determinado, em grande parte, acabou diminuindo a eficácia da lei**.

É que o sindicato brasileiro, sob a égide do monopólio da representação, caracterizado pela *unicidade sindical e pela representação por categoria* (artigo 8, II da CF), politiza em demasia as questões trabalhistas. A nova modalidade do contrato por prazo determinado foi atacada quando os sindicatos filiados a CUT, em atitude refratária, negaram-se a celebrá-los com as empresas de suas bases de representação, sob o argumento de precarização dos direitos trabalhistas dos empregados.

Para evitar-se a politização seria bastante a contratação direta entre a empresa e o empregado, mas essa já é outra história....

c) *A suspensão do contrato de trabalho para a participação do trabalhador em curso ou programa de qualificação profissional*

As reformas que tratamos também alteraram o **artigo 476 da CLT**. Prevê-se a suspensão do contrato de trabalho por um período de dois a cinco meses para participação do empregado *em curso ou programa de qualificação profissional oferecido pelo empregador,* com duração equivalente a suspensão contratual *mediante previsão em convenção ou acordo coletivo de trabalho e aquiescência formal do empregado.*

O contrato *não poderá ser suspenso mais de uma vez* no período de dezesseis meses.

O empregador poderá conceder ao empregado ajuda compensatória mensal, sem natureza salarial, durante o período de suspensão contratual, com valor a ser definido em convenção ou acordo coletivo de trabalho.

Ainda que não ocorra a ajuda compensatória mensal, que depende de negociação coletiva, o artigo 2° da MP 1726, instituiu a *bolsa de qualificação profissional*, a ser custeada pelo Fundo de Amparo ao Trabalhador – FAT, à qual fará jus o trabalhador que estiver com o contrato de trabalho suspenso em virtude de participação em curso ou programa de qualificação profissional oferecido pelo empregador, na conformidade do disposto em convenção ou acordo coletivo celebrado para esse fim.

Durante todo o período de suspensão contratual para participação em curso ou programa de qualificação profissional, o empregado fará jus aos benefícios voluntariamente concedidos pelo empregador.

Se ocorrer a dispensa do empregado no transcurso do período de suspensão contratual ou nos três meses subseqüentes ao seu retorno ao trabalho, o empregador pagará ao empregado, além das *parcelas indenizatórias, multa a ser estabelecida em convenção ou acordo coletivo, sendo de, no mínimo, cem por cento sobre o valor da última remuneração mensal anterior à suspensão do contrato.*

Se também durante a suspensão do contrato de trabalho, não for ministrado o curso ou programa de qualificação profissional, ou o empregado permanecer trabalhando para o empregador, ficará descaracterizada a suspensão, sujeitando o empregador ao pagamento imediato dos salários e dos encargos do período, às penalidades cabíveis, bem como às sanções previstas em convenção ou acordo coletivo.

Como ressalta **Renato Rua de Almeida**[10], essa medida flexibilizadora "vai ao mesmo sentido das anteriores na busca da manutenção do emprego, quer porque, diante da dificuldade momentânea da empresa para manter o nível do emprego, ela evitaria a dispensa do empregado, optando pela suspensão do contrato de trabalho, quer porque estaria capacitando profissionalmente o empregado na procura de novo emprego, caso fosse

---

[10] "A nova modalidade de contrato a prazo, o trabalho a tempo parcial, o banco de horas e a suspensão do contrato de trabalho para a qualificação profissional do trabalhador e o direito do trabalho", Revista do Advogado, número 54, Dezembro 98, RT, São Paulo.

dispensado após o decurso dos três meses subseqüentes ao seu retorno ao trabalho.

Com efeito, é preferível, para a empresa, a manutenção de seu empregado, evitando-se o custo de sua dispensa, além da perda de empregado adaptado às suas condições de produção.

Para o empregado, diante da crise do emprego, é conveniente a suspensão do trabalho, por manter o emprego e receber ajuda compensatória mensal, durante o treinamento profissional, além de obter capacitação a ser agregada à sua qualificação profissional, que muito lhe valerá na eventual busca de novo emprego no mercado de trabalho.

Aliás, a própria OIT incentiva os cursos e programas de qualificação profissional, por meio de recomendações, convenções e promoções de treinamento, mesmo porque a capacitação profissional e a polivalência são hoje a melhor garantia de emprego".

VII – O Setor Público

Os trabalhadores do setor público também têm sido atingidos pela chamada *"desregulamentação da legislação existente"*, na medida em que se procurou flexibilizar a *estabilidade no serviço público* para promover, com isso, o ajuste quantitativo no quadro de pessoal. A MP 1.522, editada em dezembro de 1997, autoriza a demissão de servidores públicos, conforme critérios estabelecidos em regulamento se for de interesse da administração federal.

Os servidores exonerados deverão receber indenização de um mês de remuneração por ano de efetivo exercício no serviço público federal, e os cargos vagos em decorrência da exoneração ficam automaticamente extintos.

Em adição, a **Lei Complementar número 96**, definiu os limites para as despesas conforme o artigo 169 da Constituição, modificado pela **Emenda Constitucional nº 19 de junho de 1998**. Para tanto, ela disciplina em seu artigo 1º que as despesas com pessoal não podem ultrapassar 50% da receita corrente líquida no caso da União, 60% da receita corrente líquida no caso dos Estados e do DF, e 60% da receita corrente líquida municipal.

Estes limites foram reafirmados mais tarde pela LRF – Lei de Responsabilidade Fiscal, aprovada em 2000, por meio da Lei Complementar número 101.

A LRF estabelece, para os entes federados que não estiverem dentro daqueles limites, as condições em que prioritariamente se cortarão gastos, definindo também as penas para os que não convergirem aos limites estipulados em lei. Adicionalmente, obriga aos entes federados a publicação em órgão oficial de divulgação, do demonstrativo de execução orçamentária do mês e do acumulado dos 12 meses anteriores, em que fique explícito os valores e a forma de cálculo dos mesmos, das receitas correntes líquidas e das despesas totais com pessoal.

As condições para a perda do cargo público por excesso de despesa, conforme o estabelecido no artigo 169 da CF foram regulamentadas em junho de 1999, através da **Lei 9.801**, que prevê a exoneração de servidores estatais, "precedida de ato normativo motivado dos chefes de cada um dos poderes da União, dos Estados, dos Municípios e do Distrito Federal".

Esse ato normativo especificará a economia dos recursos, o número de servidores a serem exonerados, o órgão e a atividade a serem objeto de redução de pessoal, os critérios para a escolha dos servidores estáveis a serem desligados, além de outras especificações. Ficam também definidas as situações em que os servidores que desenvolvem atividades exclusivas de Estado serão passíveis de serem demitidos, sendo para isso necessário que os servidores dos demais cargos do órgão ou unidade administrativa objeto da redução de pessoal tenham atingido pelo menos 30% do total desses cargos.

Na esteira da flexibilização das condições de contratação e demissão do emprego público, foram baixadas no começo de 2000, a **Lei 9.962** e a MP 1.970. A primeira estabelece que os admitidos na categoria de emprego público serão regidos pelas normas da Consolidação das Leis do Trabalho – CLT. A segunda institui o *Programa de Desligamento Voluntário* – PDV, a *jornada de trabalho reduzida* com remuneração proporcional e a licença sem remuneração com incentivo pecuniário. Essa MP destina-se aos servidores submetidos ao Regime Jurídico Único – RJU da União Federal, sendo que as duas últimas novidades representam novas modalidades de *flexibilização da legislação trabalhista aplicada ao setor público*, em conformidade ao que também vem sendo feito para os trabalhadores do setor privado.

VIII – Considerações Finais

As relações entre a Economia e o Direito do Trabalho são múltiplas e a influência das regras de Direito do Trabalho sobre o mercado de trabalho é considerável.

Por isso, não surpreende que o Direito do Trabalho seja acusado de causar desenvolvimento negativo do mercado de trabalho, notadamente nos índices de desemprego elevado.

Quando uma empresa não pode mais reagir flexivelmente às exigências do mercado porque o Direito do Trabalho lhe impede, é preciso adaptar as regras às circunstâncias. Se essa medida não for suficiente deve-se abolir a regra.

Por isso, significativa é a tendência entre empresários, trabalhadores e governo para a negociação livre entre trabalhadores e empregadores no tocante à fixação da jornada de trabalho, que permite diminuir ou alongar o tempo de trabalho, segundo as necessidades do mercado.

Nesse sentido, vale lembrar a experiência brasileira, bem sucedida das montadoras de automóveis, que reduziram a jornada para 40 horas ou menos, trabalhando, quando há aquecimento do mercado, com as chamadas jornadas turbinadas que incluem até os sábados e os domingos. Essa situação não poderia ter se verificado, se a redução fosse estabelecida em lei.

Vale lembrar que a Lei das 35 horas só foi implantada na França após uma adaptação das empresas, mediante negociação. Os trabalhadores concordaram em encurtar os dias de férias e várias paradas anuais, assim como trabalhar sábados e domingos, se necessário. Por isso, o impacto sobre a jornada anual foi mínimo. Nesse sentido, a redução da jornada provocou um aumento de empregos temporários e de tempo parcial e uma diminuição dos empregos fixos e de tempo integral.

Dessa forma, a jornada de trabalho e as horas extras não deveriam sempre ser impostas por lei. Deveriam ser objeto de negociação, sempre pautadas pela produção e competitividade da economia e das empresas brasileiras na esfera nacional e internacional.

Parece que quantidade de emprego e qualidade deve caminhar juntos. Um trabalho decente significa um trabalho produtivo no qual se protegem direitos, que proporciona remuneração e proteção social adequadas.

No setor público, podemos acompanhar o ensinamento de **Maria Sylvia Zanella Di Pietro**[11]. "Fala-se de flexibilização da Administração Pública, quando se quer descentralizar mais, diversificar o regime jurídico

---

[11] "Parcerias na Administração Pública", 5ª Edição, Ed. Atlas, São Paulo, página19 e seguintes.

dos servidores, simplificar os procedimentos licitatórios e os procedimentos de controle... O que realmente muda é a ideologia, é a forma de conceber o Estado e a Administração Pública. Não se quer mais o Estado prestador de serviços, quer-se o Estado que estimula, que ajuda, que subsidia a iniciativa privada; quer-se a democratização da Administração Pública pela participação dos cidadãos nos órgãos de deliberação e consulta e pela colaboração entre público e privado na realização das atividades administrativas do Estado; quer-se a diminuição do tamanho do Estado para que a atuação do particular ganhe espaço; quer-se a flexibilização dos rígidos modos de atuação da Administração Pública, para permitir maior eficiência; quer-se a parceria entre o público e o privado para substituir-se a Administração Pública dos atos unilaterais, a Administração Pública autoritária, verticalizada e hierarquizada".

Por último, queremos deixar registrado que não advogamos a tese de que a solução ao desemprego esteja radicada somente na flexibilização das relações trabalhistas. Acreditamos que ainda hoje, sobretudo em Estados em desenvolvimento, haja a necessidade de proteção social aos trabalhadores para que seus direitos sejam respeitados e para que não haja a dominação pura e simples de uma "lógica do mercado" também no universo social onde se insere o direito do trabalho.

ANÁLISE CONTEMPORÂNEA EM FACE DA GLOBALIZAÇÃO E DA CRISE ECONÓMICA: MECANISMOS DE FLEXIBILIZAÇÃO DO TEMPO DE TRABALHO[1]

Diogo Pereira Duarte
Assistente da Faculdade de Direito de Lisboa.

1. Os mecanismos de flexibilização do tempo de trabalho e a sua *ratio* de promoção da produtividade da empresa

A matéria do tempo de trabalho é, de facto, uma matéria essencial na regulação do contrato individual de trabalho. Está em causa a própria determinação da prestação principal a que uma das partes está obrigada, sendo certo que a obrigação do trabalhador é, antes de mais, a de disponibilizar a sua força de trabalho para a realização da actividade contratada, e que essa disponibilização se pode prolongar por mais ou menos tempo[2].

---

[1] O presente texto tem por base a intervenção efectuada no 2.º Congresso Internacional de Direito Brasil – Europa, coordenado pelo Congresso Internacional de Direito, o Instituto do Direito do Trabalho da Faculdade de Direito de Lisboa e o Programa de pós-graduação em Direito da Faculdade de Direito da PUC/SP, que teve lugar na Faculdade de Direito da Universidade de Lisboa.

[2] A delimitação do tempo de subordinação, cfr. Júlio Vieira Gomes, *Direito do Trabalho*, vol. I, Coimbra, 2007, p. 650.

Mas há outros aspectos, relativos nomeadamente à vida privada do trabalhador e à protecção da sua vida e integridade física e moral que são, essencialmente, as razões subjacentes à consagração da regra constitucional que, em Portugal, confere aos trabalhadores o direito a um limite máximo da jornada de trabalho[3] (artigo 59.º, n.º 1, al. d), da Constituição da República Portuguesa (CRP)), e da necessidade de fixação, a nível nacional, dos limites de duração do trabalho (artigo 59.º, n.º 2, al. b), CRP).

Do mesmo modo, e tendo por subjacentes os mesmos valores, na Constituição da República Federativa do Brasil a matéria do tempo de trabalho aparece configurada sob a veste dos direitos sociais, no artigo 7.º, § 13 a 17, sendo depois desenvolvida na perspectiva de "duração do trabalho", na Consolidação da Leis do Trabalho (CLT), nos artigos 57.º e ss..

Quanto à regulação infraconstitucional portuguesa, a duração e organização do tempo de trabalho é matéria regulada na secção II do Capítulo II do Código do Trabalho (CT)[4], relativo à prestação do trabalho (artigos 197.º a 257.º, do CT) e abrange essencialmente a definição dos limites e adaptabilidade na duração do trabalho; horário de trabalho e a isenção de horário; trabalho por turnos; trabalho nocturno; trabalho suplementar; feriados; férias e faltas.

O esquema clássico na ponderação destes aspectos de enquadramento *supra* mencionados (a determinação da posição debitória do trabalhador e a defesa da sua integridade física e moral e vida privada) fez-se, em Portugal, com recurso à ideia de período normal de trabalho (PNT) e de horário de trabalho: (i) A Lei – por imposição constitucional, como se disse – deveria estabelecer limites ao acordo lícito, entre empregador e trabalhador, em matéria de duração do tempo de trabalho; (ii) por outro lado, seria necessária a prévia fixação do início e fim da actividade em cada dia.

Fora dos limites legais não seria possível acordar tempo de trabalho. Fora do horário fixado, o trabalho seria considerado trabalho suplementar, isto é, trabalho com um custo também ele suplementar para o emprega-

---

[3] Sobre estes dois aspectos de enquadramento da matéria da duração e organização do tempo de trabalho, cfr. MARIA DO ROSÁRIO PALMA RAMALHO, *Direito do Trabalho: Parte II – Situações Laborais Individuais*, 3.ª edição, Coimbra, 2010, pp. 496 e ss..

[4] As referências feitas ao Código do Trabalho, não havendo indicação em contrário, reportam-se a esse diploma, com a redacção introduzida pela Lei n.º 7/2009, de 12 de Fevereiro. A citação de preceitos legais, sem indicação do diploma de que são provenientes, refere-se ao Código do Trabalho.

dor. Assim, o trabalho suplementar aparece tradicionalmente como o único mecanismo de carácter global para a flexibilização do tempo de trabalho.

É neste contexto tradicional, em matéria dos modelos de organização do tempo de trabalho nas empresas, que surge modernamente um outro factor a ponderar na elaboração desses modelos de organização do tempo de trabalho: o custo de produção, como factor relevante para prover pela competitividade da empresa[5], sobretudo em reacção a tempos de crise, como a crise económica iniciada em 2008 e que actualmente se vive a nível global.

É esta, assim, a justificação final dos modernos mecanismos de flexibilização do tempo de trabalho: a necessidade de criação de esquemas que dispensem o custo acrescido do trabalho suplementar – negação do modelo tradicional – e que possibilitem sintonizar os momentos em que a prestação da actividade pode ser exigida ao trabalhador com os momentos em que a empresa mais tem necessidade de produção, apenas com correspondente compensação, em menor exigência ao trabalhador, nos momentos de decréscimo de produção[6].

Passaremos seguidamente em revista quais as respostas oferecidas pelo legislador português em matéria de mecanismos de flexibilização do tempo de trabalho, no quadro dos modelos de organização e duração do tempo de trabalho constantes do CT de 2009, procurando surpreender o inicio de vigência deste diploma em pleno desenvolvimento da crise económica internacional iniciada no ano de 2008.

2. O novo CT português e as suas implicações no regime anterior em matéria de tempo de trabalho.

O recente CT teve uma intervenção extensa, confessadamente com o fito de consagrar mecanismos de flexibilização de tempo de trabalho. Analisaremos o alcance dessa intervenção legislativa.

---

[5] MARIA DO ROSÁRIO PALMA RAMALHO, *Direito do Trabalho...ob. cit.*, p. 508.

[6] Sobre esta matéria é fundamental, na doutrina portuguesa, o estudo de FRANCISCO LIBERAL FERNANDES, *Notas sobre a Flexibilização do Tempo de Trabalho,* em "Nos 20 anos do Código das Sociedades Comerciais, vol II, Coimbra, 2007, pp. 705-740.

Cabe iniciar a análise da alteração legislativa operada pela Lei n.º 7/2009, de 12 de Fevereiro, ao regime anteriormente vigente em matéria de tempo de trabalho e tempo de não trabalho, precisamente pela indicação sumária do que não mudou. Este passo prévio permitirá compreender o real alcance da intervenção legislativa.

Muito sumariamente pode dizer-se que se mantiveram integralmente:

a) as regras respeitantes à definição de tempo de trabalho, interrupções e intervalos considerados como tempo de trabalho e período de descanso (artigo 197.º, n.ºˢ 1 e 2, do CT);
b) os limites do PNT diários e semanais (artigo 203.º, n.º 1, do CT);
c) as regras relativas à duração máxima do trabalho semanal, independentemente do regime adoptado em matéria de duração do tempo de trabalho (artigo 211.º, do CT);
d) o regime de adaptabilidade de tempo de trabalho, quer com base em Instrumento de Regulamentação Colectiva de Trabalho (IRCT), quer com base em acordo individual (artigos 204.º e 205.º, do CT);
e) as regras respeitantes ao regime de isenção de horário (artigos 218.º e 219.º do, CT);
f) os limites especiais de duração máxima do trabalho dos trabalhadores nocturnos (artigo 224.º, do CT);
g) as condições de admissibilidade e os limites máximos do trabalho suplementar (artigos 227.º e 228.º, do CT);
h) as regras relativas à duração mínima dos períodos de descanso intercalar, diários, semanal e anual (artigos 213.º, 214.º, 232.º e 238.º, n.º 1, do CT);
i) as regras relativas à determinação do direito ao período anual de férias e do seu vencimento (artigos 237.º, n.º 1, e 238.º, n.º 1, do CT);
j) as regras especiais quanto a férias relativas ao ano da contratação e de cessação de impedimento prolongado (artigo 239.º, do CT);
k) a majoração do direito a férias como prémio para a assiduidade do trabalhador (artigo 238.º, n.º 3, do CT);
l) no essencial, o elenco legal de motivos que levam à justificação da falta (artigo 249.º, n.º 2, do CT);
m) as regras quanto à distinção de efeitos consoante a falta seja justificada ou injustificada (artigos 255.º e 256.º, do CT).

Neste quadro, que implica a identidade – no essencial – do regime vigente e do regime anterior na matéria da organização do tempo de trabalho, vejamos, então, as alterações legislativas quanto aos mecanismos de flexibilização do tempo de trabalho.

3. Limites à duração do trabalho e flexibilização na determinação desses limites

Já se mencionou que entre os direitos fundamentais dos trabalhadores se conta o dever, para o Estado, de fixar, em Portugal, os limites à duração do trabalho (artigo 59.º, n.º 2, alínea b), da CRP).

Assim o legislador ordinário estabelece determinados limites à duração do trabalho que devem ser respeitados pelas estipulações contratuais das partes e também pela regulamentação colectiva.

O limite à duração do trabalho faz-se, antes de mais, pela limitação do próprio PNT. É que sendo o PNT um limite ao horário, é limitada consequentemente toda a exigência de prestação de trabalho, pelo empregador ao trabalhador, em tudo o que supere os limites impostos ao PNT.

O artigo 203.º, n.º 1, do CT, partindo da ideia de que o PNT se concretiza no número de horas que, por dia e semana, o trabalhador se obriga a prestar, vem a estabelecer um limite máximo diário e outro semanal para o PNT.

Diz-se, então, que o trabalhador se não pode comprometer a prestar mais do que oito horas de trabalho por dia nem mais do que quarenta horas por semana.

Assim, repita-se, se limita o período da jornada de trabalho bem como o período de trabalho que semanalmente pode ser exigido ao trabalhador: é que o PNT é um limite à fixação ou contratualização do horário de trabalho.

Mas o legislador não poderia ficar insensível ao facto de que a contrapartida da limitação que mediatamente se faz ao horário de trabalho é a possibilidade de exigência, pelo empregador, da prestação de trabalho suplementar em casos em que a necessidade da empresa o exija e não se justifique, pelo carácter transitório dessa necessidade, a contratação de novos trabalhadores.

Para obviar à aplicação do regime do trabalho suplementar, como se viu, encontram-se consagrados dois modelos de flexibilização do tempo de trabalho:

(i) *Adaptabilidade do tempo de trabalho*

Esclarece o legislador que o respeito pelos limites do artigo 203.º, n.º 1, do CT, se pode fazer, em termos médios, em determinado período de referência, consagrando dessa forma um sistema de adaptabilidade de duração do trabalho.

A *ratio* de tais sistemas de adaptabilidade é clara no sentido de que se relaciona com a necessidade de adaptar o tempo de trabalho às características específicas da estrutura da produção em determinadas empresas sem que tal implique um custo acrescido.

Ocorre, de facto, frequentemente, que as necessidades de produção da empresa se não se processam de forma linear em determinados períodos de tempo[7]. Tal significa, também, que necessidades especiais de laboração em determinados períodos são, depois, compensadas por desnecessidades em outros períodos.

O regime do trabalho suplementar, que era a resposta tradicional, oferece as desvantagens já assinaladas. É que, de facto, enquanto o trabalho suplementar apresenta um custo acrescido para a empresa (custo que a empresa suporta nos momentos de maior necessidade em termos de produção), o custo corrente com os trabalhadores não é proporcionalmente diminuído nos períodos de menor necessidade de laboração, e mesmo que o trabalho se situe abaixo do PNT contratado.

Assim, os sistemas de adaptabilidade do tempo de trabalho têm em vista, precisamente, obstar à necessidade de recurso ao trabalho ao suplementar, pela adaptação dos limites na determinação do tempo de trabalho às necessidades das empresas em matéria de produção.

(i.1) *Regime de adaptabilidade com base em convenção colectiva*

O regime de adaptabilidade pode ser instituído por IRCT, nos termos do artigo 204.º, do CT, e significa que os limites do artigo 203.º, n.º 1, do CT, podem ser aumentados até 4 horas por dia (até ao limite máximo de

---

[7] ANTÓNIO MONTEIRO FERNANDES, *Direito do Trabalho*, 15.ª edição, Coimbra, 2010, p. 379.

12 horas por dia) e 20 horas por semana (até ao limite máximo de 60 horas por semana).

Necessário será que, num determinado período de referência, em média, se verifique o respeito pelos limites ao PNT do artigo 203.º, n.º 1, do CT.

É então fundamental saber que período de referência é esse, compreendendo também que a flexibilidade será maior consoante maior seja o período de referência a ter em causa.

Dele trata o artigo 207.º, n.º 1, do CT. Diz o n.º 1 que o período deve ser aquele que consta do IRCT que seja aplicável, não podendo no entanto exceder 12 meses. Se nada se dispuser em IRCT, o período de referência será de 4 meses, podendo chegar a 6 meses em casos que são identificados pelo legislador (n.ºs 1 e 2 do artigo 207.º, do CT).

Assim, apesar de poder ser exigido ao trabalhador que em determinado período trabalhe por dia e por semana em quantidade superior à que resulta do artigo 203.º, n.º 1, do CT, em resultado de disposição de IRCT, na realidade, no período de referência aplicável o trabalhador terá de ser compensado, em redução equivalente de tempo de trabalho, para que a média, nesse período de referência, se situe nos limites do artigo 203.º n.º 1, do CT.

Acresce que, neste regime de adaptabilidade, diz o artigo 204.º, n.º 2, que num período de dois meses o PNT não pode exceder 50 horas, o que inviabiliza que em 2 meses consecutivos seja exigido ao trabalhador a prestação de trabalho semanal de 60 horas, ou seja, o máximo permitido pelo n.º 1 do artigo 204.º.

Para que se atinja o limite semanal definido conta o trabalho suplementar ordinário, não contando o prestado por motivos de força maior. Significa isto que, para além das doze horas de trabalho diário, pode ainda o empregador exigir a prestação de mais duas horas de trabalho suplementar ordinário (artigo 228.º, n.º 1, al. d)), mas nessa mesma semana o trabalhador deverá ser compensado para que se respeite o limite máximo de 60 horas.

(i.2) *Regime de adaptabilidade com base em acordo individual*

O regime de adaptabilidade não depende inteiramente da regulação por IRCT: ele pode vigorar em função de acordo individual entre o empregador e o trabalhador, como decorre do artigo 205.º, do CT.

Este regime funciona de modo semelhante ao analisado no número anterior, encurtando no entanto os limites máximos admissíveis: duas horas por dia e dez por semana, contando-se para este último limite o trabalho suplementar ordinário que seja prestado, como acontece no artigo 204.º.

O período de referência neste caso é também o constante do artigo 207.º n.º 1, ou seja, supletivamente, o de 4 meses.

(i.3) *Adaptabilidade grupal*

A adaptabilidade grupal vem regulada no artigo 206.º, do CT, e configura uma completa novidade em relação à regulação anterior, constante do Código do Trabalho de 2003[8].

A sua génese está na proposta da Comissão do Livro Branco das Relações Laborais, que propunha um número para o artigo 165.º do anterior CT, que admitisse que, no caso de ter sido proposta aos trabalhadores de uma secção da empresa ou unidade económica, o regime da adaptabilidade, a aceitação dessa proposta por um mínimo de ¾ dos trabalhadores pertencentes à mesma equipa, secção ou unidade económica, implicaria que o regime de adaptabilidade fosse aplicável ao conjunto da equipa, secção ou unidade económica.

A *ratio* subjacente ao regime consagrado é, assim, antes de mais, a de permitir a sujeição uniforme a um mesmo regime de adaptabilidade no que respeita aos trabalhadores integrantes de uma mesma equipa, secção ou unidade económica, conceito que pode ser assimilado ao de parte da empresa ou estabelecimento[9], ainda que uma minoria não esteja disposta a aceitar esse regime, se uma determinada quantidade de trabalhadores estiver – seja ao abrigo do artigo 204.º, do CT, seja ao abrigo do artigo 205.º – sujeita ao regime de adaptabilidade.

---

[8] Sobre esta matéria cfr. MARIA DO ROSÁRIO PALMA RAMALHO, *Direito do Trabalho... ob. cit.*, p. 525; ANTÓNIO MONTEIRO FERNANDES, *Direito do Trabalho, ob...cit.*, p. 379; JOÃO LEAL AMADO, *Contrato de Trabalho*, 3.ª edição, Coimbra, 2010, pp. 274-275; LUÍS MIGUEL MONTEIRO, anotação ao artigo 206.º, *in* ROMANO MARTINEZ / LUÍS MIGUEL MONTEIRO / JOANA VASCONCELOS / MADEIRA DE BRITO / GUILHERME DRAY / GONÇALVES DA SILVA, *Código do Trabalho Anotado*, 8.ª, 2009, pp. 520 e ss.

[9] LUÍS MIGUEL MONTEIRO, anotação ao artigo 206.º, *ob cit.*, p. 523.

O regime de adaptabilidade grupal pode estar legitimado por estar previsto no IRCT que se vai aplicar à equipa secção ou unidade económica. Dessa possibilidade ocupa-se o artigo 206.º, n.ᵒˢ 1 e 4, do CT.

No n.º 1 (als. a) e b)) diz-se que – se tal estiver autorizado por IRCT – o empregador pode aplicar o regime de adaptabilidade constante de IRCT a trabalhadores aos quais se não aplique, desde que seja aplicável a trabalhadores (mediante filiação sindical ou escolha nos termos do artigo 497.º, do CT) que representem, pelo menos, 60% dos trabalhadores integrantes de uma equipa, secção ou unidade económica, e enquanto aquele limite mínimo não for postergado.

Como decorre do n.º 4, esse regime apenas não poderá ser aplicável caso o trabalhador seja abrangido por convenção colectiva de trabalho (CCT) que disponha de modo contrário a esse regime, ou o trabalhador seja representado por associação sindical que tenha deduzido oposição a portaria de extensão da convenção colectiva em causa.

O regime de adaptabilidade grupal pode ainda ser aplicado a quem não esteja disposto a aceitá-lo, nos termos do n.º 4 do artigo 205.º, se aquele regime for aceite por, pelo menos, 75% dos trabalhadores que integrem uma mesma equipa, secção ou unidade económica, e enquanto esse limiar de 75% não for postergado (n.ᵒˢ 2 e 3 do artigo 206.º, do CT).

Também neste caso o regime não se pode aplicar a trabalhador abrangido por CCT que disponha de modo contrário a esse regime.

(ii) *Banco de horas*

Foi introduzido em Portugal, em 2009, um regime que vigora no Brasil desde a introdução do § 2, efectuada pela Lei n.º 9.601, de 21 de Janeiro de 1998, ao artigo 59.º da CLT, depois alterado pela Medida Provisória n.º 2.164-41, de 2001. De facto, desde 1998 o regime do banco de horas é permitido tendo por base uma CCT, o que depois foi alargado ao próprio contrato de trabalho desde 2001.

Também agora em Portugal, no artigo 208.º, o legislador institui o regime do banco de horas[10]. Como o próprio nome do instituto indica, parece estar em causa uma conta corrente entre o empregador e o traba-

---

[10] Sobre esta matéria cfr. MARIA DO ROSÁRIO PALMA RAMALHO, *Direito do Trabalho....* *ob cit.*, p. 529; LUÍS MIGUEL MONTEIRO, anotação ao artigo 208.º *ob cit.*, pp. 526 e ss.

lhador em matéria de tempo de trabalho, exactamente como acontece nos sistemas de adaptabilidade.

De acordo com o n.º 1 do artigo 208.º do CT, para que o regime se aplique é necessário que esteja previsto em IRCT.

Nos termos do n.º 2 do artigo 208.º, o empregador pode aumentar o PNT diário em quatro horas até se atingir as 60 horas semanais, tendo este acréscimo, por limite, 200 horas por ano.

Decorre do n.º 4 que a compensação do empregador pelo trabalho prestado em acréscimo pode ser feita ou na modalidade de redução equivalente de tempo de trabalho, ou na de pagamento em dinheiro, ou ainda por meio que compreenda estas duas modalidades, o que depende da regulação feita por IRCT. É essa disciplina que permitirá aproximar ou afastar este regime do da adaptabilidade[11].

O que já não se refere expressamente, e seria fundamental na nossa perspectiva, é qual o período de referência findo o qual a compensação em redução equivalente do tempo de trabalho deve estar efectuada, para se iniciar do zero, novamente, o regime do banco de horas. É verdade que tal deve ser regulado no próprio IRCT mas, na ausência, de regulação deve ser aplicada analogicamente a solução do artigo 207.º. A ausência de qualquer período de referência implicaria a inconstitucionalidade da norma por violar o artigo 59.º, n.º 2, al. b), da CRP.

(iii) *Horário concentrado*

Estabelece-se, finalmente, no artigo 209.º, como novidade do CT de 2009, o regime do horário concentrado[12].

Este regime permite igualmente que os limites do artigo 203.º, n.º 1, do CT, sejam pontualmente ultrapassados. Diz-se no n.º 2 que este regime é incompatível com a aplicação do regime da adaptabilidade.

A fonte do regime de horário concentrado pode ser o contrato de trabalho, ou seja, ele pode ter por base um acordo entre empregador e trabalhador. Com base neste acordo, o período de trabalho diário pode ser

---

[11] Luís Miguel Monteiro, anotação ao artigo 208.º, *ob cit.*, p. 527.
[12] Sobre esta matéria cfr. Maria Do Rosário Palma Ramalho, *Direito do Trabalho... ob. cit.*, p. 530; Luís Miguel Monteiro, anotação ao artigo 209.º, *ob cit.*, p. 528 e ss..

aumentado até 4 horas por dia, de maneira a concentrar o PNT semanal em quatro dias de trabalho. Assim, o PNT semanal é integralmente respeitado, mas o descanso semanal estendido, já que as quarenta horas semanais são concentradas em 4 dias.

A fonte do horário concentrado pode também ser IRCT. Neste caso o IRCT pode estabelecer o regime anterior e ainda um regime diverso. Neste caso o PNT semanal só tem de ser respeitado num período de referência de 45 dias. O PNT diário pode ser aumentado até 4 horas por dia, em cada três dias de trabalho consecutivos, desde que seguidos, pelo menos, de dois dias de descanso. No fim dos 45 dias a média de 40 horas semanais tem de estar respeitada.

No n.º 3 do artigo 209.º diz-se que o IRCT que institua este regime deve regular as condições da sua aplicação, prevendo-se a possibilidade de haver lugar a uma retribuição específica por força da aplicação desde regime, pois de outra forma não se entenderia que outra retribuição poderia estar em causa.

4. Horário de trabalho e a isenção de horário.

(i) *Aspectos gerais*

Como se referiu *supra*, a limitação à definição do próprio horário é dada, desde logo, pelo PNT contratado (artigo 200.º, n.º 2, do CT).

Com respeito por tais limites, a definição do horário de trabalho compete, antes de mais, ao empregador, e insere-se no seu poder de determinação da prestação a que o trabalhador está adstrito (poder de direcção), nos termos do artigo 212.º, n.º 1, do CT. Mas a definição do horário pode também ser contratualmente fixada, e isto com importantes consequências.

A grande diferença de regime que se estabelece consoante o horário de trabalho tenha sido unilateralmente fixado pela entidade empregadora ao abrigo do seu poder de direcção, ou tenha sido acordado com o próprio trabalhador, resulta do artigo 217.º, n.º 4, do CT, que refere que não podem ser unilateralmente alterados os horários de trabalho que tenham sido individualmente acordados, nos exactos termos em que tal se dispõe no artigo 468.º da CLT. A sua alteração depende, portanto, do consentimento do trabalhador, a prestar, por exemplo, no âmbito do procedimento do regime especial de adaptabilidade.

A excepção a esta regra não pode deixar de ser a possibilidade que tem o empregador de licitamente poder provocar uma alteração das condições de trabalho (v.g. mudança de local de trabalho). Nesse caso, tal possibilidade não pode deixar de consubstanciar uma alteração das circunstâncias a permitir a modificação do contrato nos termos gerais.

Tal tem de acontecer forçosamente nos casos de regime de adaptabilidade com base em IRCT (é que não havendo um acordo individual com o trabalhador não se pode dizer que tenha havido acordo quanto à alteração), mas a possibilidade de licitamente provocar uma alteração nos limites do PNT (possibilidade definida em IRCT) tem necessariamente implicada a possibilidade de serem realizadas periódicas e sucessivas alterações no horário, sem as quais a adaptação não ocorreria, seja nos regimes de adaptabilidade, seja no banco de horas ou no horário concentrado[13].

Em matéria de horário de trabalho, o grande mecanismo de flexibilização é introduzido, em Portugal, pela figura da isenção de horário, o que não é uma novidade de 2009.

Determinadas actividades são por sua própria natureza refractárias a um horário de trabalho, outras implicam um elevado nível de auto-responsabilização ou de auto-determinação do momento óptimo ou possível de realização da prestação, que são também incompatíveis com a prévia definição do horário de trabalho. Estabelece-se, para esses casos, o regime da isenção de horário de trabalho.

O que verdadeiramente está em causa, em muitos casos não, é uma isenção do regime de horário, mas uma possibilidade de superação dos limites à duração do trabalho. Daí estarem previstas formas particulares de determinação de limites nesses casos.

As condições de isenção de horário constam do artigo 218.º, do CT:

a) O acordo para aplicação do regime de isenção de horário deve ser reduzido a escrito (artigo 218.º, n.º 1);
b) Esse acordo deve ser enviado à Autoridade para as Condições de Trabalho (ACT);

---

[13] ANTÓNIO MONTEIRO FERNANDES, *Direito do Trabalho...ob. cit.*, pp. 375 e ss.

c) O trabalhador tem de se encontrar numa situação de (i) exercício de cargos de administração, de direcção, de confiança, fiscalização ou apoio dos titulares desses cargos; (ii) execução de trabalhos preparatórios ou complementares que, pela sua natureza, só podem ser efectuados fora dos limites normais de trabalho; (iii) teletrabalho e outros casos de exercício regular de actividade fora do estabelecimento, sem controlo imediato da hierarquia (artigo 218.º, n.º 1, al.s a) a c), do CT), podendo ser previstas em IRCT outras situações de admissibilidade.

Como facilmente se percebe, mantém-se a grande inovação do CT de 2003 em confronto com o Direito anterior, e que consiste na desnecessidade de obtenção da autorização da ACT quanto à aplicação do regime. Apenas se requer que do contrato seja dado conhecimento, sem que essa omissão possa ter qualquer relevância no que se refere à validade do estipulado, embora constitua uma contra-ordenação grave, nos termos do n.º 4 do artigo 218.º do CT.

De relevante, no que respeita à matéria da duração e organização do tempo de trabalho, são os efeitos da própria isenção do horário de trabalho. O trabalhador e o empregador podem optar por diversas modalidades de isenção:

(ii) *Não sujeição aos limites máximos dos PNT*

Trata-se daquele caso em que o que está em causa é o horário, mas apenas mediatamente, pela possibilidade de não serem respeitados os limites à duração do trabalho do artigo 203.º, n.º 1, do CT[14]. A grande limitação à duração do trabalho resulta, então, do artigo 211.º, n.º 1, do CT. Mesmo neste regime de isenção de horário o trabalhador, num determinado período de referência, em regra de 4 meses, não poderá trabalhar mais do que uma média semanal de 48 horas.

---

[14] Trata-se de um regime grave que tem de ser interpretado criteriosamente, não se admitindo que por via desse regime o trabalhador fique obrigado a trabalhar ininterruptamente, como refere Pedro Romano Martinez, Direito do Trabalho, 4.ª edição, 2008, p. 544.

Tal significa que nesse período de referência o trabalhador poderá trabalhar mais 128 horas do que o trabalhador ao qual se apliquem as limitações normais. Em termos diários, o período de descanso previsto no artigo 214.º, n.º 1, é também relevante: o trabalho em cada dia não poderá prejudicar a interrupção de 11 horas entre jornadas de trabalho. É também esclarecida a dúvida anterior de que a isenção do horário mantém inalterados os limites impostos pelo descanso semanal, e os feriados, como decorre do n.º 3 do artigo 219.º, do CT.

(iii) *Possibilidade de alargamento da prestação a um determinado número de horas, por dia ou por semana*

Trata-se, nesta modalidade, de introduzir limitações quantitativas, diárias ou semanais, ao trabalho que pode ser prestado para além do PNT, qualquer que seja o momento da jornada de trabalho em que se mostre necessária a sua prestação. Trata-se da modalidade anterior, embora com limitações, à não sujeição aos limites, que são previamente estabelecidas.

(iv) *Flexibilidade de horário com observância do PNT acordado*

Neste caso, o que apenas ocorre verdadeiramente é uma isenção de horário, de forma que se designa frequentemente esta modalidade de "flexibilidade de horário". O trabalhador, com respeito pelos limites do artigo 203.º, n.º 1, do CT, fica com a liberdade de determinar os momentos de início e termo da prestação laboral.

(v) *Remuneração*

Em termos remuneratórios o regime de isenção de horário tem consequências importantes. Diz o artigo 265.º, n.º 1, do CT, que se pode fixar em IRCT a retribuição mínima a que o trabalhador abrangido pela isenção do horário de trabalho tem direito, mas que na falta de disposições incluídas em IRCT tem direito a uma retribuição especial, que não deve ser inferior à retribuição correspondente a uma hora de trabalho suplementar por dia (artigo 265.º, n.º 1, al. a), do CT).

É, então, necessário determinar o valor da remuneração hora do trabalhador com base no artigo 271.º, do CT, adicionando-lhe um acréscimo de 50% (artigo 268.º, n.º 1, al. a), do CT), para depois proceder à multiplicação desse valor pelo número de dias de trabalho a que o trabalhador está adstrito: será determinado dessa forma o montante da retribuição especial a que tem direito o trabalhador abrangido pelo regime de isenção de horário.

Na falta de disposições incluídas em IRCT, quando se trate de regime de isenção de horário com observância do PNT, o trabalhador tem direito a uma retribuição especial que não deve ser inferior à retribuição correspondente a duas horas de trabalho suplementar por semana.

Nesse caso, o montante mínimo da retribuição especial é substancialmente mais reduzido, mas existe, contrariamente ao que se poderia supor (artigo 265.º, n.º 1, al. b), do CT). Tal leva admitir que, para o legislador, ainda que com respeito pelos limites do PNT, a inexistência de previa determinação do horário representa para o trabalhador uma desvantagem pela qual deverá ser compensado. Será necessário determinar, ainda aqui, o valor hora e depois de adicionado ao acréscimo remuneratório que seria devido por trabalho suplementar multiplicar tal valor por dois dias de trabalho.

5. Trabalho suplementar

Em todos os modelos de organização do tempo de trabalho é fundamental a compreensão do regime do trabalho suplementar (TS), na medida em que esse regime será o mecanismo de flexibilização aplicável em caso de impossibilidade de recurso aos novos mecanismos de flexibilização na determinação dos limites do tempo de trabalho que procurámos analisar.

Por outro lado, também nesta matéria o legislador português procurou inovar, em 2009, suavizando os efeitos do acesso a este regime.

No artigo 226.º, n.º 1, esclarece-se que será trabalho suplementar todo aquele que seja prestado fora do horário de trabalho. É assim irrelevante o limite implicado pelo PNT para definir o trabalho extraordinário. Se é feita determinada prestação de trabalho, ainda compreendida no PNT acordado mas fora do horário o trabalho, esse trabalho será qualificado de trabalho suplementar.

Como se disse, se vigorar o regime de isenção de horário a determinação do trabalho suplementar depende, em larga medida, da modalidade existente: (i) se se tratar da modalidade de flexibilidade de horário, com respeito pelo PNT será trabalho suplementar todo aquele que exceda a duração do PNT diário ou semanal (artigo 226.º, n.º 2.º, do CT); (ii) se se tratar da modalidade de possibilidade de desrespeito pelos limites diário e semanal do PNT, apenas será trabalho suplementar o que seja prestado fora de dia normal de trabalho (*a contrario* do artigo 226.º, n.º 3, al. a) do CT), o que significa também que os limites impostos pelos feriados e pelo descanso semanal se aplicam também ao regime de isenção de horário, ainda que na modalidade mais gravosa (cfr. artigo 219.º, n.º 3, do CT, como se analisou *infra*).

O grande princípio em matéria de TS é o da sua obrigatoriedade. Em regra o trabalhador está obrigado a prestar TS, desde que verificadas as condições para a sua prestação, condições constantes do artigo 227.º:

O TS ordinário apenas pode ser prestado quando a empresa tenha de fazer face a acréscimos eventuais e transitórios de trabalho que não justifique a admissão de trabalhador. Pode ainda ser prestado por motivo de força maior ou quando se torne indispensável para prevenir ou reparar prejuízos graves para a empresa ou para a sua viabilidade[15].

A regra da obrigatoriedade conhece, no entanto, excepções. Quanto à generalidade dos trabalhadores, estes podem solicitar a dispensa de realização de TS invocando motivos atendíveis.

Parece correcto afirmar que na generalidade dos casos a atendibilidade dos motivos depende dum juízo de ponderação entre a razão que justifica a solicitação do trabalho suplementar e o motivo invocado[16].

Como numa primeira fase o controlo sobre a legitimidade do pedido de dispensa cabe apenas ao empregador, parece não ser lícito ao trabalhador desobedecer à solicitação do TS, embora *ex post* esse controlo possa ser feito por uma entidade independente, nomeadamente no sentido de responsabilizar o empregador pelos prejuízos que tenha causado[17].

A questão da desobediência tem no entanto uma solução diferente se a ordem para a realização do poder disciplinar não respeitar as condições

---

[15] Na CLT o regime não é inteiramente coincidente com o português, como decorre do art.º 59.º, proémio, e §1, e do art.º 61.º.

[16] ANTÓNIO MONTEIRO FERNANDES, *Direito do Trabalho...ob. cit.*, p. 386.

[17] ANTÓNIO MONTEIRO FERNANDES, *Direito do Trabalho...ob. cit.*, p. 386; Manifestando opinião inversa, JÚLIO GOMES, *Direito do Trabalho...ob. cit.*, p. 701.

para que tal ocorra (artigo 227.º, do CT). Nesse caso trata-se de uma ordem ilegítima do empregador e face a ela não existe dever de obediência[18].

A prestação de TS confere ao trabalhador remuneração acrescida e descanso compensatório.

Quanto à remuneração acrescida regula o artigo 268.º do CT. Se a prestação de TS ocorrer em dia normal de trabalho o trabalhador terá direito a acréscimos: (i) 50% de retribuição na primeira hora de TS; (ii) 75% de retribuição nas horas ou fracções subsequentes.

Se a prestação de TS ocorrer em dia de descanso semanal, obrigatório ou complementar, e em dia feriado, o trabalhador tem direito a um acréscimo de 100% por cada hora de trabalho efectuado.

A compensação horária é calculada coma base na fórmula do artigo 271.º, do CT.

Nesta matéria ocorre uma alteração significativa pela entrada em vigor do novo CT. O Código antigo admitia, no n.º 4, do artigo 258.º, que os montantes retributivos previstos na lei fossem fixados em IRCT, admitindo-se que o IRCT estabelecesse, pois, montantes retributivos diferentes dos que constavam da lei, mas não a supressão de compensação especial pelo trabalho suplementar.

No novo CT, em linha de resto com o que se estabelece a propósito do banco de horas, prevê-se que IRCT possa afastar o regime de acréscimo remuneratório do trabalho suplementar, nos termos do n.º 6 do artigo 229.º, do CT. Ora, o n.º 6 do artigo 229.º vem agora admitir que o descanso compensatório, a que o trabalhador tinha injuntivamente direito pela prestação de trabalho suplementar, nos termos do regime anterior, possa ser afastado por IRCT que estabeleça a compensação de trabalho suplementar mediante redução equivalente de tempo de trabalho, pagamento em dinheiro ou ambas as modalidades.

Admitindo que o trabalho suplementar possa ser compensado apenas por redução equivalente de tempo de trabalho, a lei admite – por igualdade de razão – que o IRCT estabeleça a compensação apenas pelo valor hora determinado nos termos do artigo 271.º, do CT.

Trata-se de um novo mecanismo de flexibilização do tempo de trabalho que foi agora introduzido no ordenamento jurídico português, podendo questionar-se a sua admissibilidade constitucional.

---

[18] MARIA DO ROSÁRIO PALMA RAMALHO, *Direito do Trabalho...ob. cit.*, p. 553

A prestação do TS confere também direito a descanso compensatório. Mas deve distinguir-se: (i) se o TS for prestado em dia útil, em dia de descanso complementar e em dia feriado, o trabalhador tem direito a um descanso compensatório correspondente a 25% das horas de trabalho suplementar realizado (artigo 229.º, n.º 1, do CT). E vence-se quando perfizer o número de horas igual ao PNT diário, devendo ser gozado nos noventa dias seguintes (artigo 229.º, n.º 2, do CT); (ii) se a prestação de TS se realizar em dia de descanso semanal obrigatório – qualquer que seja a sua duração – o trabalhador terá direito a um dia completo de descanso compensatório a gozar nos três dias úteis seguintes (artigo 229.º n.º 4), sem prejuízo dos regimes especiais do artigo 230.º do CT.

Contrariamente ao que sucedia no regime anterior, em que este aspecto referido em (i) era injuntivo, o regime passou a ser convénio-dispositivo. Admite-se o seu afastamento, como se viu, por IRCT que regule a compensação de trabalho suplementar em redução equivalente do tempo de trabalho, em dinheiro, ou em ambas as modalidades (artigo 229.º, n.º 6, do CT).

Também nesta matéria se consagrou um novo mecanismo de flexibilização do tempo de trabalho que inexistia anteriormente.

6. Conclusão

Os modernos modelos de flexibilização do tempo de trabalho são modelos que encontram, antes de mais, uma justificação empresarial, deles não beneficiando directamente os trabalhadores.

Não beneficiam, desde logo, porque a estes modelos está associada uma ideia de variabilidade ao nível da gestão de períodos de actividade da empresa, com consequente incerteza em matéria de determinação dos períodos de não trabalho e seus impactos na vida privada dos trabalhadores. Por outro lado, vêem diminuir um rendimento e regime limitativo tipicamente associado ao trabalho suplementar.

Mas, em tempo de crise e por força da necessidade de proporcionar um acréscimo de competitividade e inerentes desafios, o tempo de trabalho e a sua flexibilização são compreendidos pelos trabalhadores também como um factor de produção da empresa, e como uma moeda de troca pela possibilidade de conservar o emprego ou de afastar as típicas medidas de reacção para situações de crise empresarial, como o regime do *lay-off*. Isso em Portugal foi muito visível na prática laboral e empresarial desde o início da crise económica mundial em 2008.

A exposição antecedente permite compreender que, num contexto de crise, o legislador português levou bastante longe o factor de promoção de competitividade na elaboração de modelos de flexibilização do tempo de trabalho, permitindo ao empregador um verdadeiro regime de escolha múltipla na determinação dos seus modelos de organização do tempo de trabalho.

Pode constatar-se, ainda, que o legislador português considera que o espaço tipicamente adequado para se proceder à variação, relativamente à regulação típica do tempo de trabalho, é o espaço da negociação colectiva, na medida em que ela permite que os interesses de trabalhadores e empregadores possam ser abertamente discutidos numa perspectiva de igualdade, associando os trabalhadores à satisfação das necessidades da empresa sem que tal ocorra à custa do sacrifício dos direitos individuais. O regime da organização do tempo de trabalho aparece, pois, francamente marcado como convénio-dispositivo.

Deve ter-se, no entanto, sempre presente que a matéria dos limites à duração do trabalho é matéria com consagração constitucional, configurando para os trabalhadores direitos de natureza análoga aos direitos liberdades e garantias[19] e beneficiando, por isso, do seu regime material (artigo 18.º da CRP). A constitucionalidade destas medidas analisadas dependerá da compatibilidade da aplicação do regime com a identificação de diferentes tipos de trabalhadores que se encontrem em situações adversas a formas de instabilidade na organização da vida[20] mas, sobretudo, e ainda que tal

---

[19] Cfr. Acórdãos do Tribunal Constitucional n.ºs 368/97 e 365/99 e, ainda, JORGE MIRANDA / RUI MEDEIROS, *Constituição Portuguesa Anotada*, tomo I, 2.ª edição, Coimbra, 2010, p. 1157.

[20] O que de facto acontece no CT. O CT reconhece a trabalhadores que se encontrem em situações adversas a formas de instabilidade na organização da vida diversas particularidades em matéria de mecanismos de flexibilização do tempo de trabalho. Quanto à prestação de trabalho em regime de adaptabilidade, banco de horas e horário concentrado, em relação a menores (artigo 74.º, n.º 1, do CT), a dispensa não opera de forma automática, bem como relativamente a pessoas com deficiência (artigo 87.º n.º 1 al. a)). Tem de ser pedida à entidade empregadora uma certificação médica de que a prática de horários adaptáveis pode prejudicar a saúde ou a segurança no trabalho. Verificados estes pressupostos a dispensa não pode ser recusada. Não assim relativamente a trabalhadoras grávidas, puérperas e lactentes, em virtude da situação transitória da sua condição. Diz-se que, neste

não esteja expressamente previsto, com a possibilidade de dispensa dos mecanismos de flexibilização sempre que, para um concreto trabalhador, exista motivo atendível, o que decorrerá da aplicação analógica do artigo 227.º, n.º 3, do CT, nomeadamente de forma a assegurar que estes mecanismos não sejam, eles próprios, um factor de promoção da desigualdade no trabalho.

---

caso, a trabalhador grávida, puérpera ou lactente tem direito a ser dispensada a prestar trabalho em horário organizado de acordo com o regime de adaptabilidade, banco de horas e horário concentrado (artigo 58.º, n.º 1, do CT). Também em matéria de trabalho suplementar o legislador foi sensível a essa questão: A excepção à regra da obrigatoriedade ocorre nos seguintes casos: a) trabalhadora grávida ou trabalhadora ou trabalhador com filho com menos de um ano (artigo 59.º, n.º 1, do CT); b) a trabalhadora durante todo o tempo que durar a amamentação, se tal for necessário para a sua saúde ou para a da criança (artigo 59.º, n.º 2, do CT). c) o trabalhador com deficiência ou doença crónica (artigo 88.º, n.º 1); Por outro lado está expressamente vedada quanto a trabalhadores menores (artigo 75.º, n.º 1, do CT), ressalvada a possibilidade de haver trabalho suplementar prestado por menor com idade igual ou superior a 16 anos se for indispensável para prevenir ou reparar prejuízo grave para a empresa, devido a facto anormal e imprevisível ou circunstância excepcional ainda que previsível, desde que não haja outro trabalhador disponível, e por um período não superior a 5 dias (artigo 75.º, n.º 2, do CT).

A FALSA PROVA
"O CALCANHAR DE AQUILES DO JUDICIÁRIO"

NELSON FARIA DE OLIVEIRA

Advogado – Formado Pela Pontifícia Universidade Católica de São Paulo, onde iniciou os seus Estudos Jurídicos por força de sua aprovação no vestibular de 1979, na primeira Lista, advogado titular do Escritório Faria de Oliveira Advogados, Secretário-geral Administrativo da CJLP – Comunidade de Juristas de Língua Portuguesa – www.cjlp.org – Presidente do CID – Congresso Internacional de Direito Brasil Europa – Advogado Inscrito na Ordem dos Advogados do Brasil – Secção São Paulo – Ordem dos Advogados do Brasil – Secção Rio de Janeiro e na Ordem dos Advogados de Portugal – Secção de Lisboa, tendo ao longo de sua carreira, desenvolvido uma série de cursos de especialização no âmbito Nacional e Internacional

"Concilium Fraudis"

Acordo para enganar ou defraudar. Há casos, como sucede na simulação, em que faz parte da caracterização de uma figura jurídica o pacto ou acordo destinado a enganar terceiros.

Dicionário Jurídico Ana Prata – 2009

REMÉDIOS JURÍDICOS – AS SOLUÇÕES LEGAIS

COMO PROTEGER O CIDADÃO DOS CRIMONOSOS QUE ATENTAM CONTRA O JUDICIÁRIO – CONTRA A ADMINISTRAÇÃO DA JUSTIÇA E CONTRAS AS PESSOAS DE BEM.

1. A Nocividade Envolvendo a questão da Falsa Prova

A prova tem sido ao longo da História da humanidade um dos elementos fundamentais na distribuição da Justiça.

O Judiciário por sua vez, faz uso da prova para que possa fazer justiça, e nesse sentido, é o **instrumento da prova** que dá credibilidade, certeza e dignidade a Justiça.

Temos ao longo do tempo, percebido que a ingerência externa cada vez mais tem procurado utilizar e manipular a justiça em função de interesses altamente nocivos às partes envolvidas, e também a Justiça, ao Estado Democrático e de Direito.

As instituições cumprem a sua missão, e no caso em questão, os Juízes e os Tribunais muitas vezes ficam reféns de manipulações, esquemas nefastos com produção de documentos falsos, ameaças ao patrimônio físico e pessoal de testemunhas, muitas vezes a troca de vantagens por um depoimento de interesse de uma das partes.

A Justiça não pode negligenciar para essa "maquinação maquiavélica", verdadeiro estelionato processual, em que se evidencia os favoritismos, desde já na porta da audiência, quando as partes e testemunhas se abraçam, se confraternizam e são orientadas pelos próprios interessados, olvidando que são testemunhas da Justiça e não devem ter interesse na causa e sim interesse com a verdade.

Não há que se olvidar que a Justiça deve ser ativa e responsável pelo que acontece e o Julgador deve sim estar atento, pois julga com imparcialidade, sendo um verdadeiro fiscal daquilo que acontece na audiência e nos autos, qualquer elemento quanto a falsa prova deve ser analisado com a devida propriedade e seriedade, inclusive com ofícios às autoridades para que se apurem os eventuais crimes, sob pena de serem desconsiderados os princípios básicos da justiça, a qual é a sua missão principal é a **busca da verdade**.

A Justiça deve analisar e ter em mente que somente a Distribuição de Justiça dá credibilidade a esta e pode justificar a sua existência, sob pena de criarmos um verdadeiro Cassino Jurídico, onde os mais ardilosos e desonestos levam vantagens.

Os instrumentos e mecanismos operacionais para a prevenção de tais ilícitos, devem ser operados e discutidos no seio do próprio Judiciário, levando-se em conta o seu objetivo. Principalmente as novas tecnologias existentes que podem minimizar e até solucionar os crimes contra a justiça.

2. Do Conceito de Prova

A PROVA É O ELEMENTO MAIS IMPORTANTE NA SOLUÇÃO DE UM LITÍGIO, DEVE SER CADA VEZ MAIS VALORIZADA E FISCALIZADA QUANTO A SUA CERTEZA E VERACIDADE, SEM ATENTAR CONTRA A DIGNIDADE HUMANA.

O Conceito de prova, não é uniforme na doutrina.
O conceito de prova na visão de **De Plácido e Silva**:

> "**do latim proba, de probare (demonstrar, reconhecer, formar juízo de). Entende-se, assim, no sentido jurídico, a demonstração, que se faz, pelos meios legais, da existência ou veracidade de um fato material ou de um ato jurídico, em virtude da qual se conclui por sua existência ou se firma a certeza a respeito da existência do fato ou do ato demonstrativo.**"

A prova tem o intuito de ratificar, na fase de instrução do processo, a veracidade ou falsidade de uma afirmação; a existência ou inexistência de um fato. Assim, a prova é o instrumento através do qual, as partes irão demonstrar para o juiz a ocorrência ou inocorrência das alegações declinadas no processo.

Toda pretensão prende-se a algum fato ou fatos em que se fundamenta. As dúvidas sobre a veracidade das afirmações feitas pelas partes no processo, constituem as questões de fato que devem ser resolvidas pelo juiz, à vista da prova de acontecimentos pretéritos relevantes. A prova constitui, assim, numa primeira aproximação, o instrumento por meio do qual se forma a convicção do juiz a respeito da ocorrência ou inocorrência de certos fatos.

Portanto, a prova tem como principal finalidade o convencimento do juiz.

3. Do Objeto da Prova

Conforme relatado anteriormente, o objetivo da prova é, portanto, formar a convicção do juiz a respeito da existência ou inexistência dos fatos e situações relevantes para a sentença. É, em verdade, o que possibilita o desenvolvimento do processo, enquanto reconstrução de um fato pretérito, conforme restou demonstrado.

Na verdade, nem todos os fatos devem ser provados:
Como os **fatos Notórios, Incontroversos, Confessados, Axiomáticos**, e ainda os a favor dos quais milita a presunção legal de existência ou veracidade.

Fatos Notórios: São aqueles que integram a cultura nomal, a gama de informações dos indivíduos de determinadas sociedades (art. 334 – I – CPC Brasileiro)

Fatos Incontroversos: São aqueles admitidos pelas partes no processo (art. 334 – III – CPC Brasileiro)

Fatos Confessados: são aqueles narrados por uma das partes e confessados pela outra parte. (art. 334 – II – CPC Brasileiro)

A legislação não precisa ser provada, pois o juiz em tese conhece o direito, salvo exceções, que dependem de prova, os acordos e convenções coletivas, regulamentos empresariais, decisões normativas, tratados e convenções internacionais.

4. Breves Aspectos Históricos da Prova

No curso da História, vários sistemas podem ser identificados:

Sistema étnico pagão: Em que a apreciação da prova, era deixada ao sabor das impressões pessoais do juiz, de acordo com a sua própria experiência de vida.

Sistema Religioso: Onde era invocado o julgamento divino, pelos Juízos de Deus, sem olvidar a época dos duelos.

No sistema religioso, acreditava-se que a divindade poderia interferir nos julgamentos, a fim de demonstrar se o réu era culpado ou inocente:

Prova da Água Fria: Jogava-se o Réu na Água Fria, se submergisse era inocente, se viesse a tona era culpado; ou em variante, era jogado ao Rio com um peso amarrado aos pés, se viesse a tona era inocente;

Prova do fogo: para demonstrar a sua inocência, tinha que caminhar com os pés descalços sobre uma chapa de ferro em brasa, ou tinha que tocar a língua em uma barra incandescente, sem demonstrar dor;

Na prova do Trigo, o Réu tinha que ingerir uma grande quantidade desse alimento, e se não conseguisse era culpado

Por outro lado, há que se destacar a Prova "ad perpetuam rei memoriam" que vem a ser a produção da prova antecipada, a prova elaborada antecipadamente ou seja a prova pré constituída para que se possa preservar esse elemento probatório, a fim de que se evite a sua perca no futuro ou que sua produção se torne muito difícil ou impossível, este instrumento antecipatório da prova, o que tem sido utilizado com muita frequência e desde há muito tempo.

5. Do Sistema Probatório – nos Dias de Hoje

O juiz deverá analisar as provas e valorá-las de acordo com seu convencimento, limitando-se aos meios probatórios produzidos nos autos. Devendo, dessa maneira, indicar na sentença as razões que lhe persuadiram.

6. Dos Meios de Prova

São meios de prova: a) perícia; b) interrogatório; c) confissão; d) declaração do ofendido; e) prova testemunhal; f) reconhecimento de pessoas e coisas; g) acareação. Essa enumeração não é taxativa, existem algumas provas admitidas em direito que não estão previstas em lei, tais como: filmagens, fotografias, etc., que são conhecidas como provas inominadas.

7. Provas que são Proibidas por Lei

PROVAS ILICITAS E PROVAS OBTIDAS DE FORMA ILÍCITA:
O Estudo da prova ilícita somente despertou interesse da doutrina no século passado, tendo como marco inicial os estudos de E. Belin, em 1903, com sua obra, voltada para a proibição de prova como limite à descoberta da verdade em processo penal.

A) **Provas ilícitas** – são aquelas obtidas com a violação de norma de direito material. São provas obtidas mediante a prática de delitos criminais, civis, comerciais ou administrativos ou que são contrárias aos princípios constitucionais. (falso testemunho, documentos falsos etc, etc)

B) **Provas Obtidas de forma Ilícita** e portanto provas ilegítimas – são obtidas ou introduzidas com violação às normas de direito processual e constitucional. A prova produzida viola garantias vinculadas ao processo e sua finalidade, **e principalmente fere o Direito Constitucional brasileiro, que no artigo 5.º, inciso LVI, entende que a produção de prova em juízo, obtida de forma ilícita é inadmissível.**

No texto constitucional no artigo 5.º, inciso XII, da própria constituição determina: É INVIOLÁVEL O SIGILO DE CORRESPONDÊNCIA E DAS COMUNICAÇÕES TELEGRÁFICAS DE DADOS E DAS COMUNICAÇÕES TELEFÔNICAS, SALVO, NO ÚLTIMO CASO, POR ORDEM JUDICIAL, NAS HIPÓTESES QUE A LEI ESTABELECER PARA FINS DE INVESTIGAÇÃO CRIMINAL OU INSTRUÇÃO PROCESSUAL PENAL.

HÁ CONTROVÉRSIAS, OU MELHOR HAVIAM CONTROVÉRSIAS

No ordenamento Jurídico Brasileiro havia antes do advento da constituição, certa cizânia na doutrina e no âmbito do Supremo Tribunal Federal, conforme decisão transcrita no RE. 85.439 do Rio de Janeiro, que manifestou-se pela inadmissibilidade da prova ilícita, repudiando as interceptações telefônicas clandestinas, quer em matéria civil, quer em matéria penal.

8. Da Falibilidade da Prova

Segundo a Moderna teoria processual, a cognição a respeito da verificação dos fatos, mesmo no processo de conhecimento, não pode visar a verdade intrínseca, ideal, uma vez que todos os juízos históricos, como são aqueles que resultam das provas, sempre importam em juízos de probabilidade.

Assim sendo, a certeza dos fatos no processo, como na vida, é sempre moral, e não real. Na direção da relatividade da busca da verdade, adverte LIEBMAN:

> "Por maior que possa ser o escrúpulo colocado na procura da verdade e copioso e relevante o material probatório disponível, o resultado ao qual o juiz poderá chegar conservará, sempre um valor essencialmente relativo: Estamos no terreno da convicção subjetiva, da certeza meramente psicológica, não da certeza lógica, daí tratar-se sempre de um juízo de probabilidade, ainda que muito alta, de verosimilhança (como é próprio de todos os atos históricos)."

Desta forma, não se deve exigir grau de certeza incompatível com a situação concreta, aceitando-se grau de verosimilhança suficiente, ou a verdade possível."

- Verosimilhança está unicamente ligada à probabilidade – Indício que deixa presumir a verdade ou a possibilidade de um fato.

Inobstante as dificuldades na busca da verdade, o próprio Juiz deve envidar todos os esforços no sentido da busca da verdade real, conceder ao julgador mais poderes e também a criação de um "Juiz Auxiliar de campo", seria talvez o caminho na busca da verdade e do combate efetivo a falsa prova.

A Instrumentalização dos Fóruns, dos Tribunais e principalmente a utilização das penalizações previstas em Lei, para esse tipo de ilícito de extrema gravidade, como por exemplo a aplicação das penas de litigância de má-fé mais severas, não só para as partes, mas, quando cabível, e comprovada participação, para os seus advogados, como já acontece em vários países, sem prejuízo de outras penalidades.

A "Tolerância Zero" adotada há anos atrás pelo prefeito de Nova York, provou que as pessoas podem ser levadas ao caminho cívico, desde que para isso existam instrumentos contundentes.

9. Da Tipificação Penal a Luz da Legislação Brasileira: Provas Ilícitas

Falsificação de Documento Particular
Art. 298 – Código Penal Brasileiro – Falsificar, no todo ou em parte, documento particular ou alterar documento particular verdadeiro:
Pena – reclusão, de 1 (um) a 5 (cinco) anos, e multa.

Falsidade ideológica
Art. 299 – Código Penal Brasileiro – Omitir, em documento público ou particular, declaração que dele devia constar, ou nele inserir ou fazer inserir declaração falsa ou diversa da que devia ser escrita, com o fim de prejudicar direito, criar obrigação ou alterar a verdade sobre fato juridicamente relevante:
Pena – reclusão, de 1 (um) a 5 (cinco) anos, e multa, se o documento é público, e reclusão de 1 (um) a 3 (três) anos, e multa, se o documento é particular.

Parágrafo único – Se o agente é funcionário público, e comete o crime prevalecendo-se do cargo, ou se a falsificação ou alteração é de assentamento de registro civil, aumenta-se a pena de sexta parte.

Falso reconhecimento de firma ou letra
Art. 300 – Código Penal Brasileiro – Reconhecer, como verdadeira, no exercício de função pública, firma ou letra que o não seja:
Pena – reclusão, de 1 (um) a 5 (cinco) anos, e multa, se o documento é público; e de 1 (um) a 3 (três) anos, e multa, se o documento é particular.

Certidão ou atestado ideologicamente falso
Art. 301 – Código Penal Brasileiro – Atestar ou certificar falsamente, em razão de função pública, fato ou circunstância que habilite alguém a obter cargo público, isenção de ônus ou de serviço de caráter público, ou qualquer outra vantagem:
Pena – detenção, de 2 (dois) meses a 1 (um) ano.
Falsidade material de atestado ou certidão
§ 1.º – Falsificar, no todo ou em parte, atestado ou certidão, ou alterar o teor de certidão ou de atestado verdadeiro, para prova de fato ou circunstância que habilite alguém a obter cargo público, isenção de ônus ou de serviço de caráter público, ou qualquer outra vantagem:
Pena – detenção, de 3 (três) meses a 2 (dois) anos.
§ 2.º – Se o crime é praticado com o fim de lucro, aplica-se, além da pena privativa de liberdade, a de multa.

Falsidade de Atestado Médico
Art. 302 – Código Penal Brasileiro. Dar o Médico, no exercício da sua profissão, atestado falso.
Pena – detenção, de 1 (um) mês a 1 (um) ano.

Uso de documento falso
Art. 304 – Código Penal Brasileiro – Fazer uso de qualquer dos papéis falsificados ou alterados, a que se referem os arts. 297 a 302:
Pena – a cominada à falsificação ou à alteração.

Supressão de documento
Art. 305 – Código Penal Brasileiro – Destruir, suprimir ou ocultar, em benefício próprio ou de outrem, ou em prejuízo alheio, documento público ou particular verdadeiro, de que não podia dispor:

Pena – reclusão, de 2 (dois) a 6 (seis) anos, e multa, se o documento é público, e reclusão, de 1 (um) a 5 (cinco) anos, e multa, se o documento é particular

10. Utilização de Documentos Furtados

Trabalhador que se apodere de cartões de ponto, ou folha de frequência para comprovar horas extraordinárias.
Notas Fiscais; para provar direito a comissões;
Comete um ilícito penal e as provas não devem ser admitidas;

11. Interceptações e Gravações em Ofensa a Intimidade e a Vida Privada;

Violação de correspondência;
Telegráfica;
Comunicações Telefonicas;
E-mails particulares, sendo de destacar que os e-mails das empresas por se constituírem em instrumentos de trabalho, podem ser geridos e fiscalizados pela empresa, sem ofensa a qualquer ordem constitucional, ou privacidade, por ser instrumento de trabalho, conforme entendimentos do TST.

12. Buscas Ilegais no Domicílio e Apreensão Ilícita

Temos assistido a invasão de escritório de Advocacia, não só no Brasil, mas em Portugal, o que é uma verdadeira afronta ao Estado do Direito e um atentado a Democracia.

13. Violação do Sigilo Profissional

Nessa questão, que vem a ser um dos verdadeiros baluartes das profissões, temos assistido a um verdadeiro atentado, com advogados, jornalistas etc, muitas vezes sendo pressionados para informarem elementos de caráter totalmente sigilosos, sendo com isso obrigados a recorrer as instâncias superiores, para salvaguardar essas garantias.

14. Confissão Obtida Mediante Tortura

Esta vem a ser uma das mais repugnantes ocorrências no Mundo Moderno, infelizmente, sendo uma constante no dia-a-dia no âmbito Internacional, tendo Guantânamo, como um exemplo a não ser seguido. Sendo comprovadamente ineficiente, pois para se livrar das agruras e do sofrimento, a vitima acaba confessando qualquer fato e ou acontecimento.

15. Do Crime de Falso Testemunho

Testemunhar vem do latim *testimoniare*, que significa declarar ter visto, ouvido ou conhecido, confirmar, comprovar, demonstrar, ver, presenciar, manifestar, expressar, revelar. Mas, é um comportamento humano muito questionável.

O testemunho em juízo constitui-se um elemento importante e de extrema responsabilidade, como todo o processo e serviço judiciário. Porém, existem abusos praticados por pessoas chamadas a prestarem depoimentos em juízo. Por conta disso, o Judiciário busca a verdade e faz o uso dos meios legais, através do Magistrado, para coibir tais abusos.

O Código de Processo Penal expressamente autoriza a prisão em flagrante delito, nos crimes de falso testemunho.

Falso Testemunho ou Falsa Perícia

Art. 342 – Código Penal Brasileiro – Fazer afirmação falsa, ou negar ou calar a verdade como testemunha, perito, contador, tradutor ou intérprete em processo judicial, ou administrativo, inquérito policial, ou em juízo arbitral:
Pena – reclusão, de 1 (um) a 3 (três) anos, e multa.

Art. 343 – Código Penal Brasileiro – Dar, oferecer ou prometer dinheiro ou qualquer outra vantagem a testemunha, perito, contador, tradutor ou intérprete, para fazer afirmação falsa, negar ou calar a verdade

em depoimento, perícia, cálculos, tradução ou interpretação: (Alterado pela L-010.268-2001)
Pena – reclusão, de três a quatro anos, e multa.

Assim, em audiência, o magistrado deve informar à testemunha sobre a real possibilidade de encaminhamento a polícia e consequente prisão em flagrante delito, ocorrendo o falso testemunho e a mentira.

O magistrado cumpre dever de ofício ao oprimir soberanamente qualquer ato contrário à dignidade da Justiça. Compete, pois, ao Juiz dar a voz de prisão e requerer a lavratura do auto de prisão em flagrante, para a instauração do inquérito policial.

O falso testemunho é delito praticado contra a administração da justiça, sujeito as penas da lei.

Ao depor, a testemunha, portanto, deverá ser alertada de todo o exposto acima.

Assim, em relação às provas, a Justiça aceita como prova quaisquer tipos de documentos, recibos, gravações, fotos e e-mails, desde que as informações tenham sido obtidas de forma lícita.

A prova testemunhal, sempre foi considerada a mais "prostituta das provas", embora na justiça do Trabalho se dê uma importância enorme a esse tipo de prova, que muitas vezes se reveste de intenções e outros objetivos:

Clássico é o exemplo de reclamantes imbuídos de má-fé e com identidade de ações, testemunharem em juízo para determinado reclamante, ou dependendo do número de reclamantes se alternarem nos processos, a meu ver, é um estulto jurídico, pois ao ser testemunha em questão similar, procura ratificar o seu interesse e similitude e a probabilidade de faltar com a verdade, é por demais óbvia, não deveria ter jamais o seu depoimento considerado. Embora os nossos tribunais, entendam que não há nenhum prejuízo e admitem determinada situação surrealista.

16. Situações Fáticas Geradoras de Provas Ilícitas

Interesses escusos particulares;
Conluio entre interessados objetivando o enriquecimento ilícito;
Ausência Real de Penalização;
Facilidade;
Protecionismo.

17. O Crime Organizado e a Falsa Prova

O Crime Organizado, quer seja com grandes estruturas, quer seja em pequenos grupos com interesses comuns, se utiliza dessa coincidência de interesses para se organizarem, e com isso alcançarem os seus objetivos ilícitos, lesando também o judiciário.

18. Da Aplicação das Penas de Litigância de Má-Fé

Do Estudo realizado pelo ilustre Juiz da Justiça do Trabalho, Márcio M. Granconato – O mesmo concluiu em palestra realizada em São Paulo, no 1.º CID – Congresso Internacional de Direito Brasil Europa, que a aplicação das Penas de Litigância de má-fé, são, praticamente, insignificantes em todo o Brasil.

DEVEMOS ADOTAR A TOLERÂNCIA ZERO PARA A FALSA PROVA

Princípio da Desigualdade Compensatória – Posicionamento do eminente – Professor – Manoel Antonio Teixeira Filho:

"A Adoção irrefletida de normas processuais civis pode implicar uma perigosa transubstanciação do direito processual do trabalho, fazendo com que ele se distancie da influência que sobre ele exerce o direito material do trabalho. É preciso não esquecer que o processo civil se lastreia no dogma da igualdade formal das partes, que informa o direito substancial comum e que constitui, mesmo, o sustentáculo de todo o direito positivo liberal e racionalista, que se edificou no processo histórico da Revolução Francesa de 1789. Já o direito material do trabalho, ao contrário, consagra a desigualdade real das partes, fixada como pressuposto para a sua atuação protetiva do trabalhador, cujo caráter está muito bem expresso nas palavras de Gallart-Folch: eminentemente desigual, o Direito do Trabalho se propõe compensar com superioridade jurídica a inferioridade econômica do trabalhador, hoje erigidas em verdadeiro lema doutrinário deste Direito especializado. É precisamente da desigualdade real das partes, no plano das relações jurídicas materiais intersubjetivas, que devem ser extraídos os princípios fundamentais que de lege ferenda, deverão reger o direito processual correspondente."

O princípio acima, com o desenvolvimento das Comunicações, novas tecnologias, o aperfeiçoamento das sociedades, o alto nível dos trabalhadores, etc., devem ser analisados com certas reservas, pois o trabalhador de hoje, em muitas localidades, não corresponde ao trabalhador desprotegido, frágil, limitado, ao revés, muitas vezes é mais poderoso que a própria entidade empregadora.

Existem empresas e empresas, trabalhadores e trabalhadores, muitas vezes, sendo eles, os próprios detentores do conhecimento das normas de direito, como exemplo advogados e juristas de empresas que dominam com maestria a produção de provas.

Juristas de renome, como o destacado Professor Renato Rua de Almeida, tem defendido com muita propriedade e competência, a diferenciação que se deve dar as empresas e a necessidade de uma diferenciação de tratamento, criando com isso uma nova legislação que trate com acerto essas diferenças.

Não há que se colocar no mesmo nível a multinacional, com escritório na Avenida Paulista, com o Micro empresário, do sertão nordestino.

Assim como não podemos colocar no mesmo patamar, o Executivo de uma grande Multinacional, com o seringueiro do Norte do Brasil.

A Capacidade de manipulação e utilização das provas ilícitas, devem ser severamente punidas, existe um certo comodismo em que "nada acontece" e nem mesmo as penas de litigância de má-fé são aplicadas, em prejuízo de uma das partes e da credibilidade da justiça, a maior prejudicada.

Apelo e conclamo a todos os defensores da verdade, para que se unam na defesa da JUSTIÇA.

Bibliografia:

Dicionário Jurídico Ana Prata – Volume I – 5ª EDIÇÃO – ALMEDINA
Vade Mecum Saraiva – 2010
A Prova Ilícita no Processo do Trabalho – Editora LTR – 2004 – Luis J. J. Ribeiro.

Colaboração:
    Regina Faria de Oliveira
    Paola Akie Kurihara

EXTINÇÃO DO CONTRATO DE TRABALHO FORMAS DE GARANTIA DE EMPREGO PELA NORMA CONSTITUCIONAL E LEGAL NO BRASIL

Pedro Paulo Teixeira Manus
Ministro do Tribunal Superior do Trabalho
Professor Titular de Direito do Trabalho da PUCSP

I – Introdução

O tema "garantia de emprego" tem enorme importância no âmbito do Direito do Trabalho, pois significa a forma do empregado assegurar seu posto de trabalho, o que lhe garante o recebimento do salário e a manutenção de sua vida e de sua família.

Não há dúvida de que o salário é a razão do empregado prestar serviços ao empregador, pois nele reside a possibilidade de sua subsistência. Não obstante, se não há segurança na manutenção do posto de trabalho o recebimento do salário deixa de existir, daí resultando a importância da garantia do emprego.

Sob esta ótica pode-se afirmar que a estabilidade, que é um dos significados da expressão garantia de emprego, tem maior importância do que o próprio salário, já que o salário decorre da existência do posto de trabalho.

A manutenção do emprego é que consiste na estabilidade econômica do trabalhador, em oposição ao fantasma do desemprego, que constitui um sério problema mundial na atualidade.

A Constituição Federal brasileira, já no seu artigo 1.º, IV, estabelece como fundamentos da República os valores sociais do trabalho e da livre iniciativa, que juntamente com a cidadania, inciso II, e a dignidade da pessoa humana, inciso III, formam o núcleo das relações entre empregados e empregadores. O texto constitucional consagra, ademais, em seu artigo 6.º, como direitos sociais a educação, a saúde e o trabalho.

Eis a razão pela qual a questão da conquista do emprego e de sua manutenção, assumirem a importância que têm, pois constituem etapas na realização dos princípios constitucionais da cidadania e da dignidade da pessoa do trabalhador

A expressão garantia de emprego tem vários significados, que se interligam e se completam, mas que podem ser considerados destacadamente, como se vê.

Pode a garantia de emprego significar a política de emprego desenvolvida pelo governo, no sentido de criar e assegurar à população as oportunidades de colocação no mercado de trabalho. Igualmente pode referir-se à política de manutenção de emprego, cuidando dos variados aspectos que permitem às empresas continuar sua atividade, mantendo os postos de trabalho existentes. Ademais, também pode significar a ação política de criação de novos empregos pelas autoridades governamentais, com ações concretas de ampliação do mercado de trabalho.

Do ponto de vista do empregado igualmente a expressão garantia de emprego pode assumir significados diversos.

Refere-se, por exemplo, à ação do empregado para obter o posto de trabalho, isto é, "garantir o seu emprego", pode referir-se a sua conduta no sentido da manutenção do emprego e, ainda, pode significar a idéia de estabilidade, isto é, a garantia de emprego compreendida como o direito de não perder o emprego imotivadamente.

E é este ultimo sentido da expressão garantia de emprego que ora nos interessa mais de perto, isto é, a noção de estabilidade e que cumpre a seguir examinar, desde o seu nascedouro, passando pela evolução do instituto, até os dias de hoje.

II – Estabilidade

A noção jurídico-trabalhista de estabilidade, como a Consolidação das Leis do Trabalho (CLT) a conceitua, significa o direito do empregado de não perder o emprego sem justa causa, ou seja, a garantia de manutenção do posto de trabalho, enquanto não der causa à despedida justa, como decorre do texto dos arts. 492 a 494 da CLT, que cuidam da estabilidade decenal e que só admitem o desfazimento do contrato de trabalho do empregado estável por decisão judicial, embora facultem ao empregador a eventual suspensão do empregado estável, até a decisão no processo de inquérito judicial para apuração de falta grave.

Esta regra teve aplicação a todos os empregados que alcançavam os dez anos de serviço ao mesmo empregador, até o advento da Lei n.º 5.107/66, que instituiu o regime do fundo de garantia do tempo de serviço (FGTS), a partir de sua vigência, em 1.º/01/1967.

A partir daí os empregados optantes pelo regime do FGTS não mais se tornavam estáveis, o que só se aplicava aos não optantes pelo regime da nova lei.

Com o advento da Constituição Federal de 05/10/88 o regime do FGTS passou a ser aplicado a todos os trabalhadores, como veremos detidamente a seguir.

Cumpre, porém, inicialmente, examinar o tema da estabilidade no emprego no âmbito constitucional em nosso país.

II – a) *Estabilidade na norma constitucional*

A Constituição Federal de 10 de novembro de 1937 foi a primeira norma constitucional brasileira a fazer menção à estabilidade no emprego, já que a Constituição do Império, de 1824, bem como as Constituições da República, de 1981 e de 1934, não fizeram referência à garantia.

Dispunha o art. 137 da Carta Constitucional de 1937:

"Art. 137. A legislação do trabalho observará, além de outros, os seguintes preceitos: (...)

f) nas empresas de trabalho contínuo, a cessação das relações de trabalho, a que o trabalhador não haja dado motivo, e quando a lei não lhe garanta a estabilidade no emprego, creia-lhe o direito a uma indenização proporcional aos anos de serviço".

A norma constitucional criou à oportunidade o direito à indenização a todos os trabalhadores, não obstante tenha resguardado o direito dos estabilitários, que haviam adquirido o direito reconhecido por norma legal específica para a categoria profissional a que pertenciam, como adiante veremos.

Com a redemocratização do país, ao final do regime de ditadura em 1946, entrou em vigor a Constituição Federal de 18 de setembro de 1946, que alçou ao plano constitucional a estabilidade decenal, que já era, desde o advento da CLT, em 1943, reconhecida a todos os empregados com mais de dez anos na mesma empresa.
Assim dispunha o texto:

> "Art. 157. A legislação do trabalho e a da previdência social obedecerão aos seguintes preceitos, além de outros que visem, à melhoria das condições dos trabalhadores: (...)
> XII – estabilidade, na empresa ou na exploração rural, e indenização ao trabalhador despedido, nos casos e nas condições que a lei estatuir;".

Quando do advento da Carta de 1946 já estava em vigor a Consolidação das Leis do Trabalho, cuja vigência é de 1.º de maio de 1943, e que havia instituído o regime da estabilidade decenal a todos os empregados e o direito à indenização por tempo de serviço aos que ainda não haviam completado aquele lapso contratual.

Diante da impossibilidade de despedir os empregados que se tornavam estáveis aos dez anos de serviços, alguns empregadores cuidavam de dispensá-los, imotivadamente, antes deste lapso.

Tão grande foi a incidência de dispensas imotivadas em tais condições, que o Tribunal Superior do Trabalho (TST) editou o então Enunciado n.º 26, que presumia obstativa à estabilidade a dispensa sem motivo do empregado que alcançava nove anos de emprego.

Neste caso, não sendo estável o empregado, não era possível reintegrá-lo, daí porque se aplicava como sanção o pagamento da indenização de um mês de salário por anos ou fração igual ou superior a seis meses (CLT, art. 477), em dobro, por aplicação do art. 497 da CLT.

A jurisprudência registra casos de empregados com pouco mais de oito anos de serviço, que igualmente foram despedidos injustamente, com objetivo de obstar a aquisição da estabilidade e tentando o empregador furtar-se ao pagamento de indenização em dobro.

Com o golpe militar em 1964 instalou-se nova ditadura no Brasil e cuidaram os dirigentes de fazer aprovar a Lei n.º 5.107, por um Congresso Nacional mutilado pela cassação de vários parlamentares, em 13/09/66. Referida lei, introduziu o regime do FGTS, como sistema opcional ao regime da indenização e da estabilidade da CLT.

Eis porque a Constituição Federal de 24 de janeiro de 1967 e a Emenda Constitucional de 1969 passaram a considerar os regimes equivalentes quanto ao tempo de serviço, como se vê do texto da Carta de 1967:

> "*Art. 158 A Constituição assegura aos trabalhadores os seguintes direitos, além de outros que, nos têrmos da lei, visem à melhoria de sua condição social: (...)*
> *XIII – estabilidade, com indenização ao trabalhador despedido, ou fundo de garantia equivalente;".*

Não há dúvida que o objetivo primeiro da referida Lei n.º 5107/66 era colocar fim no regime da estabilidade decenal, o que logrou fazer, quer porque restaram poucos portadores de estabilidade do período anterior, já que muitos transacionaram o tempo de serviço em troca de indenização, quer porque na prática a opção pelo novo regime, do fundo de garantia do tempo de serviço (FGTS), era imposto pelas empresas, sob pena de não admissão.

Com o passar dos anos foram desaparecendo os empregados estáveis e mesmo empregados não optantes pelo regime do FGTS, daí porque se deixou de aplicar a Súmula 26 do TST, que afinal foi cancelada.

E assim caminhamos até o final da ditadura, com o advento da atual Constituição Federal de 05/10/88. E, no que respeita à questão da estabilidade no emprego, o exame da evolução na elaboração da nova Carta demonstra a razão do tratamento atual.

Com efeito, os trabalhos do Congresso Constituinte a respeito do tema tiveram início na Subcomissão dos Direitos do Trabalhadores, que ofereceu a seguinte proposta de redação ao inciso I do art. 7.º da Carta Constitucional:

> *"estabilidade desde a admissão no emprego, salvo o cometimento de falta grave comprovada judicialmente, facultado o contrato de experiência de noventa dias"*

A redação proposta provocou imediata reação, pois após a instituição do regime do FGTS, desde 1967, há mais de vinte anos, já se havia acabado com a estabilidade por força de lei, e a redação proposta buscava assegurar desde o ingresso no emprego. A referida reação foi imediata, tanto assim que a Comissão da Ordem Social alterou a proposta para a seguinte redação:

"garantia de direito ao trabalho mediante relação de emprego estável, ressalvados:
 a) ocorrência de falta grave comprovada judicialmente;
 b) contrato a termo, não superior a dois anos, nos casos de transitoriedade dos serviços ou de atividade da empresa;
 c) prazos definidos em contrato de experiência, não superior a noventa dias, atendidas as peculiaridades do trabalho a ser executado".

Vê-se, pois, que cuidou a Comissão da Ordem Social de impedir a tentativa de assegurar a garantia de emprego desde a admissão, buscando tornar sem efeito o término da garantia pela lei do FGTS, neutralizando, com a nova redação, os efeitos da modificação pretendida.

Na mesma linha a Comissão de Sistematização alterou a redação, oferecendo o seguinte texto:

"garantia de emprego, protegida contra despedida imotivada, assim entendida a que não se fundar em:
 a) contrato a termo, assim conceituado em lei;
 b) falta grave, assim conceituada em lei;
 c) justa causa, baseada em fato econômico intransponível, fato tecnológico ou infortúnio da empresa, de acordo com os critérios estabelecidos na legislação do trabalho".

E afinal, após os debates em plenário, e diante da representatividade do Congresso Nacional, prevaleceu a atual redação do art. 7.º, I:

"relação de emprego protegida contra despedida arbitrária ou sem justa causa, nos termos de lei complementar, que preverá indenização compensatória, dentre outros direitos"

Vê-se, pois, que a tentativa de restabelecer o regime da estabilidade em nossa legislação, na Comissão dos Direitos do Trabalhadores, recebeu pronta e rejeição, culminando com a exclusão do instituto da Constituição Federal.

Isso significou em termos práticos a extinção da estabilidade como garantia constitucional aos trabalhadores, nos moldes previstos em lei, ainda porque o inciso III do mesmo art. 7.º da Carta Constitucional dispõe que se aplica a todos os contratos de trabalho o regime do FGTS, o que significa consagrar o regime como único por força de lei.

Ademais, não obstante a Constituição faça distinção entre despedida arbitrária e sem justa causa, relegou à lei complementar conceituá-la, bem como estabelecer indenização e outros direitos, o que após mais de vinte anos ainda não se verificou, dadas as controvérsias sobre o tema, retardando a referida lei complementar.

II – b) *Estabilidade na lei ordinária*

A idéia de estabilidade no Direito do Trabalho surgiu com o advento da Lei n.º 4.682, de 24-01-23, cujo projeto foi da autoria do Deputado Federal Elói de Miranda Chaves, paulista de Pindamonhangaba, no Vale do Paraíba (1875-1964) advogado formado pela Faculdade de Direito da USP, além de empresário, banqueiro, propietário rural e político.

A idéia prendia-se a um benefício de natureza previdenciária. O projeto de lei objetivava instituir uma caixa de previdência e assistência aos trabalhadores ferroviários.

Para tanto criava-se um sistema de contribuições mensais dos empregados e dos empregadores, valores estes que constituiriam um fundo para fazer frente às necessidades dos trabalhadores em caso de infortúnios no curso do contrato de trabalho e, afinal, garantir-lhes uma retribuição periódica com a aposentadoria, proporcional aos valores pagos ao longo dos anos.

Para garantir que com o passar do tempo o fundo pudesse ter condições de pagar os beneficiários em número crescente era necessário assegurar que os empregados mais antigos e que, portanto, tinham padrão salarial mais alto, contribuindo com parcelas mais significativas, não peredessem o emprego, criou-se a garantia da estabilidade decenal.

Eis porque a idéia de estabilidade no emprego surgiu entre nós para assegurar o sucesso de um benefício previdenciário.

A iniciativa foi vitoriosa, tornando-se a Lei Elói Chaves a precursora das "caixas de assistência e previdência", que afinal deram origem à previdência social estatal.

Em 1926 o Decreto n.º 17.940 cria o mesmo benefício para os trabalhadores portuários e no ano de 1930 outras leis criam a garantia para várias outras categorias profissionais. O Decreto n.º 20.465, de 1931, também estende o benefício aos trabalhadores em transportes, luz, força, telefone, telégrafos, portos, água e esgoto.

O artigo 53 do decreto 20.465, de 1.º/10/31, ao estender o benefício às categorias acima referidas, estabelece o procedimento depois incorporado pela CLT, no sentido de permitir ao empregador apenas suspender o empregado estável de suas funções, mas cometer ao Conselho Nacional do Trabalho a prerrogativa de colocar fim ao contrato de trabalho, ou determinar a reintegração do trabalhador, com pagamento de todos os seus haveres.

A Lei n.º 62, de 5-6-35, desvincula a estabilidade da previdência e estende a todos os trabalhadores que contavam mais de dez anos de serviços ao mesmo empregador, e que não eram ainda beneficiados por lei específica, o direito à estabilidade decenal, que após, em 1943, foi incorporado pela CLT, nos termos dos artigos 492 e seguintes.

III) A garantia de emprego no Direito do Trabalho na atualidade:

Como já referido o texto do art. 7.º, I, da Constituição Federal afirma:

"relação de emprego protegida contra despedida arbitrária ou sem justa causa, nos termos de lei complementar, que preverá indenização compensatória, dentre outros direitos".

Isso significa que a despedida arbitrária ou sem justa causa merecem proteção, que será fixada por meio de lei complementar, que deverá prever o pagamento de indenização, como regra, dentre outros direitos.

Comparativamente ao texto constitucional anterior constata-se que a estabilidade por tempo de serviço foi retirada do texto constitucional, não obstante a própria Carta reconheça situações específicas em que a garantia de emprego deva ser assegurada, como a seguir veremos.

Ademais, como já visto, consagrou o inciso III do art. 7.º constitucional o regime do FGTS como aplicável a todos os contratos de trabalho, o que exclui a estabilidade perene.

O legislador complementar deverá distinguir os conceitos de despedida arbitrária e sem justa causa, fixando as conseqüências da ocorrência de cada uma delas, já se podendo antever que mais nociva socialmente a despedida arbitrária do que aquela sem justa causa.

Isso porque na hipótese de dispensa sem justa causa alguma motivação haverá, ainda que o empregado não tenha cometido qualquer falta. Já na despedida arbitrária não há falta cometida pelo empregado, nem justificativa plausível do empregador, daí porque o ato é arbitrário e a reparação ao empregado deverá ser mais severa.

O próprio legislador constitucional já se antecipou e garantiu o emprego em situações específicas que julgou merecedoras de maior proteção, o que significa que mesmo sendo aplicável o regime do FGTS a todos empregados, não há incompatibilidade com a garantia de emprego.

Veja-se, por exemplo, a estabilidade provisória do dirigente sindical, eleito ainda que suplente, desde sua candidatura até um ano após o término do mandato, assegurada pelo art. 8.º, VIII, da Constituição Federal.

No mesmo sentido o art. 10, II, "a" e "b", do Ato das Disposições Constitucionais Transitórias, asseguram, respectivamente, a vedação á dispensa arbitrária ou sem justa causa ao empregado eleito para cargo de direção da comissão interna de prevenção de acidentes, desde o registro da candidatura até um ano após o final de seu mandato e da empregada gestante desde a confirmação da gravidez até cinco meses após o parto.

E, já prevendo o legislador constitucional a demora na edição da lei complementar a que se refere o mencionado art. 7.º, I, elevou a multa incidente sobre o montante dos depósitos do FGTS de 10%, como previa a antiga Lei n.º 5.107/66, para 40% sobre aquele montante, como dispõe o art. 10, I, do Ato das Disposições Constitucionais Transitórias

Estas garantias específicas pela norma constitucional revelam que embora a estabilidade decenal tenha sido excluída do texto, a Constituição não entende incompatíveis o regime do FGTS e da estabilidade, desde que se refira a situações específicas, como prevê

III – a) *As hipóteses de estabilidade provisória*

As estabilidades provisórias surgem entre nós pela ação sindical, passando a ser objeto de convenções e acordos coletivos das categorias com maior poder de pressão. Posteriormente as demais categorias, estimuladas pela conquista do benefício pelo movimento sindical, passam também a ter reconhecida a estabilidade provisória em situações específicas.

Assim ocorreu com a estabilidade provisória do dirigente sindical, que após ser reconhecida pela quase totalidade das normas coletivas autônomas, passou a ser deferida também como cláusula de sentença normativa nos julgamentos de processos de dissídios coletivos. A seguir houve uma mudança legislativa e o art. 543, § 3.º da CLT passou a consagrar o benefício a todos os dirigentes sindicais, passando, afinal, a ser garantia constitucional pelo texto do art. 8.º, VIII, como já visto.

O mesmo verificou-se com a mulher gestante, que de início obteve a garantia por norma coletiva autônoma, depois por sentenças judiciais em dissídios coletivos e, afinal, pelo texto do art. 10, II, b, do ADCT, como também já referido.

De igual modo a garantia de emprego aos membros das Comissões Internas de Prevenção de Acidente, (CIPAS), teve semelhante trajetória, passando, depois da fase de garantia negocial, a ser reconhecida pelo art. 165, parágrafo único, da CLT e pelo art. 10, II, a, do ADCT, já visto.

Ainda gozam de estabilidade provisória por força de norma coletiva, tanto autônoma, quanto heterônoma, mas que ainda não passaram a ser objeto de lei, o jovem em idade de prestação de serviço militar obrigatório, desde o alistamento até o prazo fixado pela norma, após a baixa, bem como os empregados em período de pré-aposentadoria, ou os membros de comissões de negociação em período de greve.

Devemos ademais registrar a estabilidade provisória, por um ano, do empregado vítima de acidente de trabalho, por força do art. 118 da Lei n.º 8.213/91, que cuida do Plano de Benefícios da Previdência Social. Fixou a jurisprudência do TST que a garantia alcança apenas os empregados que tenham se afastado do emprego por mais de quinze dias, isto é, cujos contratos de trabalho tenha ficado suspensos em razão do infortúnio.

Algumas categorias têm inserido em convenções coletivas de trabalho a garantia de emprego aos empregados que se acidentam em trabalho, ou que são acometidos de doença profissional, e necessitam afastamento do serviço e que, quando retornam ao trabalho, tornam-se incapazes para exercer a função anterior, mas podem ser readaptados em novas funções. Nessa situação a norma coletiva garante a estabilidade no emprego, exatamente porque em razão do trauma decorrente do infortúnio e da necessidade de readaptação, justifica-se a garantia de emprego.

A Súmula n.º 277 do Tribunal Superior do Trabalho afirma:

> "As condições de trabalho alcançadas por força de sentença normativa vigoram no prazo assinado, não integrando, de forma definitiva, os contratos".

Assim, em princípio, a garantia de emprego ao acidentado, ou afastado por doença profissional, só persistiria no prazo de vigência da norma coletiva e, caso não renovada a cláusula pela norma coletiva posterior, poderia o empregado readaptado ser despedido injustamente.

Todavia a Subseção de Dissídios Individuais I do TST, atendendo à especificidade do tema em questão e a necessidade de proteção ao acidentado, ou acometido de doença profissional, que apresente seqüela, daí porque a necessidade da readaptação e a extrema dificuldade em obter nova colocação em caso de dispensa dá tratamento diverso daquele genérico da Súmula n.º 277, acima referida.

Trata-se da Orientação Jurisprudencial n.º 41 da SBDI-I, que assevera:

"Preenchidos todos os pressupostos para a aquisição de estabilidade decorrente de acidente ou doença profissional, ainda durante a vigência do instrumento normativo, goza o empregado de estabilidade mesmo após o término da vigência deste".

Verifica-se aqui realmente exceção à regra da Súmula 277, por se tratar de vantagem individual adquirida pelo empregado vitimado por acidente ou doença e que perdeu a capacidade para sua função anterior, mas que apresente condições de readaptação em nova função.

Trata-se de atender ao interesse social de manutenção do emprego daquele que, em razão da seqüela, dificilmente obterá nova colocação, mas que já demonstrou ao empregador suas qualidades.

III – b) *A estabilidade no emprego e a Convenção n.º 158 da Organização Internacional do Trabalho*

Tema que tem ensejado muitos debates entre nós diz respeito à Convenção 158 da OIT, de 22 de junho de 1982 e a postura adota pelo governo brasileiro.

A Convenção 158 da OIT dispõe sobre o término da relação de trabalho por iniciativa do empregador e decorreu da constatação pela Organização do registro de importantes novidades na legislação e na prática de numerosos Estados-Membros relativas às questões de que trata

As mudanças havidas no panorama mundial ensejaram a adoção de novas normas internacionais a respeito do tema, em razão dos graves problemas verificados nas relações entre empregados e empregadores, como conseqüência das dificuldades econômicas e das mudanças tecnológicas ocorridas durante os últimos anos em grande número de países, daí porque ter decidido adotar diversas proposições relativas ao término da relação de trabalho por iniciativa do empregador.

A Convenção 158 da OIT foi ratificada pelo Brasil no ano de 1995 e diante das enormes pressões havidas, já no ano de 1996, foi a mesma denunciada, tendo, assim, um insignificante período de aplicação entre nós.

Como vimos o art. 7.º, I, da Constituição Federal afirma que a disciplina da despedida arbitrária ou sem justa causa e suas conseqüências deverão ser objeto de regulamentação por lei complementar. E sob o argumento de que a ratificação de convenção dá-se segundo o rito de lei ordinária, haveria conflito da norma ratificada com a regra constitucional.

É de se registrar que a partir da Emenda Constitucional n.º 45, de 08 de dezembro de 2004 foi inserido o parágrafo 3.º no art. 5.º da Constituição Federal, que assim dispõe:

> *"Art. 5.º...*
> *§ 3.ºOs tratados e convenção internacionais sobre direitos humanos que forem aprovados, em cada Casa do Congresso Nacional, em dois turnos, por três quintos dos votos dos respectivos membros, serão equivalentes às emendas constitucionais".*

Assim, desde a vigência da nova redação do mencionado art. 5.º, tendo em conta que a garantia de emprego insere-se no contexto dos direitos humanos, a ratificação da Convenção 158 da OIT, com a tramitação ali prevista, cumpriria a exigência constitucional.

Não se perca de vista, ademais, que nossa Carta Constitucional, já em seu art. 1.º, ao fixar os fundamentos da República, elenca a dignidade da pessoa humana (III) e os valores sociais do trabalho e da livre iniciativa (IV), o que torna o tema ainda mais caro.

IV – Considerações finais

O tema da garantia de emprego ao longo do tempo, em nossa legislação, passou por sérias transformações, pois na Carta Constitucional de 1946 era uma garantia constitucional, e nos dias de hoje não mais consta no rol dos direitos constitucionalmente assegurados.

Não obstante, o próprio legislador constitucional reconhece a possibilidade da convivência da garantia de emprego provisória, em situações específicas, bem como a instituição de garantia por norma coletiva e por ajuste individual.

É importante a propósito ressaltar que no âmbito do Direito do Trabalho contemporâneo e do próprio Direito Privado, não mais se considera a empresa como mera propriedade de uma pessoa ou grupo de pessoas, mas sim sob a ótica de sua função social, cedendo os interesses particulares à função econômico-social que desempenha o empreendimento.

A par da preocupação com a preservação da empresa, para assegurar a garantia dos empregos, é fundamental considerar a necessidade de manutenção destes empregos, como forma de estabilidade das relações sociais. O nascimento da consciência dos direitos sociais evidenciou a mudança social ao longo dos anos e a necessidade da conseqüente evolução teórica para assegurar os direitos fundamentais do cidadão.

E dentre tais direitos fundamentais situa-se o Direito ao Trabalho, como assegura o art. 6.º da nossa Constituição Federal, o que impõe o regramento para as hipóteses de perda do posto de trabalho, buscando o devido equilíbrio entre o direito do trabalhador e o direito de propriedade.

O legislador pátrio, já com muito atraso, precisa estabelecer clara distinção entre os tipos de dispensas de empregados e as conseqüências decorrentes cada uma delas, estabelecendo sanções de acordo com o impacto social causado. É fundamental disciplinar as dispensas coletivas que criam sério abalo social, como vemos hoje em vários países, em decorrência da recente crise econômica mundial, norteados inclusive pelas normas internacionais

CAUSAS OBJECTIVAS DE DESPEDIMENTO E DESPEDIMENTO NEGOCIADO

Pedro Romano Martinez
Professor Catedrático da Faculdade de Direito da Universidade de Lisboa

1. Alterações legislativas e insegurança jurídica

a) Indicação

I. Foi recentemente publicada – Lei n.º 7/2009, de 12 de Fevereiro – a revisão do Código do Trabalho de 2003. Trata-se de uma revisão substancialmente pouco profunda, mas que formalmente (e, diria, inexplicavelmente) surge como um novo Código do Trabalho[1]. Neste ponto, a técnica legislativa foi a pior, contrariando as próprias directrizes legislativas do Estado português. Acresce que a revisão foi feita de modo precipitado, não acautelando situações jurídicas inquestionáveis, como a previsão de contra-ordenações em matérias não revogadas, nem ponderando consequências de alterações e algumas das quais nem sequer foram anunciadas.

A precipitada (e involuntária) revogação de contra-ordenações foi resolvida recorrendo à pior técnica legislativa: mediante a Declaração de Rectificação n.º 21/2009, de 18 de Março, invocando que a Lei n.º 7/2009

---

[1] Nos últimos anos foram introduzidas alterações substancialmente profundas, por exemplo, nos códigos de processo (civil e penal), sem alteração formal do diploma. *Vd.*, quanto à violação de regras de legística, a menção constante da nota 5 e a crítica enunciada na alínea b).

saiu com inexactidões, afirma-se que as revogações feitas no art. 12.º desta lei afinal não incluem certos artigos, que agora surgem ressalvados da revogação. Esta rectificação, além de violar a lei, é inconstitucional. De facto, como dispõe o art. 5.º, n.º 1, da Lei n.º 74/98, de 11 de Novembro[2], «As rectificações são admissíveis exclusivamente para correcção de lapsos gramaticais, ortográficos, de cálculo ou de natureza análoga ou para correcção de erros materiais provenientes de divergências entre o texto original e o texto (...) publicado (...)»; ora, não se trata de um lapso gramatical ou ortográfico ou de uma divergência de textos, pois foi assumido publicamente por deputados que houve um esquecimento e as contra-ordenações, por lapso, foram revogadas[3]. Ou seja, esta rectificação viola abertamente a lei. Acresce que tal rectificação é inconstitucional, por violar o art. 29.º da Constituição. As contra-ordenações, nomeadamente em matéria de saúde e segurança no trabalho, foram revogadas em Fevereiro de 2009 e a despenalização teve, a partir de então, o efeito de aplicar a solução mais favorável ao arguido (art. 29.º, n.º 4, da Constituição); contudo, por via da rectificação, pretende-se repristinar contra-ordenações revogadas sem respeitar a forma necessária (lei) e aplicar retroactivamente as referidas contra-ordenações desde a data em que foram revogadas (em violação do art. 29.º, n.º 3, da Constituição).

II. A revisão do Código do Trabalho era não só previsível como desejável.

O art. 20.º da Lei n.º 99/2003 (diploma que aprovou o Código do Trabalho, agora revogado) prescrevia que o Código do Trabalho devia ser revisto no prazo de quatro anos a contar da data da sua entrada em vigor.

De igual modo, o Programa do actual Governo indicava que a revisão do Código do Trabalho se iria realizar nesta legislatura.

---

[2] Várias vezes alterada, tendo sido republicada pela Lei n.º 42/2007, de 24 de Agosto.

[3] Trata-se indiscutivelmente de um lapso do legislador e não de uma inexactidão do texto, pois este «esquecimento» constava das versões anteriores aprovadas na Assembleia da República, tanto a que foi enviada para apreciação para o Tribunal Constitucional como a que veio a ser promulgada pelo Presidente da República; acresce que a mesma falha já se encontrava na proposta de lei, pelo que teve origem na revisão feita no Ministério do Trabalho.

Por fim, e esta seria a principal razão, o Código do Trabalho de 2003[4] contém alguns aspectos que careciam de revisão e da sua aplicação prática, mormente nos tribunais, resultava a necessidade de introduzir certos ajustamentos.

III. Apesar de a revisão das leis laborais (Código do Trabalho e respectiva regulamentação) ser necessária, contrariamente ao que se lê na Exposição de Motivos da Proposta de Lei apresentada ao Parlamento, as consequências no plano global serão diminutas. De facto, a revisão não determinará o crescimento económico, não aumentará a competitividade empresarial, não aumentará a produtividade das empresas, não aumentará a empregabilidade e, salvo aspectos pontuais, não vai simplificar e desburocratizar o regime laboral.

Em suma, as alterações agora introduzidas, com excepção de certos pormenores a que se aludirá em seguida, não irão acarretar mudança substancial na relação jurídica de trabalho nem nas situações jurídicas directa ou indirectamente relacionadas com o trabalho.

IV. As alterações não são profundas, trata-se de uma pequena modificação superficial do regime laboral; mas, não correspondendo a uma modificação substancial do regime vigente, apresenta-se (formalmente) como um novo Código do Trabalho. De facto, apesar de ser totalmente desnecessário e de constituir fonte de grande incerteza e de insegurança jurídica, tendo em conta as questões formais a que se aludirá depois, a revisão apresenta-se como um novo Código do Trabalho, com todas as consequências que daí resultam. Mas como a Lei n.º 7/2009 atende à revisão do Código do Trabalho – até para evitar maior insegurança jurídica – pode concluir-se que se trata, antes, do Código do Trabalho de 2003, revisto em 2009.

b) Crítica quanto à nova sistematização

I. Parece criticável a alteração sistemática operada nesta reforma. A sistematização do Código do Trabalho de 2003 podia ser criticada, mormente por assentar numa estrutura lógica em torno do contrato que não

---

[4] Apesar de não serem dois códigos distintos, para facilitar a exposição, alude-se ao Código do Trabalho de 2003 (CT2003) e ao Código do Trabalho de 2009 (CT2009).

facilitava a consulta, determinando que certas matérias, com alguma unidade, estivessem reguladas em capítulos distintos (p. ex., local de trabalho). Com um intuito de simplificação, alterou-se a sistematização. É, contudo, duvidoso que esta nova sistematização permita uma mais fácil consulta da legislação laboral; de facto, pode questionar-se se a nova regulamentação passa a ser mais inteligível e mais acessível para um leigo. Dir--se-á que não, as dificuldades de compreensão dos regimes subsistem, não sendo viável que um trabalhador ou um empregador (não jurista) entenda a maior parte das soluções. Por outro lado, subsistem matérias reguladas em capítulos distintos; assim ocorre quanto ao poder disciplinar (arts. 98.º e 328.º ss. do CT2009), e encontram-se capítulos parcialmente amputados do seu objecto; p. ex., no capítulo dedicado às vicissitudes (arts. 285.º do CT2009) não estão reguladas várias das alterações subsequentes à formação do contrato, como a alteração do local de trabalho.

II. Não havendo vantagem na alteração sistemática – preconizada no Livro Branco –, pode concluir-se que esta modificação acarreta, como única consequência, uma grande insegurança jurídica. Cabe reiterar que em profundas alterações legislativas noutros diplomas, como no Código de Processo Civil, no Código dos Valores Mobiliários ou no Código das Sociedades Comerciais, não se alterou a respectiva sistematização, por muitas críticas de que a mesma possa ser alvo.

Na nota explicativa da lei – Exposição de Motivos – alude-se a «ajustamentos de carácter sistemático», mas a alteração supera largamente os ajustamentos, porquanto:

– altera a numeração dos artigos[5];
– deixa de integrar na codificação matérias que constavam do Código do Trabalho de 2003, como a segurança e saúde no trabalho e os acidentes de trabalho;

---

[5] A renumeração dos artigos do Código do Trabalho viola abertamente a directriz do Conselho de Ministros n.º 64/2006, de 18 de Maio (alterada e republicada pela Resolução do Conselho de Ministros n.º 198/2008, de 30 de Dezembro), art. 7.º, n.º 6, do Anexo II, onde se dispõe que, «para evitar renumerações de um diploma alterado», a identificação dos artigos deve ser feita mantendo a «utilização do mesmo número do artigo anterior, associado a uma letra maiúscula do alfabeto português», assim como o art. 10.º, n.º 8, do mesmo diploma, que prescreve: «Não deve alterar-se a numeração dos artigos de um acto normativo em virtude de revogações não substitutivas ou de aditamentos».

– incorpora regras de outros diplomas, como algumas que constavam da regulamentação do Código do Trabalho (Lei n.º 35/2004) e o regime do trabalho temporário;
– procede à dispersão de matérias por vários diplomas avulsos (de modo similar ao que existia antes da codificação de 2003):
 - trabalho no domicílio;
 - fundo de garantia salarial;
 - segurança, saúde e higiene no trabalho;
 - acidentes de trabalho e doenças profissionais;
 - conselhos de empresa europeus;
 - disciplina da arbitragem;
 - contratação colectiva;
 - conflitos colectivos.

Daqui se conclui que não se procedeu a um mero ajustamento sistemático – como indicado na exposição de motivos –, mas a uma alteração estrutural significativa, sem vantagens, com a consequente insegurança jurídica. A codificação de 2003 tinha vantagens, assinaladas inclusive no Livro Branco, mas com a revisão procedeu-se à descodificação do Direito do trabalho, com óbvios inconvenientes no plano da segurança jurídica.

c) *Aplicação no tempo faseada*

Ficaram a aplicar-se, entre Fevereiro de 2009 e Janeiro de 2010, dois códigos do trabalho; a esta dificuldade acresce a aplicação simultânea de outro código, designado Contrato de Trabalho em Funções Públicas, Lei n.º 59/2008, de 11 de Setembro, aplicável aos trabalhadores enquadrados em funções públicas. Numa mesma empresa, por exemplo um hospital público, actualmente podem continuar a aplicar-se os dois regimes – Código do Trabalho 2009 e Contrato de Trabalho em Funções Públicas, consoante o estatuto do trabalhador.

Atendendo ao extensíssimo art. 12.º do diploma de aprovação (Lei n.º 7/2009), é revogado o Código do Trabalho de 2003[6], mas há artigos deste

---

[6] A técnica legislativa é, no mínimo, estranha: a Lei n.º 7/2009 tem por título «Aprova a revisão do Código do Trabalho» e, depois, o art. 12.º, n.º 1, alínea a), da mesma

diploma que ficam indefinidamente em vigor (art. 6.º do CT2003), outros que não tinham chegado a entrar em vigor e que passam a produzir efeitos a partir de Fevereiro de 2009 (arts. 281.º a 312.º do CT2003)[7] e, por último, muitos preceitos em que a revogação só produz efeitos após o surgimento de nova legislação (arts. 34.º a 43.º, 50.º, 272.º a 280.º, 344.º, 414.º, 418.º, 430.º, 435.º, 436.º, 438, 471.º a 473.º, 569.º, 570.º e 630.º a 640.º). A dificuldade é ainda maior porque são em número muito elevado os artigos da legislação especial do Código do Trabalho de 2003 (Lei n.º 35/2004) que continuam em vigor, aguardando a publicação de nova legislação que os substitua (vd. o extenso n.º 6 do art. 12.º do diploma de aprovação).

Em suma, aplicar simultaneamente três diplomas base – Código do Trabalho de 2003, Legislação complementar de 2004 e Código do Trabalho de 2009[8] – a que acrescem outros diplomas especiais tornar-se-á uma tarefa de enorme dificuldade para os destinatários das normas, mormente para os trabalhadores e as empresas. Daqui também resulta uma acrescida insegurança jurídica.

d) Regulamentação dispersa

Com esta revisão do Código do Trabalho pretendia-se reduzir o diploma. Não estava em causa uma desregulação laboral nem sequer um afrouxamento do carácter prolixo das normas de Direito do trabalho. Na ânsia de reduzir o número de artigos do Código sem eliminar regras optou--se por dois mecanismos, claramente incorrectos: em primeiro lugar, reuniram-se num mesmo artigo disposições que antes estavam dispersas por dois ou três (p. ex., art. 24.º do CT2009 – igualdade –, art. 44.º do CT2009 – parentalidade – ou art. 260.º do CT2009 – retribuição), passando a existir vários artigos muito extensos, que facilmente ocupam uma ou duas páginas de texto; o segundo método foi o de eliminar matérias, remetendo-as para

---

lei, revoga a lei que aprovou o Código do Trabalho, sem revogar o Código do Trabalho publicado em anexo.

[7] Este lapso, apesar de não corresponder a uma correcção em que é admitida a rectificação nos termos do art. 5.º, n.º 1, da Lei n.º 74/98, surge rectificado na Declaração de Rectificação n.º 21/2009, de 18 de Março. Trata-se de mais uma ilegalidade a que esta revisão do Código do Trabalho fica associada.

[8] A que acresce o já citado regime do Contrato de Trabalho em Funções Públicas, que entrou em vigor a 1 de Janeiro de 2009.

legislação avulsa (*v. g.*, segurança e saúde no trabalho, acidentes de trabalho ou conselhos de empresa europeus).

Como resultado desta metodologia, além de o Código do Trabalho de 2009 ter pouco menos artigos do que na versão precedente, não raras vezes os artigos são muito extensos, dificultando a leitura e compreensão, e serão necessários vários diplomas avulso para regular diferentes matérias (*v. g.*, o art. 57.º do CT2009 contém dez números, seis alíneas e três subalíneas)[9].

Regressa-se, assim, ao sistema anterior à codificação de 2003, em que a legislação de Direito do trabalho se encontrava dispersa por muitos diplomas, com soluções nem sempre conciliáveis e dificuldade de aplicação. Também esta solução, que descodifica o Direito do trabalho, aponta para a insegurança jurídica.

De facto, nos meses de Setembro e de Outubro de 2009 foram publicados os seguintes diplomas de regulamentação do Código do Trabalho:

– Lei n.º 96/2009, de 3 de Setembro, Conselhos de empresa europeus;
– Lei n.º 98/2009, de 3 de Setembro, Acidentes de trabalho;
– Lei n.º 101/2009, de 8 de Setembro, Trabalho no domicílio;
– Lei n.º 102/2009, de 10 de Setembro, Segurança e saúde no trabalho;
– Lei n.º 105/2009, de 14 de Setembro, com várias alterações entre as quais a do art. 538.º do CT2009, relativa a serviços mínimos durante a greve, com efeito retroactivo a Fevereiro de 2009;
– Lei n.º 107/2009, de 14 de Setembro, Contra-ordenações laborais;
– Decreto-Lei n.º 259/2009, de 25 de Setembro, Arbitragem;
– Decreto-Lei n.º 260/2009, de 25 de Setembro, Trabalho temporário
– Decreto-Lei n.º 295/2009, de 13 de Outubro, altera Código do Processo de Trabalho, introduzindo alterações substantivas em matéria de despedimento.

e) Alterações sub-reptícias

I. Sabendo que se procedeu a uma revisão do Código do Trabalho de 2003 – assim se afirma na exposição de motivos e no título da Lei

---

[9] É patente que o Código do Trabalho, após a revisão de 2009, tem menos 123 artigos do que na versão de 2003, mas atendendo aos novos «mega» artigos – fruto da reunião de vários artigos –, pode concluir-se que, regulando menos matérias (p. ex., acidentes de trabalho), o número de regras é idêntico.

n.º 7/2009 –, não se compreende que tenham sido introduzidas múltiplas alterações de modo sub-reptício. Alterações de matérias que não foram identificadas no Livro Branco nem na exposição de motivos e que só se detectam numa comparação aturada do texto dos artigos nas duas versões do Código do Trabalho.

Encontram-se modificações sub-reptícias tanto nas alterações de redacção, aparentemente motivadas por uma mudança de estilo, como na supressão de palavras ou de números de artigos.

Todas estas modificações, não anunciadas, além de se poder discutir da sua razoabilidade, implicam um acréscimo de insegurança jurídica, por dois motivos. Primeiro, porque os destinatários e os aplicadores das normas não se apercebem facilmente das modificações introduzidas; e, em segundo lugar, porque qualquer modificação linguística, por mais simples que seja, permite relançar uma nova discussão em torno da interpretação do preceito, aumentando a litigiosidade.

À insegurança jurídica acresce que tais alterações violam abertamente o art. 10.º, n.º 1, do Anexo II da Resolução do Conselho de Ministros n.º 64/2006, de 18 de Maio[10], onde se prescreve que «As alterações, revogações, aditamentos e suspensões devem ser expressos, discriminando as disposições alteradas, revogadas, aditadas ou suspensas e respeitando a hierarquia das normas». Apesar de não ser explícito, é também esse o sentido do art. 6.º, n.º 1, da Lei n.º 74/98, de 11 de Novembro[11], do qual se depreende que as alterações têm de ser identificadas. Em suma, o legislador procedeu à alteração de preceitos do Código do Trabalho em violação de normas que o próprio legislador estabeleceu no que respeita à sua conduta; mas parece que as leis da República não têm como destinatário o legislador.

II. As alterações sub-reptícias decorrem muito frequentemente das variações de escrita relativamente a aspectos não anunciados.

---

[10] Dir-se-ia que tem em vista só os actos normativos do Governo (ponto 2 do Preâmbulo), mas não será assim, porquanto no art. 3.º do mencionado Anexo II se indica que as directrizes valem para os «actos normativos do Governo» e para «as propostas de lei a apresentar à Assembleia da República». A referida Resolução foi alterada e republicada pela Resolução do Conselho de Ministros n.º 198/2008, de 30 de Dezembro, mantendo-se a solução tal como indicada no texto.

[11] Republicada pela Lei n.º 42/2007, de 24 de Agosto.

Quase todos os preceitos do Código do Trabalho de 2003 surgem na revisão de 2009 modificados, com redacção diferente; há alterações de escrita em praticamente todos os artigos. Como se salientou no ponto anterior, estas alterações não identificadas violam regras que o legislador definiu para a sua conduta legislativa, pois são factor de grande insegurança jurídica.

Além das alterações de redacção, muitas das quais assentes em questões de estilo literário, nomeadamente a mudança de ordem de frases intercaladas, passa a haver epígrafes muito longas[12]. As epígrafes longas, algumas com duas linhas de texto, foram justificadas para evitar repetições[13]; contudo, as repetições existentes na versão de 2003, por exemplo «Noção», não violavam o preceito citado, pois encontravam-se em divisões sistemáticas distintas. Por outro lado, é preferível que num capítulo sobre «Contrato de trabalho», o primeiro artigo tenha por epígrafe tão-só «Noção» – como ocorria no art. 10.º do CT2003 – do que «Noção de contrato de trabalho» (art. 11.º do CT2009), repetindo na epígrafe do artigo o título da divisão. Também esta alteração se encontra, portanto, em violação de regras de legística.

Nestas alterações de redacção importa ainda atender à frequente substituição do plural pelo singular. A obrigação de as regras serem concisas[14] leva a que o singular seja preferível ao plural, mas no Direito do trabalho não se pode esquecer a vertente colectiva e, por vezes, a passagem para singular determina uma alteração de sentido da norma; veja-se, por exemplo o caso do art. 347.º, n.º 1, do CT2009: a insolvência pode ser causa da cessação dos vários contratos de trabalho, sendo relevante o plural.

---

[12] Em violação da directriz do Conselho de Ministros n.º 64/2006, de 18 de Maio (alterada e republicada pela Resolução do Conselho de Ministros n.º 198/2008, de 30 de Dezembro), art. 9.º, n.º 1, do Anexo II, onde se dispõe que a epígrafe deve ser sintética.

[13] Pretendia-se cumprir o disposto no n.º 2 do art. 9.º do Anexo II da Resolução do Conselho de Ministros n.º 64/2006, de 18 de Maio (alterada e republicada pela Resolução do Conselho de Ministros n.º 198/2008, de 30 de Dezembro), onde se lê: «É vedada a utilização de epígrafes idênticas em diferentes artigos ou divisões sistemáticas do mesmo acto».

[14] Cfr. art. 14.º, n.º 1, do Anexo II da Resolução do Conselho de Ministros n.º 64/2006, de 18 de Maio (alterada e republicada pela Resolução do Conselho de Ministros n.º 198/2008, de 30 de Dezembro).

Quanto a aspectos formais, cabe reiterar a crítica já enunciada ao abuso de artigos muito extensos, com vários números e alíneas, que em nada facilitam a compreensão das regras.

f) Outros aspectos críticos das alterações de 2009

I. Não parece acertada a remissão para regime especial, deixando de ter tratamento no Código do Trabalho dos regimes de segurança, higiene e saúde no trabalho.

Os regimes de segurança, higiene e saúde no trabalho são imprescindíveis para a prevenção de doenças e de acidentes de trabalho. A esta matéria deve, por motivos óbvios, ser dada especial relevância e encontrava um tratamento desenvolvido nos arts. 272.º e ss. do CT2003. Mas na versão revista do Código do Trabalho, entendeu-se que a matéria não era digna de relevo, pelo que ficam só os arts. 281.º e 282.º do CT2009, identificando os princípios e remetendo para legislação avulsa.

Entendendo o Código do Trabalho como o repertório da legislação fundamental em matéria laboral, ao relegar o regime de prevenção de doenças e de acidentes de trabalho para legislação especial dá-se um sinal errado aos destinatários das normas no que respeita às prioridades.

II. A questão é similar no que respeita à eliminação do regime de acidentes de trabalho e doenças profissionais.

Juntamente com as limitações ao tempo de trabalho, pode dizer-se que o Direito do trabalho se desenvolve atendendo à necessidade de tutela daqueles que sofriam acidentes no desempenho do seu trabalho. Ora, contrariamente à versão de 2003, que dava particular destaque ao regime dos acidentes de trabalho e doenças profissionais (arts. 281.º a 312.º do CT2003), na versão revista do Código do Trabalho a regulamentação desta matéria fica circunscrita ao art. 283.º do CT2009. Desta descodificação do regime dos acidentes de trabalho e doenças profissionais e consequente remissão para legislação especial resulta um desinteresse pela pessoa humana. O acidente de trabalho e a doença profissional, podendo causar a morte a uma pessoa, implicam sempre gravosas consequências na pessoa do trabalhador e respectivos familiares, devendo ser dada uma especial relevância legislativa a esta matéria. Não é esse o sentido que transmite o Código do Trabalho revisto.

III. Há ainda soluções desadequadas quanto à nova noção de contrato de trabalho (art. 11.º do CT2009) ou ao prazo para impugnação do despedimento considerado ilícito que era de um ano (regra) ou de seis meses (despedimento colectivo), como dispunha o art. 435.º, n.º 2, do CT2003, e passou para 60 dias (regime regra) ou seis meses (despedimento colectivo), como preceituam os arts. 387.º, n.º 2, e 388.º, n.º 2, do CT2009. Refira-se ainda o desadequado regime de caducidade de convenções colectivas; quanto às convenções colectivas de trabalho, além das hipóteses, pouco consentâneas com os princípios gerais[15], de aplicação a não filiados, tanto em caso da adaptabilidade grupal (arts. 204.º e 206.º do CT2009), como de escolha por trabalhadores não filiados (art. 497.º do CT2009), o regime de sobrevigência e de caducidade (art. 501.º do CT2009) é complexo e pouco operativo, suscitando múltiplas dúvidas o disposto no n.º 6 do citado preceito.

IV. Ficaram também por atender vários aspectos, sobejamente identificados pela doutrina e jurisprudência.

Em sede de pluralidade de empregadores – figura introduzida pelo art. 92.º do CT2003 –, apesar de serem conhecidas várias irresoluções, para que a doutrina e a jurisprudência alertaram, não foram resolvidas tais dúvidas no art. 101.º do CT2009. Foi uma oportunidade perdida de encontrar solução para certas questões que a aplicação do preceito desencadeou.

Quanto à insolvência do empregador – que gera caducidade do contrato –, continuou por resolver a questão da compensação devida ao trabalhador. Foram introduzidas alterações gráficas totalmente desnecessárias, como a autonomização num número (n.º 4) de uma frase intercalada na versão anterior, mas no art. 347.º do CT2009 mantém-se a dúvida quanto a saber se o trabalhador cujo contrato caduca tem direito a uma compensação. No artigo precedente (art. 346.º, n.º 5, do CT2009) – tal como na versão anterior (art. 390.º, n.º 5, do CT2003) – prescreve-se que o trabalhador cujo contrato caduca tem direito a uma compensação. Na falta de tal previsão no artigo respeitante à insolvência, pode entender-se que não deve ser paga tal compensação e seria o momento para resolver uma questão com grandes repercussões práticas. Particularmente numa conjuntura

---

15 Podendo até duvidar-se da respectiva constitucionalidade, tendo em conta o disposto no art. 56.º da Constituição.

em que proliferam as insolvências, sabendo-se que já se colocara a dúvida quanto ao sentido do preceito, em vez de fazer alterações de grafia (desnecessárias) melhor fora que o legislador resolvesse problemas prementes dos trabalhadores que vêem o seu contrato caducar e querem saber se têm direito a receber uma compensação.

No art. 350.º do CT2009 mantém-se a regra de conferir ao trabalhador a faculdade de fazer cessar o acordo de revogação firmado com o empregador; e subsiste inclusive o prazo estabelecido no art. 395.º, n.º 1, do CT2003, de sete dias a contar da celebração do acordo. Sabendo-se que este prazo, tendo em conta a data de início da contagem, torna praticamente inoperacional o regime, dever-se-ia ter ponderado a questão: ou elimina-se o regime ou, entendendo-se que deve subsistir, então tem de se tornar viável o seu recurso. Manter regimes que, na prática, são inoperacionais não tem sentido.

A terminar as incompletudes da revisão cabe destacar a parca regulamentação das especificidades das empresas de reduzida dimensão. Na versão de 2003 do Código do Trabalho esta falha fora apontada; a legislação tinha por paradigma a empresa de grande dimensão, não obstante se atender a certas particularidades para as microempresas. A previsão legislativa era insuficiente e mantém-se após a revisão de 2009.

Em geral, importa concluir que esta revisão constituiu uma oportunidade perdida de resolver questões concretas e, principalmente, de introduzir novos mecanismos jurídico-laborais na ordem jurídica portuguesa.

g) Insegurança jurídica

De tudo o que foi referido anteriormente, resulta que o ordenamento português em sede de regime laboral prima actualmente por uma grande insegurança e incerteza jurídicas que constituem fonte de uma acentuada injustiça.

2. Segurança no emprego e cessação do contrato de trabalho

a) Enquadramento legal

I. Da Constituição Portuguesa de 1976, na sequência de outras experiências constitucionais estrangeiras, em particular a Constituição Mexicana de 1917 – que se pode considerar a primeira constituição social – e a Constituição de Alemã de 1919, conhecida pela Constituição de Weimar, constam várias normas que directamente regulam a matéria de direito do trabalho[16]; quanto a algumas destas normas, aplicáveis no domínio laboral, pode questionar-se em que medida se justifica a sua consagração a nível constitucional, ou seja, se o legislador, relativamente a muitos desses preceitos, não deveria ter deixado a regulamentação de tais matérias para a lei ordinária[17]/[18]. São, todavia, considerações *de iure condendo*, pois da Constituição consta um conjunto significativo de normas de direito laboral, que, por vezes, se designa por «Constituição Laboral»[19].

---

[16] Relativamente às questões laborais na Constituição de 1933, vd. FERNANDA NUNES AGRIA/MARIA LUIZA PINTO, *Contrato Individual de Trabalho*, Coimbra, 1972, pp. 32 ss.

[17] A constitucionalização do direito do trabalho tem-se generalizado também a nível internacional, cfr., designadamente MONTOYA MELGAR, *Derecho del Trabajo*, 22.ª edição, Madrid, 2001, pp. 85 ss., com referências a várias constituições; ASSANTI, *Corso di Diritto del Lavoro*, 2.ª edição, Pádua, 1993, pp. 13 ss.; COUTURIER, *Droit du Travail*, 1, 3.ª edição, 1996, pp. 47 s.; SÜSSEKIND, «Os Princípios do Direito do Trabalho e a Constituição de 1988», *Fundamentos do Direito do Trabalho*, S. Paulo, 2000, pp. 210 ss.

A inclusão de regras laborais na Lei Fundamental não é um fenómeno português, (cfr. MOTTA VEIGA, *Lições de Direito do Trabalho*, 8.ª edição, Lisboa, 2000, p. 60, que alude a uma constitucionalização do direito do trabalho; veja-se igualmente MASCARO NASCIMENTO, *Curso de Direito do Trabalho*, 14.ª edição, S. Paulo, 1997, p. 35, com referência a várias Constituições das quais consta matéria laboral e o desenvolvido estudo sobre a função da Constituição no Direito Laboral de ZÖLLNER/LORITZ, *Arbeitsrecht*, 5.ª edição, Munique, 1998, pp. 89 ss.), mas o desenvolvimento dado a algumas questões, tais como as comissões de trabalhadores, talvez já constitua uma especificidade do nosso ordenamento.

GOMES CANOTILHO, *Direito Constitucional e Teoria da Constituição*, 4.ª edição, Coimbra, 2000, p. 341, afirma que «a Constituição erigiu o "trabalho", os "direitos dos trabalhadores" e a "intervenção democrática dos trabalhadores" em elemento constitutivo da própria ordem constitucional global e em instrumento privilegiado de realização do princípio da democracia económica e social». Como refere JORGE MIRANDA, *Manual de Direito Constitucional*, T. IV, Direitos Fundamentais, 2.ª edição, Coimbra, 1993, pp. 82 s., o constitucionalismo consiste na garantia progressiva dos direitos daqueles que carecem de protecção, seja homem, cidadão ou trabalhador.

[18] Uma crítica idêntica, mas mais incisiva, pode ver-se em BERNARDO XAVIER, «A Matriz Constitucional do Direito do Trabalho», *III Congresso Nacional de Direito do Trabalho. Memórias*, Coimbra, 2001, pp. 103 s.

[19] Cfr. MENEZES CORDEIRO, *Manual de Direito do Trabalho*, Coimbra, 1991, p. 138. Veja-se igualmente JOSÉ JOÃO ABRANTES, «Os Direitos dos Trabalhadores na Constituição», *Direito do Trabalho. Ensaio*, Lisboa, 1995, pp. 41 ss. GOMES CANOTILHO, *Direito Constitucional*, cit., p. 340, denomina-a «constituição do trabalho».

II. Da Constituição constam direitos fundamentais dos trabalhadores, que visam assegurar condições de vida dignas, sendo, em grande parte, direitos sociais, apesar de também constarem direitos de participação e liberdades[20]. Pode assentar-se, pois, no pressuposto de a Constituição assegurar direitos subjectivos aos trabalhadores, muitas das vezes, independentemente da existência de uma típica relação laboral.

III. Dispõe o art. 53.º da Constituição: «É garantida aos trabalhadores a segurança no emprego, sendo proibidos os despedimentos sem justa causa ou por motivos políticos ou ideológicos».

O art. 53.º da Constituição trata explicitamente do direito à segurança no emprego e da proibição de despedimento sem justa causa, nem por motivos políticos ou ideológicos[21], mas a norma não se circunscreve à tutela da subsistência dos contratos de trabalho, tendo também aplicação no que respeita à sua execução.

De facto, a segurança no emprego, não obstante a referência aos despedimentos, não se circunscreve à manutenção do contrato de trabalho, pois tem igualmente que ver com a estabilidade na execução do contrato de trabalho. Assim, a segurança no emprego abrange a estabilidade conferida ao trabalhador, tanto na execução como na manutenção do contrato de trabalho[22].

---

[20] Cfr. JOSÉ JOÃO ABRANTES, *Contrat de Travail et Droits Fondamentaux*, Frankfurt, 2000, pp. 127 ss.; JOÃO CAUPERS, *Os Direitos Fundamentais dos Trabalhadores e a Constituição*, Coimbra, 1985, p. 108. Como refere o mesmo autor, ob. cit., pp. 118 ss., os direitos fundamentais dos trabalhadores existem independentemente da sua consagração constitucional, podendo ainda discutir-se se todos os direitos dos trabalhadores consagrados na Constituição são fundamentais. Quanto aos direitos fundamentais não constantes da Constituição, o autor (ob. cit., p. 136), a título exemplificativo, cita o direito à indemnização em caso de acidente de trabalho e o direito à não redução da retribuição. Sobre esta questão, aludindo a direitos fundamentais atípicos, cfr. JORGE BACELAR GOUVEIA, *Os Direitos Fundamentais Atípicos*, Lisboa, 1995, em particular, pp. 67 ss. e 313 ss.

[21] A tutela do emprego é um dos pontos basilares em que assenta o ordenamento português, à imagem do que ocorre noutras ordens jurídicas da Europa Ocidental, mas nem sempre com a mesma relevância.

Sobre a inconstitucionalidade de normas que violem o direito à segurança no emprego, *vd*. Ac. TC n.º 162/95, de 28/3/1995, *BMJ* 446 (Suplemento), p. 615.

[22] Como referem JORGE MIRANDA / RUI MEDEIROS, *Constituição Portuguesa Anotada*, Tomo I, Coimbra, 2005, «a garantia da segurança no emprego concretiza-se, antes de mais,

IV. Este preceito, tal como as restantes normas constitucionais preceptivas constantes da Constituição, foi regulamentado por lei da Assembleia da República (o Código do Trabalho[23]). Para além disso, nos termos do art. 18.º, n.º 1, da Constituição, «Os preceitos constitucionais respeitantes aos direitos, liberdades e garantias são directamente aplicáveis e vinculam as entidades públicas e privadas»[24]; razão pela qual, nas relações laborais, mesmo na falta ou insuficiência de legislação ordinária, as normas constitucionais que respeitem a direitos, liberdades e garantias dos trabalhadores, sendo preceptivas – como a segurança no emprego –, são aplicáveis às entidades patronais[25]. Acresce que as leis de revisão constitucional terão de

---

na proibição dos despedimentos (...)» (p. 505), mas «o conteúdo normativo do artigo 53.º não se esgota na proibição de despedimentos injustificados, intervindo (...)» (p. 510), por exemplo na proibição de «introduzir uma modificação substancial no próprio regime da relação de emprego» (p. 514).

[23] O Código do Trabalho foi aprovado pela Lei n.º 99/2003, de 27 de Agosto; posteriormente, pela Lei n.º 7/2009, de 12 de Fevereiro, foi aprovada uma (ampla) revisão do Código do Trabalho, discutindo-se se se trata do Código revisto ou de um novo Código (vd. ROMANO MARTINEZ, «O Código do Trabalho Revisto», O Direito, 2009, II, pp. 245 e ss.

[24] Regime, eventualmente, extensível a outros direitos fundamentais dos trabalhadores, ainda que consagrados fora do Título II (art. 17.º da Constituição).

[25] Sobre esta questão, cfr. JOSÉ JOÃO ABRANTES, Contrat de Travail et Droits Fondamentaux, cit., pp. 59 ss.; VIEIRA DE ANDRADE, Os Direitos Fundamentais na Constituição Portuguesa de 1976, Coimbra, 1983 pp. 253 ss.; MENEZES CORDEIRO, Manual de Direito do Trabalho, cit., pp. 151 ss.; VASCO PEREIRA DA SILVA, «A Vinculação das Entidades Privadas pelos Direitos, Liberdades e Garantias», RDES, XIX (1987), n.º 2, pp. 259 ss. A este propósito, JOSÉ JOÃO ABRANTES, «Os Direitos dos Trabalhadores na Constituição», cit., em especial, pp. 44 s. e «O Contrato de Trabalho e a Vinculação das Entidades Privadas aos Direitos Fundamentais», Direito do Trabalho. Ensaios, Lisboa, 1995, pp. 56 ss., leva longe demais este princípio. De facto, quando parece considerar «atitude discriminatória e intolerante, contrária aos princípios objectivos da ordem constitucional e aos direitos da autodeterminação no plano político» que a entidade patronal proíba um trabalhador de usar um emblema de determinado movimento político dentro da empresa, está a fazer uma interpretação das normas constitucionais, num sentido que elas não comportam, além de que tal interpretação colide com a liberdade de iniciativa privada do empresário; do mesmo autor, mantendo a posição indicada, ver «Contrato de Trabalho e Direitos Fundamentais», II Congresso Nacional de Direito do Trabalho. Memórias, Coimbra, 1999, pp 113 s. Acerca desta questão, veja-se ainda GOMES CANOTILHO, Direito Constitucional, cit., pp. 439 ss., de onde constam algumas hipóteses (pp. 450 ss.) e DOLE, La Liberté d'Opinion et de Conscience en Droit Comparé du Travail, Paris, 1997, em particular, pp. 52 ss.

respeitar o direito do trabalhador à segurança no emprego (art. 288.º, alínea e), da CRP), constituindo limites materiais da revisão[26].

V. A segurança no emprego, apesar de se incluir entre os direitos liberdades e garantias dos trabalhadores, consagrados na Constituição, não é um direito fundamental absoluto, ilimitado[27]. Por outro lado, importa acentuar que a segurança no emprego, tal como consagrada em 1976 na Constituição, teve por base as concepções jurídico-sociais dos anos 50 e 60 do século passado, assentando numa lógica de crescimento económico e de pleno emprego, então vigente.

A segurança no emprego (art. 53.º da Constituição) – atendendo até a uma perspectiva actualista da regra – tem de se conciliar com o direito de propriedade privada (art. 62.º da Constituição) e neste último direito inclui-se – ou com ele relaciona-se – a liberdade de iniciativa empresarial (art. 61.º, n.º 1, da Constituição)[28].

Razão pela qual, as regras sobre protecção do emprego têm de se conciliar, designadamente, com a propriedade privada e a liberdade de iniciativa económica privada, em particular no seio da empresa (empregadora). É necessário reiterar que a liberdade contratual no direito do trabalho só deve ser coarctada na estrita medida do necessário.

VI. Posto isto, cabe atender aos limites legais à segurança no emprego, constantes do Código do Trabalho. No Código do Trabalho, ponderando--se uma desejável harmonização entre a segurança no emprego e o direito de propriedade privada e de iniciativa económica do empresário, estabeleceram-se recíprocas limitações àqueles dois direitos fundamentais (dos

---

[26] Cfr. JORGE MIRANDA, *Direito Constitucional*, T. IV, cit., pp. 340 ss., em particular, p. 343.

[27] JORGE MIRANDA / RUI MEDEIROS, *Constituição Portuguesa Anotada*, Tomo I, cit., começam por afirmar que a «garantia da segurança no emprego (...) implica naturalmente a compressão, no domínio das relações laborais, da autonomia privada, da liberdade empresarial e de outros direitos ou interesses constitucionalmente protegidos» (p. 501), mas seguidamente esclarecem que «a garantia da segurança no emprego não pode, no entanto, ser absolutizada, devendo, por imperativo constitucional, atendendo à unidade do sistema de direitos fundamentais que a Constituição consagra, coexistir com a liberdade de empresa e com outros direitos ou interesses constitucionalmente protegidos» (p. 502).

[28] *Vd. infra* ponto 3 deste estudo.

trabalhadores e dos empregadores), que se podem agrupar em três temas: limitações no âmbito do trabalho precário; limitações no âmbito da modificação do contrato e limitações relacionadas com a cessação do contrato.

A segurança no emprego (absoluta) não permitiria nem a contratação precária, nem as alterações ao contrato de trabalho, principalmente quando decididas unilateralmente pelo empregador, nem a cessação do contrato contra a vontade do trabalhador. Contudo, tendo em conta a tutela da liberdade empresarial, são diversas as previsões legais que facultam ao empregador actuar, pondo em causa a segurança (absoluta) no emprego.

b) Conciliação com a liberdade empresarial

I. Liberdade de iniciativa económica privada, prevista no n.º 1 do art. 61.º da Constituição, pode ser vista em duas vertentes, conferindo ao empresário, em particular, a liberdade de constituição da empresa e a de adaptação da empresa a novas realidades.

A segurança no emprego (art. 53.º da Constituição) tem de se conciliar com o direito de propriedade privada (art. 62.º, n.º 1, da Constituição) e neste último direito inclui-se – ou com ele relaciona-se – a liberdade de iniciativa empresarial (art. 61.º, n.º 1, da Constituição). O direito de propriedade privada, conjugado com a liberdade de iniciativa económica privada, confere ao empresário não só a possibilidade de constituir a empresa como de a dirigir e adaptar a novas vicissitudes, inclusive extinguindo-a.

Deste modo, as regras sobre protecção do emprego têm de se conciliar, designadamente, com a propriedade privada e a liberdade de iniciativa económica privada, em particular no seio da empresa (empregadora). É necessário reiterar que a liberdade contratual no direito do trabalho só deve ser coarctada na estrita medida do necessário.

II. Os entraves à liberdade de iniciativa empresarial, numa economia globalizada, têm de ser repensados. Quando é sabido que as empresas se deslocalizam em busca de mercados, inclusive do ponto de vista social, mais atractivos, que a tendência actual é para o «emagrecimento» das empresas, recorrendo a serviços externos, nomeadamente o *outsourcing*, e que a competitividade empresarial e de produtos está globalizada, não se pode continuar a pensar a segurança no emprego nos moldes dos anos sessenta e setenta do século passado.

III. A segurança no emprego tem de se harmonizar com a tutela da propriedade privada e da liberdade de iniciativa empresarial, pois não se estabeleceu nenhuma hierarquia entre estes dois direitos fundamentais, ambos com consagração constitucional. É claro que a segurança no emprego se inclui no título respeitante a «Direitos, liberdades e garantias», enquanto a liberdade de iniciativa económica e o direito de propriedade privada constam do título referente a «Direitos e deveres económicos, sociais e culturais»; mas desta sistemática não decorre uma hierarquia[29].

Nesta sequência, importa esclarecer que, na ordem jurídica portuguesa, não releva o designado princípio do não retrocesso social. O não retrocesso social assenta numa ideia utópica sem qualquer valor jurídico. E não se devem confundir as garantias conferidas ao trabalhador relacionadas com a segurança no emprego, nomeadamente a regra da irredutibilidade salarial, com o não retrocesso social. Os ciclos económicos são incompatíveis com o não retrocesso social.

Principalmente quando a crise económica aponta para um número crescente de empresas que reduzem a actividade, que encerram por insolvência ou, pura e simplesmente, que se deslocam para outro país que oferece melhores condições, reiterar a apologia de uma segurança no emprego ilimitada, associada ao não retrocesso social, é, no mínimo, irrazoável e faz recordar a imagem, referida por alguns autores, do avião que se vai despenhar contra uma montanha em que o piloto, em pânico, manda os passageiros apertar os cintos de segurança.

No Código do Trabalho, atendendo à colisão entre dois direitos fundamentais – segurança no emprego (art. 53.º da Constituição), por um lado, e direito de propriedade privada (art. 62.º da Constituição) associado como liberdade de iniciativa económica (art. 61.º da Constituição) – estabeleceu-se um equilíbrio, admitindo limitações recíprocas: a harmonização entre a segurança no emprego e a liberdade empresarial implica restrições em ambos os direitos; equilíbrio que, contudo, pode suscitar dúvidas de perfeita compatibilização entre tais direitos, porque nota-se uma diferença significativa em dois momentos: execução e cessação do contrato. Na

---

[29] Como esclarecem JORGE MIRANDA / RUI MEDEIROS, *Constituição Portuguesa Anotada*, Tomo I, cit., p. 502, «actualmente, com as sucessivas revisões constitucionais, não sofre séria contestação que o direito de iniciativa económica privada constitui um direito fundamental de natureza análoga à dos direitos, liberdades e garantias».

realidade, durante a execução do contrato de trabalho, tendo em conta os diversos meios conferidos ao empregador de adaptar as regras contratuais às necessidades empresariais, dir-se-á que foi dado especial relevo aos direito de propriedade privada e à liberdade de iniciativa económica, sem descurar a segurança no emprego; de modo diverso, na fase de cessação do contrato de trabalho, com excepção do despedimento colectivo, o enfoque é quase exclusivo para a segurança no emprego em detrimento da liberdade de iniciativa económica, podendo entender-se que, na solução legal, foi dada prevalência ao primeiro dos direitos mencionados. Dito de outro modo, verifica-se que a segurança no emprego, constante do art. 53.º da Constituição, não obstante o seu âmbito ser mais amplo, é entendida primordialmente como modo de obstar à cessação do contrato de trabalho.

3. Causas objectivas de despedimento

a) Enunciação

Da iniciativa do empregador, o contrato de trabalho pode cessar por causas subjectivas ou causas objectivas. As causas subjectivas, por vezes designadas por «justa causa», determinam a cessação do contrato de trabalho por facto imputável ao trabalhador (art. 351.º do CT2009), mas interessa atender às causas objectivas.

O contrato de trabalho pode cessar por iniciativa do empregador sem que o trabalhador tenha contribuído com o seu comportamento culposo para a decisão empresarial. Por isso, se pode entender que as causas objectivas constituem uma limitação da segurança no emprego. Atendendo às modalidades de cessação do contrato de trabalho (art. 340.º do CT2009) e às previsões concretas, há quatro causas objectivas de extinção: caducidade (arts. 343.º e ss. CT2009); despedimento colectivo (arts. 359.º e ss. do CT2009); despedimento por extinção do posto de trabalho (arts. 367.º e ss. do CT2009); despedimento por inadaptação (arts. 373.º e ss. do CT2009).

A caducidade é causa de extinção do vínculo laboral sempre que se verifique a impossibilidade superveniente e definitiva de o empregador receber o trabalho (art. 343.º, alínea b), do CT2009), nomeadamente em caso de morte ou extinção da pessoa colectiva empregador e de encerramento definitivo da empresa (art. 346.º do CT2009) e ainda na eventualidade de insolvência da empresa (art. 347.º do CT2009).

O despedimento por extinção do posto de trabalho (arts. 367.º e ss. do CT2009) assenta nos mesmos motivos do despedimento colectivo, mas respeita a um só trabalhador. Apesar de os motivos serem os mesmos, o legislador é mais exigente nos requisitos para esta modalidade de extinção do contrato (art. 368.º do CT2009) do que no despedimento colectivo, não facilitando o recurso a esta modalidade de cessação do contrato de trabalho.

Por último, o despedimento por inadaptação (arts. 373.º e ss. do CT2009), a cessação do contrato decorre da superveniente inadaptação do trabalhador ao seu posto de trabalho. Atendendo aos exigentes requisitos, mesmo para trabalhadores afectos a cargos de complexidade técnica (art. 375.º do CT2009), este meio de extinção do contrato não tem aplicação prática.

b) Despedimento colectivo

I. O despedimento colectivo determina a cessação de contratos de trabalho de, pelo menos, dois ou cinco trabalhadores, consoante a empresa tenha menos ou mais de cinquenta trabalhadores (art. 359.º, n.º 1, do CT2009)[30]. Além do aspecto quantitativo, o despedimento colectivo afere-se em função do motivo, que pode ser de mercado, estrutural ou tecnológico, justificativo do encerramento de uma ou várias secções ou estrutura equivalente ou à redução do pessoal (art. 359.º, n.º 1, do CT2009).

O despedimento colectivo, por oposição à cessação por extinção de posto de trabalho (art. 367.º do CT2009), implica que seja abrangida uma pluralidade de trabalhadores[31], não obstante ser necessariamente emitida uma declaração a cada trabalhador cujo contrato cessa; há, contudo, um

---

[30] Como dispõe o art. 91.º, n.º 1, do CT, a pequena empresa tem até cinquenta trabalhadores, inclusive, e a média empresa tem mais de cinquenta trabalhadores.

Quanto à influência do direito comunitário em sede de despedimento colectivo, veja-se JÚLIO GOMES, *Direito do Trabalho*, I, cit., pp. 976 e ss.

[31] Como esclarece FURTADO MARTINS, *Cessação do Contrato de Trabalho*, cit., p. 114, o requisito da pluralidade de trabalhadores só se tem de verificar no início do procedimento de despedimento colectivo, pois, no decurso do processo, é frequente que vários contratos cessem, normalmente por revogação. Veja-se também Ac. STJ de 6/11/1996, *CJ (STJ)* 1996, T. III, p. 248.

motivo comum que determina a extinção individual de vários vínculos laborais[32].

II. Os motivos são económicos, mas o legislador identifica-os com factores de mercado, estruturais ou tecnológicos, que têm de ser apreciados em função da empresa, no contexto actual ou futuro da sua actuação. Daí a referência legal à previsibilidade dos motivos, bastando um juízo de prognose puramente empresarial, assente na liberdade de gestão da empresa.
Pelo art. 359.º, n.º 2, do CT2009, o legislador pretende auxiliar o intérprete dando uma noção de motivos de mercado (alínea *a)*), estruturais (alínea *b)*) e tecnológicos (alínea *c)*); trata-se, todavia, de uma indicação exemplificativa de aspectos integrantes dos referidos motivos, que se reconduzem a um fundamento económico, pois mesmo os motivos tecnológicos hão-de ter uma base económica. A questão poderia ser discutível no âmbito da legislação anterior (arts. 16.º e 26.º, n.º 2, da LCCT), mas actualmente não há dúvida de que a indicação legal é exemplificativa, podendo haver outros motivos justificativos do despedimento.

III. O recurso ao despedimento colectivo com base em motivos de mercado, estruturais ou tecnológicos não será só admitido em situações

---

[32] Sobre o despedimento colectivo, apesar de relacionados com o direito anterior, veja-se MÁRIO PINTO/FURTADO MARTINS, «Despedimentos Colectivos: Liberdade de Empresa e Acção Administrativa», *RDES* 1993, n.º 1/4, pp. 3 e ss. e, em especial, o desenvolvido estudo de BERNARDO XAVIER, *O Despedimento Colectivo no Dimensionamento da Empresa*, cit., pp. 353 e ss.
No regime anterior (art. 16.º da LCCT) não era absolutamente conforme com a Directiva comunitária; face ao Acórdão proferido pelo Tribunal de Justiça, em 12 de Outubro de 2004, no âmbito de um processo (C-55/02) que opôs a Comissão das Comunidades Europeias ao Estado português, o Tribunal decidiu que «1) Ao restringir a noção de despedimentos colectivos a despedimentos por razões estruturais, tecnológicas ou conjunturais e ao não alargar esta noção a despedimentos por todas as razões não inerentes à pessoa dos trabalhadores, a República Portuguesa não cumpriu as obrigações que lhe incumbem por força dos artigos 1.º e 6.º da Directiva 98/59/CE do Conselho, de 20 de Julho de 1998, relativa à aproximação das legislações dos Estados-Membros respeitantes aos despedimentos colectivos».
Quanto ao regime actual, veja-se JÚLIO GOMES, *Direito do Trabalho*, I, cit., pp. 976 e ss. e ROSÁRIO PALMA RAMALHO, *Direito do Trabalho*, II, cit., pp. 863 e ss.

limite, como no caso de risco iminente de insolvência da empresa[33]. Importará salientar que se está perante uma decisão de gestão empresarial[34]; é o empresário que decide se, por exemplo, quer automatizar o equipamento com a consequente redução de pessoal ou pretende encerrar uma secção, ainda que economicamente viável, quando tem interesse em restringir as suas actividades[35]. Não cabe ao tribunal apreciar o mérito de tais decisões, porque o empresário é livre de empreender um caminho ruinoso; o tribunal só tem de verificar se o empregador não está a agir em abuso de direito ou se o motivo não foi ficticiamente criado[36]/[37]. No fundo, como se trata de uma resolução com causa objectiva, o despedimento não é discricionário, tem de ser fundamentado, e a motivação deve ser encontrada nos factores de mercado, estruturais ou tecnológicos.

Para reiterar a posição assumida no sentido de não caber ao tribunal apreciar o mérito da decisão empresarial, importa atender ao facto de o Código do Trabalho (art. 397.º, n.º 2, CT2003), comparado com o precedente art. 26.º, n.º 2, da LCCT, em relação aos motivos omitiu o adjectivo «comprovada» e acrescentou a previsibilidade da sua ocorrência; solução mantida na revisão de 2009. Estas alterações modificam substancialmente a apreciação dos motivos.

A intromissão do juiz na vida empresarial, discutindo os critérios de gestão da empresa, viola o disposto no art. 61.º da Constituição, pondo em causa a liberdade de iniciativa empresarial.

---

[33] Neste sentido, cfr. FURTADO MARTINS, Cessação do Contrato de Trabalho, cit., p. 115.

[34] Cfr. BERNARDO XAVIER, Curso, cit., p. 529 e O Despedimento Colectivo, cit., pp. 557 e ss. Veja-se igualmente o Ac. Rel. Pt. de 5/5/1997, CJ XXII, T. III, p. 243.

[35] Nomeadamente, dever-se-á entender que está preenchido o requisito para recorrer ao despedimento colectivo se a embarcação onde os trabalhadores exercem a sua actividade cessou definitivamente a faina, por não estar em condições de pescar e o armador não pretender reconvertê-la. Quanto à concessão de benefícios daí advenientes, veja-se a Portaria n.º 1261/2001, de 31 de Outubro.

[36] Cfr. Ac. STJ de 13/1/1993, CJ (STJ) 1993, T. I, p. 222; Ac. STJ de 21/9/2000, CJ (STJ) 2000, T. III, p. 259; Ac. STJ de 2/11/2005, ADSTA, 532 (2006), p. 735.

[37] Quanto ao direito espanhol, com uma crítica sobre a figura do juiz empresário, veja-se CECA MAGÁN, La Extinción del Contrato de Trabajo por Causas Objetivas (Reforma Laboral de 1997), Valência, 1999, pp. 63 e ss. e pp. 103 e ss. Com posição diversa, entendendo que a falta de apreciação põe em causa a regra constitucional da proibição do despedimento sem justa causa, JÚLIO GOMES, Direito do Trabalho, I, cit., pp. 991 e ss.

IV. Aos aspectos substanciais mencionados, acresce que o prazo para o trabalhador impugnar judicialmente o despedimento, que era de um ano (art. 435.º do CT2003), passou para sessenta dias (art. 387.º, n.º 2, do CT2009). E este prazo, inexplicavelmente, «decidiu-se» nas alterações ao Código de Processo de Trabalho de 2009 que se aplica igualmente à extinção do posto de trabalho e à inadaptação (art. 98.º-C, n.º 1, do CPT). Subsistindo a dúvida sobre qual será o prazo em caso de caducidade.

De molde diverso, quanto ao despedimento colectivo manteve-se o prazo de impugnação judicial em seis meses (art. 388.º, n.º 2, do CT2009).

Além da questão dos prazos, há ainda uma diferença processual muito significativa. No despedimento por facto imputável ao trabalhador, extinção do posto de trabalho e por inadaptação, não obstante a iniciativa da impugnação judicial caber ao trabalhador num prazo curto (60 dias), o primeiro articulado recebido pelo tribunal, justificando a licitude do despedimento, incumbe ao empregador, cabendo, depois, ao trabalhador contestar (arts. 98.º-J e 98.º-L do CPT). Não assim em caso de despedimento colectivo em que a acção e respectivo articulado são da iniciativa do trabalhador.

4. Despedimento negociado

I. Tendo em conta que a abertura legislativa para a cessação do contrato de trabalho se estabeleceu tão-só por via do despedimento colectivo, esta modalidade acaba por ser de utilização muito frequente. Mas, ainda assim, não raras vezes, iniciado o procedimento conducente ao despedimento colectivo e até porque a lei impõe negociações durante este procedimento (arts. 360.º a 362.º do CT2009), muito frequentemente o despedimento é negociado.

Ao abrigo da autonomia privada, a cessação do contrato de trabalho pode ser negociada e a revogação tem sido uma das modalidades mais utilizadas. Mesmo em caso de falta imputável ao trabalhador que poderia conduzir ao despedimento, não é raro que as partes negoceiem o termo do contrato.

O despedimento negociado seria a forma preferível de extinção do contrato de trabalho e, sem dúvida, o meio de cessação do vínculo menos conflitual. A este propósito alude-se aos «despedimentos pagos», mas não há qualquer ilicitude de se negociar um despedimento, obtendo-se o acordo do trabalhador em razão de uma verba com uma finalidade compensatória.

II. O despedimento negociado teve um forte revés com a publicação do Regime Jurídico de Protecção Social da Eventualidade de Desemprego dos Trabalhadores por Conta de Outrem (Decreto-Lei n.º 220/2006, de 3 de Novembro, alterado e republicado pelo Decreto-Lei n.º 72/2010, de 18 de Junho).

Nos termos do art. 9.º, n.º 1, deste regime, considera-se que o desemprego é involuntário sempre que a cessação do contrato de trabalho decorra de:

a) Iniciativa do empregador;
b) Caducidade do contrato não determinada por atribuição de pensão;
c) Resolução com justa causa por iniciativa do trabalhador;
d) Acordo de revogação celebrado nos termos definidos no presente decreto-lei.

Apesar de se considerar desemprego involuntário, para efeito da alínea d) do n.º 1 do artigo 9.º, as situações de cessação do contrato de trabalho por acordo, que se integrem num processo de redução de efectivos, quer por motivo de reestruturação, viabilização ou recuperação da empresa, quer ainda por a empresa se encontrar em situação económica difícil, independentemente da sua dimensão (art. 10.º, n.º 1, do referido diploma), e que são, ainda, consideradas cessações do contrato de trabalho por acordo fundamentadas em motivos que permitam o recurso ao despedimento colectivo ou por extinção do posto de trabalho, tendo em conta a dimensão da empresa e o número de trabalhadores abrangidos (art. 10.º, n.º 4), prescrevem-se quotas de despedimento involuntário.

Deste modo, excedendo a quota – entre 20% a 30% dos trabalhadores da empresa, por triénio – os despedimentos negociados ficam prejudicados, pois o trabalhador não tem direito ao subsídio de desemprego.

A medida, ainda que se perceba no contexto de redução de despesas da segurança social, tem constituído um factor de acréscimo de litigiosidade. No fundo, a modalidade de cessação do contrato de trabalho que melhor assegurava o interesse das partes, pois o despedimento era negociado, fica prejudicada em certa medida. O despedimento negociado continua a ser a forma mais procurada de extinção do vínculo, mas agora condicionada a uma percentagem de trabalhadores por empresa em cada triénio.

É evidente que a imaginação dos juristas vai permitindo encontrar, nas malhas da lei, outros modos de despedimento negociado – sem perda do subsídio de desemprego – para além dos limites legais.

A CONCRETIZAÇÃO DOS DIREITOS HUMANOS AO PLENO EMPREGO, SOB O PONTO DE VISTA DO CAPITALISMO HUMANISTA

RICARDO HASSON SAYEG
Livre-Docente de Direito Econômico da Faculdade de Direito da PUC/SP

Palestra proferida em 11 de dezembro de 2009, no Congresso Internacional de Direito – 2º CID – Brasil/Europa.

O dado da realidade é que o capitalismo venceu como modo de vida da espécie humana, não havendo atualmente no planeta um reduto socialista relevante. Até a China e a Rússia aderiram à economia de mercado.

Neste Planeta capitalista, a força de trabalho é a unidade comum de riqueza inata a todo e qualquer homem. Assim, o pleno emprego é a concretização difusa da acessibilidade econômica do homem e de todos os homens, que, por sua vez, refere-se ao meio de subsistência da vida das pessoas.

Inquestionável, portanto, a indispensabilidade do trabalho próprio ou por terceiro responsável como meio de vida das pessoas; entretanto, os dados planetários do pleno emprego não são animadores.

Conforme a imprensa, Agência Lusa, aos 16.9.2009, em Portugal, estimou-se que o desemprego continue a aumentar e, no final do ano de 2010, existam mais 210 mil pessoas sem trabalho, em comparação com o ano de 2007. O desemprego, em 2009, estima-se que aumentado 47,9%, em relação ao ano de 2007.

Esses dados são do relatório da Organização para a Cooperação e Desenvolvimento Econômico que, para 2010, revela que Portugal poderá registrar mais 210 mil desempregados, com um total de cerca de 650 mil atingidos, em comparação com 2007, altura em que se calculava 440 mil pessoas sem emprego.

O aumento previsto nesse relatório traduz uma evolução da taxa de desemprego em Portugal para até 11,7% em 2010, bem acima do registrado em 2007, de 7,9%, e dos 9,1%, no segundo trimestre de 2009.

No mundo, segundo a BBC.Brasil.com, aos 28.1.2009, a crise econômica do sistema financeiro global deflagrada em 2008, pode levar a se atingir a marca de 50 milhões de desempregados pelo Planeta, conforme o OIT (Organização Internacional do Trabalho) no relatório anual de 2009, divulgado em janeiro do mesmo ano.

Nos EUA, consoante o USA Today, aos 7.12.2009, a taxa de desemprego em novembro de 2009, foi medida em 10%; e, o Presidente Obama, em entrevista àquele periódico, publicada na mesma edição, afirmou haver um "job gap" de 7 a 8 milhões de empregos; sendo que, o seu maior medo é não fechar esse déficit de postos de trabalho.

Valendo advertir, quanto ao cuidado com os comentários e notícias de fim da crise, tendo em vista que, segundo a opinião de Joseph Stiglistz, ganhador do prêmio Nobel de economia em 2001, divulgada no dissidentex.wordpress.com, aos 8.9.2009, existe o risco da crise ser em (W).

Logo, é necessária a concreta contenção jurídica do inconveniente capitalista do desemprego e a imputação de responsabilidades, não se deixando tais externalidades negativas exclusivamente a mercê da solução de serem absorvidas pelo mercado, em um sórdido e inaceitável fundamentalismo liberal econômico; embora, o capitalismo seja estruturado juridicamente nas liberdades negativas, modernamente entendidas como direitos humanos de primeira dimensão.

Pois, se estruturado na primeira dimensão; os direitos humanos, por seu caráter multidimensional, indivisível e interdependente, acabam estruturando em todas as suas múltiplas dimensões o capitalismo, com eficácia integral, obrigando juridicamente à satisfatividade da dignidade geral da pessoa humana, promovendo por meio do equilíbrio reflexivo dimensional, ao mesmo tempo, além da plataforma de liberdades para que o capitalismo exista e sobreviva, ainda, essa permanente e concreta contenção jurídica de seus inconvenientes e a imputação de responsabilidades, em especial, na busca do pleno emprego.

Capitalismo com direitos humanos, esse é o sentido do capitalismo humanista. Isto é, uma regência jurídica do capitalismo pelo Direito Fraterno que impõe a aplicação multidimensional dos direitos humanos na ordem econômica e nela, compreende-se o pleno emprego.

Nesse diapasão, se faz necessário entender um pouco mais aprofundadamente esse tal capitalismo humanista que estou sustentando neste relevante 2.º Congresso Internacional de Direito.

O capitalismo humanista caracteriza-se pela sua regência por parte do Direito Fraterno. A fraternidade como síntese dialética entre a liberdade e a igualdade. O direito fraterno é a imposição de uma nova era. A era do Planeta Humanista de Direito.

Sua lógica impositiva é que, embora capitalista, o Planeta será tanto mais livre, evoluído, sustentável e civilizado, quanto maior e mais abrangente for a real concretização multidimensional dos direitos humanos com vistas ao seu correspondente objetivo da dignidade da pessoa humana, o que, em absoluto significa paternalismo ou demagogia.

Constitui-se, assim, sua natureza que, consiste na regência jurídica posneopositivista tomista da economia, por meio desse direito jus-humanista.

Tem como Fundamento a constatação necessária de que "mais do que iguais, nós somos irmãos". Essa é a Lei Universal da Fraternidade, fundada nesse nosso posneopositivismo tomista antropofilíaco culturalista.

Tal fundamento sustenta-se na Lógica Universal, correspondente à confirmação científica da conexão universal entre todos e tudo pela Teoria física do Bing-bang, quanto ao início do Universo, como também, verificação da conexão de toda a vida pela decodificação do DNA.

Daí sua linha filosófica que consiste em um construtivismo lógico humanista antropofilíaco culturalista lockeano tomista, a partir do poder simbólico de Jesus Cristo, com vistas ao seu objetivo fundamental de concretizar os direitos humanos em todas as suas dimensões para a satisfatividade da dignidade da pessoa humana, por meio da aplicação da Lei Universal da Fraternidade.

Percebe-se, por tudo isso, que seu conteúdo é a regência jurídica da economia pelos direitos humanos por meio dos princípios da Incidência Universal e da Correspondência.

Pois, tem como Centro de Gravidade o inabalável entendimento de que o homem não é um bem econômico. Em decorrência, a pessoa humana não se classifica como coisa, porque não é objeto do livre arbítrio de outrem, como pensava Kant[1]. O homem e todos os homens não têm preço e, sim, DIGNIDADE. Entendemos que, dignidade é a consciência do próprio valor, ou seja, a constatação efetiva de significância existencial do homem pelo próprio homem e por todos os outros homens.

Disso decorre o Princípio da Incidência Universal de que, não há solução jurídica admissível fora do campo de incidência transversal dos direitos humanos, mesmo na ordem econômica. É inaceitável que o Direito seja alheio à figura humana no meio difuso de todas as coisas, inclusive da economia.

Depreendendo, então, o Princípio da Correspondência de que, concretizar os direitos humanos é exercê-los diante das realidades com o fim específico da satisfatividade da dignidade da pessoa humana. Isto é, os direitos humanos são os direitos subjetivos naturais; enquanto a dignidade da pessoa humana é o direito objetivo natural correspondente. São Direitos Inatos. Como disse Victor Hugo, o invisível evidente; embora para os radicalmente positivistas, exista na ordem constitucional brasileira a respectiva positivação. Vejam que, os direitos humanos e a dignidade da pessoa humana têm referências expressamente positivadas na Constituição Federal do Brasil.

Outrossim, não se deve ter receio em evocar os direitos humanos, enquanto direitos subjetivos naturais, e a Dignidade da pessoa humana como o direito objetivo natural por conta da segurança jurídica, diante das críticas, ao meu juízo, superadas, que têm conceito genérico e indeterminado. De que vale a segurança jurídica senão para assegurar a dignidade da pessoa humana?

O Jusfilósofo Alemão, Gustav Radbruch, quanto aos direitos humanos já dizia, que "o esforço de séculos conseguiu extrair deles um núcleo seguro e fixo, que reuniu as chamadas declarações de direito do homem."[2]

Com esse perfil o Direito Fraterno que sustentamos é um Direito Planetário, que independe de positivação, conquanto a Constituição Federal do Brasil venha expressamente a positivar os direitos humanos e a dignidade da pessoa humana.

A propósito, os direitos humanos estão adensados em três dimensões subjetivas: 1ª dimensão: a da liberdade inata; 2ª dimensão: a da igualdade

---

[1] KANT, Immanuel. *A metafísica dos costumes*. Bauru, Edipro, 2007, p. 53.
[2] RADBRUCH, Gustav. Filosofia do direito, Armênio Amado, Coimbra, 1979, p. 417.

inata; e, 3ª dimensão: a da fraternidade inata. E, por sua vez, a dignidade da pessoa humana está adensada em duas dimensões objetivas: 1ª dimensão: a da democracia; e, 2ª dimensão: a da paz.

Assim sendo, o Direito Fraterno consagra os direitos humanos como o núcleo dos direitos inatos ao homem. Por conseguinte, os direitos humanos devem ser concretizados conforme sua natureza de universalidade jurídica indissociável; e, assim, implementar a satisfatividade à dignidade da pessoa humana, em sua concepção objetiva integral.

Salientando-se que, os direitos humanos não se confundem com os direitos fundamentais, embora esses sejam também relevantíssimos. Os direitos humanos vêm antes, são pré-existentes, fruto da natureza humana, direitos inatos como dito, enquanto, por outro lado, os direitos fundamentais são direitos outorgados pelo Estado. Por tal razão, entender os direitos humanos estritamente como direitos fundamentais é minimizá-los.

Por oportuno, cabe ressaltar, também, que não se deve tê-los por valor ou princípio, que igualmente é minimizá-los, tendo em vista que os valores e princípios não são em si exercíveis como concretamente são os direitos humanos para a satisfatividade objetiva da dignidade da pessoa humana.

Para tanto, o método quântico dá solução satisfatória à aplicação dos direitos humanos. Mediante a transposição da lógica do universo para o Direito. Somente para ilustrar, eis alguns aplicadores das teorias físicas no Direito:

- Voltaire (Elementos de Física Newtoniana);
- Pontes de Miranda (Nova Física em Teoria do Conhecimento);
- Laurence Tribe (The Invisible Constitution);
- Goffredo Telles Jr. (Direito Quântico) etc

Pois bem, o primeiro passo é a apropriação da Teoria da Relatividade de Einstein, expressa pela equação:

$$E = MC2$$

Em seguida, considerando-se que, de acordo com a teoria da relatividade, não há distinção essencial entre massa e energia, ajustada pela densidade vibratória, a qual Einstein expressou pela velocidade, ou seja, movimento; que, modernamente os direitos humanos são os direitos naturais admitidos; e, que, para o Direito Quântico de Goffredo Telles Jr., "o direito natural é sempre o direito positivo"[3]; se estabelece uma peculiar Relação de Equivalência entre o direito positivo, direitos humanos e realismo jurídico, sob os prismas da matéria (massa) e do espírito (energia), ajustado pelo realismo (densidade vibratória ou movimento/velocidade), a saber:

- Direito positivo = matéria;
- Direitos humanos = espírito;
- Realismo jurídico = densidade;
- Resultado: Os direitos humanos compõem a essência (espírito) do direito positivo, conforme o realismo jurídico.

Portanto, pelo método quântico, é de se concluir que, os direitos humanos estão encapsulados no intratexto do direito positivo. Então nós, não obstante sejamos estudiosos e apoiadores intransigentes da doutrina dos direitos humanos e seu correspondente objetivo da dignidade da pessoa humana, somos positivistas, independentemente de positivação expressa, posto que os deciframos no intratexto da norma jurídica. Como disse Oscar Wilde, "O verdadeiro mistério do mundo é o visível, não o invisível."

Por meio desse método, logra-se a Efetividade Quântica do Direito Fraterno, valendo-se de que, na pesquisa do mundo subatômico (quântico), Niels Bohr, sucessor de Einstein, desenvolveu a lei da complementaridade, sintetizada pelo pensamento de que: "as provas obtidas em condições experimentais distintas não podem ser contidas num esquema único, mas devem ser consideradas complementares no sentido de que apenas a totalidade dos fenômenos exaure a informação possível sobre o objeto." [4]

Transportando para o Direito, o Direito Fraterno vale-se da lei física da complementaridade, aplicando sincronicamente o raio de eficácia do direito positivo (texto), com o raio de eficácia dos direitos humanos (intratexto) e, ainda, com a indispensável adequação por meio do raio de eficácia do realismo jurídico (metatexto), não com paralelismo, nem com sobreposição, mas sim, com intersecção em razão da interdependência e necessária sinergia, para que: da intersecção das três esferas de efetividade correspon-

---

[3] TELLES JUNIOR, Goffredo. *O direito quântico*. São Paulo, Max Limonad, s.d., p. 281.

[4] *Apud* STRATHERN, Paul. Bohr e a teoria quântica. Rio de Janeiro: Jorge Zahar, 1999, p. 75.

dentes a cada um desses três raios decorra a resposta do direito aceitável ao caso concreto.

Desse processo de aplicação, se os raios de eficácia forem convergentes, prevalece o de direito positivo por ser explicitação do direito natural (lei natural da convergência), adequado pelo realismo jurídico. No entanto, se forem divergentes, prevalece o efeito conformador dos direitos humanos (lei natural do imperativo fraterno), na aplicação do direito positivo, igualmente, com a adequação do realismo jurídico.

Sem adentrar no mérito do acerto, no caso Embraer, Brasil, que envolveu o tema do pleno emprego diante das 4273 demissões em massa, o Tribunal Superior do Trabalho em 2009, no RODC n. 309/2009-000-15-00.4, procedeu intuitivamente assim, ao julgar, embora não haja no ordenamento positivo brasileiro qualquer vedação à dispensa coletiva imotivada, por maioria de votos (5 a 4), que dali para a frente há necessidade de negociação com os sindicatos antes da efetivação de dispensas em massa de trabalhadores. Note-se: (i) o elemento que destaca a incidência do raio de eficácia do direito positivo, que foi a autorização das demissões em massa; (ii) o elemento que destaca a incidência do raio de eficácia dos direitos humanos com vistas à satisfatividade da dignidade humana, que foi a necessidade de prévia negociação coletiva; e, (iii) o elemento que destaca a incidência do raio de eficácia do realismo jurídico, que foi o marco temporal dessa solução para passar a valer somente a partir daquele julgado.

Em suma, temos por conclusão que:

NO CAPITALISMO NÃO EXISTE SOLUÇÃO JURÍDICA ADMISSÍVEL A PARTIR DO DIREITO POSITIVO QUE NÃO SEJA CONVERGENTE COM A DIGNIDADE DA PESSOA HUMANA, EM ESPECIAL, NO QUE TANGE À PRESENTE CONFERÊNCIA, PERSEGUINDO A BUSCA DO PLENO EMPREGO, ADEQUADA PELO REALISMO JURÍDICO.

Bibliografia:

BOHR, Niels. **Física atômica e conhecimento humano.** Rio de Janeiro: Contraponto, 2008.
EINSTEIN, Albert; INFELD, Leopold. **Evolução da física.** São Paulo: Zahar, 2008.
KANT, Immanuel. **A metafísica dos costumes**. Bauru: Edipro, 2007.

RADBRUCH, Gustav. **Filosofia do direito.** Coimbra: Armênio Amado, 1979.
STRATHERN, Paul. **Bohr e a teoria quântica.** Rio de Janeiro: Jorge Zahar, 1999.
SAYEG, Ricardo Hasson. O Capitalismo humanista no Brasil. In: MIRANDA, Jorge; SILVA, Marco Antonio Marques da (orgs.). **Tratado luso-brasileiro da dignidade humana.** São Paulo: Quartier Latin, 2008.

A CRISE ECONÓMICA, O JULGAMENTO DA MATÉRIA DE FACTO E A FUNÇÃO CRIADORA DA JURISPRUDÊNCIA

Manuel Joaquim de Oliveira Pinto Hespanhol
Juiz Conselheiro do Supremo Tribunal de Justiça

Senhoras e Senhores Congressistas.
Minhas Senhoras e meus Senhores.

Saúdo, cordialmente, V.Ex.ªs e faço votos para que retirem o maior proveito profissional das prelecções que se vão seguir.
Cumprimento os ilustres membros da Mesa, Juiz Desembargador Luís Maria Vaz das Neves, Presidente do Tribunal da Relação de Lisboa, Ministro Pedro Paulo Teixeira Manus, Juiz Desembargador Alexandre Baptista Coelho e Desembargador do Trabalho Carlos Roberto Husek.
Quero, também, felicitar a Faculdade de Direito da Universidade de Lisboa, tal como a Pontifícia Universidade Católica de São Paulo pela realização do 2.º Congresso Internacional de Direito Brasil – Europa, e agradecer à Coordenação do Congresso, nas pessoas do Professor Doutor Pedro Romano Martinez, Professor Doutor Marco António Marques da Silva e Doutor Nelson Faria de Oliveira, o convite que endereçaram à Secção Social do Supremo Tribunal de Justiça em Portugal para intervir nos trabalhos concernentes à Mesa 8 do Congresso, subordinados ao tema «Direito do Trabalho e os Tribunais – Visão Luso-Brasileira da Crise Económica e Seus Reflexos na Justiça Trabalhista».

Permitam-me, ainda, que dirija a todos, em nome da Secção Social do Supremo Tribunal de Justiça, uma saudação muito afectuosa.

1. Introdução

1.1. O Supremo Tribunal de Justiça em Portugal abriu as suas portas em 23 de Setembro de 1833 e funciona como órgão superior da hierarquia dos tribunais judiciais, a qual integra tribunais de primeira instância, em que se incluem os tribunais do trabalho, e tribunais de segunda instância, que são, em regra, os tribunais da Relação.

Tal como os tribunais da Relação, o Supremo Tribunal de Justiça compreende secções especializadas em matéria cível, em matéria penal e em matéria social, sendo que a Secção Social julga as causas que, aos tribunais do trabalho, compete conhecer, em matéria cível – as causas que, em matéria de contra-ordenações, compete aos tribunais do trabalho conhecer são julgadas pela Secção Criminal do nosso Supremo Tribunal.

Actualmente, a Secção Social do Supremo Tribunal de Justiça integra seis Juízes Conselheiros e caracteriza-se, tradicionalmente, por adoptar um rigoroso figurino de colegialidade no que se refere ao julgamento dos processos que lhe são presentes, sendo que cada um dos pleitos, embora julgado pelo competente colectivo de juízes, é discutido, sempre, em plenário da Secção.

A assinalada colegialidade é também revelada na cuidada escolha dos acórdãos a publicar na Base de Dados do Ministério da Justiça, que se acham disponíveis no endereço electrónico www.dgsi.pt.

1.2. Peculiar expressão da abertura à comunidade jurídica por parte da Secção Social do Supremo Tribunal de Justiça é a organização de um colóquio anual, aprazado para o mês de Outubro, aberto a todos os profissionais do Direito e que tem contado com a participação muito empenhada de juízes do Supremo Tribunal de Justiça, dos Tribunais da Relação e dos Tribunais do Trabalho, organização que já vai no quarto ano consecutivo e que, no presente ano, analisou os temas da «Dinâmica da Relação de Trabalho nas Situações de Crise» e do «Despedimento para a Reestruturação da Empresa», o que propiciou uma alargada reflexão sobre o instituto que, em plena crise económica global, mais tem ocupado os nossos tribunais: os despedimentos colectivos.

Os debates realizados no Colóquio de Outubro último permitiram a enunciação, entre outras, das seguintes proposições conclusivas:

– Atenta a natureza urgente da acção de impugnação de despedimento colectivo, todos os actos processuais – das partes, dos magistrados e da secretaria – inseridos na sua marcha, cujos prazos terminem em dias que correspondam às férias judiciais, devem ser obrigatoriamente praticados no decurso dessas mesmas férias, não devendo, pois, diferir-se o momento da sua prática para o primeiro dia útil subsequente a esse período;

– Na apreciação da procedência dos fundamentos invocados para o despedimento colectivo, o tribunal deve proceder, à luz dos factos provados e com respeito pelos critérios de gestão da empresa, ao controlo da veracidade dos motivos invocados para o despedimento e, além disso, verificar se existe nexo de causalidade entre os motivos invocados pelo empregador e o despedimento, por forma a que se possa concluir, segundo juízos de razoabilidade, que tais motivos eram adequados a justificar a decisão de redução de pessoal;

– Devendo a comunicação da decisão final de despedimento colectivo fazer referência expressa aos motivos da cessação do contrato, aí se inclui, não só a fundamentação económica do despedimento, comum a todos os trabalhadores abrangidos, mas também o motivo individual que determinou a escolha em concreto de cada trabalhador visado e destinatário dessa comunicação, isto é, a indicação das razões que conduziram a que fosse ele o atingido pelo despedimento colectivo e não qualquer outro trabalhador, ainda que este último motivo possa por vezes considerar-se implícito na descrição do motivo estrutural ou tecnológico invocado, como ocorre, por exemplo, quando está em causa o encerramento da secção em que se integrava o trabalhador, a descontinuação, por obsolescência, do equipamento que operava ou a externalização da função que vinha desempenhando.

1.3. A crise instalada na vida económica dominou, igualmente, os trabalhos do XIII Congresso Nacional de Direito do Trabalho, realizado em Lisboa, nos dias 19 e 20 do passado mês de Novembro, prestigiada organização da Universidade Lusíada e da Livraria Almedina, em que a Secção Social do Supremo Tribunal de Justiça teve a honra de participar.

Aquele Congresso procurou definir o papel do Direito do Trabalho, no contexto da actual situação de crise, tendo sido tratados, entre outros, os temas que se passam a discriminar:

- A protecção da integridade do consentimento no âmbito do Direito do Trabalho;
- Cedência ocasional de trabalhadores, o direito a não contratar e o contrato de trabalho intermitente;
- Cláusulas de mobilidade geográfica;
- Nova acção de impugnação de despedimento;
- Trabalho por turnos, teletrabalho e suspensão do contrato de trabalho, por virtude de contaminação pelo vírus H1N1;
- Presunção de laboralidade, eficácia temporal da contratação colectiva e contrato de trabalho em funções públicas.

Do labor reflexivo levado a cabo no âmbito daquele Congresso, destacaria, em jeito de síntese, três rasgos fundamentais:

- Necessidade de conter a inflação legislativa no domínio do Direito do Trabalho, o que significa menos leis, melhores leis e maior reflexão e coerência conceptual na sua elaboração;
- Garantia de uma resposta célere e eficiente por parte da justiça laboral, fundada numa cultura jurídica particularmente atenta aos direitos, liberdades e garantias fundamentais;
- Incremento da contratação colectiva.

Tecidas estas considerações genéricas, irei desenvolver na minha intervenção dois temas basilares: o julgamento da matéria de facto e a função criadora da jurisprudência.

2. O julgamento da matéria de facto

Num tempo de manifesta crise económica sistémica, importa que os tribunais executem, com eficácia e celeridade, a sua responsabilidade de garantir os direitos e interesses legalmente protegidos dos cidadãos, reprimir a violação da legalidade democrática e dirimir os conflitos.

Tal protecção jurídica pressupõe, desde logo, o direito de acesso aos tribunais e o direito a uma tutela jurisdicional efectiva, direitos com consagração constitucional e cujo âmbito normativo abrange: *a*) o direito à acção, no sentido do direito subjectivo de apresentar determinada pretensão a um órgão jurisdicional; *b*) o direito ao processo, traduzido na abertura de um processo após a apresentação daquela pretensão, com o consequente dever do órgão jurisdicional sobre ela se pronunciar mediante decisão fundamentada; *c*) o direito a uma decisão sem dilações indevidas, com observância dos prazos estabelecidos e num prazo proporcional à complexidade da causa; *d*) o direito a um processo justo e equitativo, que garanta procedimentos judiciais caracterizados pela celeridade e prioridade, de modo a obter tutela efectiva e em tempo útil contra ameaças ou violações dos direitos, liberdades e garantias pessoais (artigo 20.º da Constituição da República Portuguesa).

2.1. Tradicionalmente, o processo do trabalho caracteriza-se pela prevalência da justiça material sobre a justiça formal, pela celeridade e simplicidade processuais, pela promoção de uma solução negociada do conflito e, ainda, pelo dever de condenação *extra vel ultra petitum*.

Reflectindo as especificidades do processo laboral, o Código de Processo do Trabalho Português introduziu, no processo comum de declaração, uma audiência de partes, logo após a apresentação da petição inicial e antes da contestação (artigo 55.º e 56.), tendente a propiciar uma mais fácil conciliação, mediante acordo equitativo, e que pretende, também, «contribuir para a simplificação da tramitação e para a rápida definição do verdadeiro objecto do processo, funcionando como primeira e decisiva fase de saneamento e como factor de diminuição da trama burocrática inerente a qualquer processo, permitindo, na maioria dos casos, estabelecer praticamente *ab initio* o agendamento de todos os posteriores actos processuais, com conhecimento imediato de todos os intervenientes, assim se evitando a necessidade de múltiplos despachos de simples expediente do juiz e minorando a intervenção da secretaria» (preâmbulo do diploma que aprovou o Código de Processo do Trabalho).

Saliente-se que a disciplina processual laboral confere ao juiz poderes de suprimento dos pressupostos processuais (artigo 27.º), de indagação oficiosa dos elementos de prova (artigo 71.º, n.º 4), de alargamento da base instrutória (artigo 72.º, n.º 1) e de conhecimento e decisão para além e em objecto diferente do pedido (artigo 74.º).

Neste particular, é bem conhecida a especificidade do processo laboral referente à condenação *extra vel ultra petitum*, prevista no artigo 74.º do Código de Processo do Trabalho e segundo o qual o juiz deve condenar em quantidade superior ao pedido ou em objecto diverso dele quando isso resulte da aplicação à matéria provada, ou aos factos de que possa servir--se, de normas inderrogáveis de leis ou instrumentos de regulamentação colectiva de trabalho.

Com efeito, ao invés do que acontece no processo civil comum, em que a sentença não pode condenar em quantia superior ou em objecto diverso do que se pedir, sendo nula se o fizer, no domínio do processo laboral, o poder do juiz é mais amplo e determinado pela prevalência da justiça material sobre a justiça formal, atentos os interesses em causa.

A condenação *extra vel ultra petitum* mais não é do que o reflexo da irrenunciabilidade de certos direitos substantivos do trabalhador.

2.2. Mas as medidas de simplificação processual nem sempre se adequam aos particularismos do processo do trabalho.

Estou concretamente a referir-me à preocupante tendência que se tem vindo a firmar, em sede de condensação do processo, ao abrigo do disposto no n.º 3 do artigo 49.º do Código de Processo do Trabalho, no sentido do juiz se abster, sistematicamente, de seleccionar a matéria de facto assente e de fixar a base instrutória, com o fundamento de que a selecção da matéria de facto controvertida se reveste de simplicidade.

Ora, nem sempre essa simplicidade é manifesta, o que prejudica não só a selecção da matéria de facto relevante para a decisão da causa, segundo as várias soluções plausíveis da questão de direito, mas também os resultados probatórios da audiência de discussão e julgamento.

Na verdade, a administração da justiça será mais eficiente se, em regra, dispuser de uma condensação processual que opere uma transição tecnicamente motivada da fase dos articulados para a fase do julgamento e se restringir a eliminação da condensação do processo aos casos de verdadeira e manifesta simplicidade, que sempre serão excepcionais.

2.3. O julgamento da matéria de facto é um dos trâmites mais importantes para a convincente fundamentação dos juízos decisórios a proferir pelos tribunais.

Neste plano de consideração, salienta-se que o juiz, ao abrigo do n.º 1 do artigo 72.º do Código de Processo do Trabalho, deve ampliar a base instrutória, «[s]e no decurso da produção da prova surgirem factos que, embora não articulados, o tribunal considere relevantes para a boa decisão da causa», ou, não havendo a base instrutória, «tomá-los em consideração na decisão da matéria de facto, desde que sobre eles tenha incidido discussão», sendo que, se for ampliada a base instrutória nos aludidos termos, «podem as partes indicar as respectivas provas, respeitando os limites estabelecidos para a prova testemunhal» (n.º 2).

Doutro passo, se é verdade que, na fundamentação das respostas à base instrutória, o julgador deve mencionar as razões da sua convicção, esclarecendo o processo racional a que as respostas obedeceram, o certo é que o que consta da fundamentação da matéria de facto não integra esta e, por isso, não pode a decisão da causa basear-se nessa fundamentação.

Refira-se, igualmente, que constitui prática incorrecta dar como reproduzidos, na matéria de facto provada, documentos – que não são factos, mas antes meios de prova – ou simplesmente remeter para os mesmos sem se discriminar os factos que, deles constando, se consideram provados.

Deverá, isso sim, explicitar-se de forma sucinta os factos mais relevantes que deles resultam, reproduzindo-se, se necessário, excertos do conteúdo dos atinentes documentos.

Uma derradeira observação: não devem incluir-se na decisão da matéria de facto expressões que traduzam qualquer juízo de valor ou conclusão jurídica respeitante ao *thema decidendum* da acção a julgar.

3. A função criadora da jurisprudência

O último tema que pretendo abordar respeita à função criadora da jurisprudência, a qual, em situação de crise, assume particular destaque.

Como é consabido, a função dos tribunais consiste em aplicar o Direito aos casos concretos, a chamada função jurisdicional; mas o labor dos tribunais não se limita a uma aplicação mecânica, automática, da lei, uma vez que, nalguns casos, há que fixar o exacto sentido e alcance da lei, proceder a uma interpretação actualista das normas jurídicas a aplicar ou operar a integração de eventuais lacunas da lei.

Nestes domínios emerge a função criadora da jurisprudência.

3.1. A este propósito, o artigo 8.º do Código Civil Português rege que «[o] tribunal não pode abster-se de julgar, invocando a falta ou obscuridade da lei ou alegando dúvida insanável acerca dos factos em litígio» (n.º 1), que «[o] dever de obediência à lei não pode ser afastado sob o pretexto de ser injusto ou imoral o conteúdo do preceito legislativo» (n.º 2) e, ainda, que «[n]as decisões que proferir, o julgador terá em consideração todos os casos que mereçam tratamento análogo, a fim de obter uma interpretação e aplicação uniformes do direito» (n.º 3).

Ora, a interpretação jurídica tem por objecto descobrir, de entre os sentidos possíveis da lei, o seu sentido prevalente ou decisivo, sendo que o artigo 9.º daquele Código, com a epígrafe «*Interpretação da Lei*», consagra os princípios a que deve obedecer o intérprete ao empreender essa tarefa, começando por estabelecer que «[a] interpretação não deve cingir-se à letra da lei, mas reconstituir a partir dos textos o pensamento legislativo, tendo sobretudo em conta a unidade do sistema jurídico, as circunstâncias em que a lei foi elaborada e as condições específicas do tempo em que é aplicada» (n.º 1); o enunciado linguístico da lei é, assim, o ponto de partida de toda a interpretação, mas exerce também a função de um limite, já que não pode «ser considerado pelo intérprete o pensamento legislativo que não tenha na letra da lei um mínimo de correspondência verbal, ainda que imperfeitamente expresso» (n.º 2); além disso, «[n]a fixação do sentido e alcance da lei, o intérprete presumirá que o legislador consagrou as soluções mais acertadas e soube exprimir o seu pensamento em termos adequados» (n.º 3).

A apreensão literal do texto da lei, ponto de partida de toda a interpretação, é já interpretação, embora incompleta, pois será sempre necessária uma «tarefa de interligação e valoração, que excede o domínio literal» (JOSÉ OLIVEIRA ASCENSÃO, *O Direito, Introdução e Teoria Geral*, 11.ª edição, revista, Almedina, 2001, p. 392).

Nesta tarefa de interligação e valoração que acompanha a apreensão do sentido literal, intervêm elementos lógicos, apontando a doutrina elementos de ordem sistemática, histórica e racional ou teleológica (cf. KARL LARENZ, *Metodologia da Ciência do Direito*, 3.ª edição, pp. 439-489; BAPTISTA MACHADO, *Introdução ao Direito e ao Discurso Legitimador*, 12.ª reimpressão, Coimbra, 2000, pp. 175-192; FRANCESCO FERRARA, *Interpretação e Aplicação das Leis*, tradução de MANUEL ANDRADE, 3.ª edição, 1978, pp. 138 e seguintes).

O elemento sistemático compreende a consideração de outras disposições que formam o complexo normativo do instituto em que se integra a norma interpretada, isto é, que regulam a mesma matéria (contexto da lei), assim, como a consideração de disposições legais que regulam problemas normativos paralelos ou institutos afins (lugares paralelos). Compreende ainda o lugar sistemático que compete à norma interpretanda no ordenamento global, assim como a sua consonância com o espírito ou unidade intrínseca de todo o ordenamento jurídico.

O elemento histórico abrange todas as matérias relacionadas com a história do preceito, as fontes da lei e os trabalhos preparatórios.

O elemento racional ou teleológico consiste na razão de ser da norma (*ratio legis*), no fim visado pelo legislador ao editar a norma, nas soluções que tem em vista e que pretende realizar.

Segundo a doutrina tradicional, o intérprete, socorrendo-se dos elementos interpretativos acabados de referir, acabará por chegar a um dos seguintes resultados ou modalidades de interpretação: interpretação declarativa, interpretação extensiva, interpretação restritiva, interpretação revogatória e interpretação enunciativa.

3.2. Registe-se que o artigo 9.º do Código Civil Português, ao mesmo tempo que manda atender às circunstâncias históricas em que a lei foi elaborada, não deixa, expressamente, de considerar relevantes as condições específicas do tempo em que a norma é aplicada.

Tal segmento assume, pois, uma evidente conotação actualista (sobre o tema da interpretação actualista, PIRES DE LIMA/ANTUNES VARELA, *Código Civil Anotado*, vol. I, 4.ª edição, revista, Coimbra Editora, Limitada, Coimbra, 1987, pp. 58-59; BAPTISTA MACHADO, *obra citada*, pp. 190-191; JOSÉ OLIVEIRA ASCENSÃO, *obra citada*, pp. 388-389; JOÃO DE CASTRO MENDES, *Introdução ao Estudo do Direito*, Lisboa 1994, pp. 220-221).

Como sublinha BAPTISTA MACHADO (*obra citada*, p. 191), «[n]ão tem que nos surpreender essa posição actualista do legislador se nos lembrarmos que uma lei só tem sentido quando integrada num ordenamento vivo e, muito em especial, enquanto harmonicamente integrada na unidade do sistema jurídico», o que poderá fazer surgir a necessidade da respectiva adaptação às circunstâncias, porventura muito alteradas, do tempo em que é aplicada.

3.3. Situação diversa se coloca quando o juiz não encontra norma legal aplicável à concreta questão a decidir, revelando essa incompletude do ordenamento jurídico uma lacuna – a falta de regulação de uma matéria que no plano dos princípios deveria também ser disciplinada –, o que convoca a aplicação do artigo 10.º do Código Civil Português.

Nos termos desta disposição legal, o intérprete deverá aplicar, por analogia, aos casos omissos as normas que directamente contemplem casos análogos – e só na hipótese de não encontrar no sistema uma norma aplicável a casos análogos é que deverá proceder de acordo com o n.º 3 do mesmo artigo, ou seja, resolvendo a situação segundo a norma que ele próprio criaria, se houvesse de legislar dentro do espírito do sistema.

Os apontados ditames estão em harmonia com as regras do artigo 8.º citado, segundo o qual o tribunal não pode abster-se de julgar, invocando a falta ou obscuridade da lei (n.º 1), e deve, nas decisões que proferir, ter em consideração «todos os casos que mereçam tratamento análogo» (n.º 3).

Ora, nos termos do n.º 2 do dito artigo 10.º, «há analogia sempre que no caso omisso procedam as razões justificativas da regulamentação do caso previsto na lei», isto é, há um núcleo fundamental nos dois casos que exige a mesma estatuição.

Mas nem todos os silêncios da lei são lacunas.

Há, por um lado, silêncios que são significativos, traduzindo, por isso, uma resposta da lei a certa questão de direito. Há, por outro lado, ausências de tratamento legal que derivam da própria natureza do instrumento normativo em questão.

4. Conclusão

Concluo, reafirmando duas ideias fundamentais:

– Num tempo de manifesta crise económica, em que coexistem elevados níveis de desemprego e de precariedade do trabalho, importa que os tribunais executem, com eficácia e celeridade, a sua responsabilidade de garantir os direitos e interesses legalmente protegidos dos cidadãos, reprimir a violação da legalidade democrática e dirimir os conflitos;

– A administração da justiça será mais eficiente se, em regra, dispuser de uma condensação do processo (fixação da matéria de facto assente e da base instrutória) que opere uma transição tecnicamente motivada da fase dos articulados para a fase do julgamento, só se abstendo de fixar a base instrutória nos casos de manifesta simplicidade, que sempre serão excepcionais.

Era isto o que vos queria dizer.

Lisboa, 11 de Dezembro de 2009

DIREITO DO TRABALHO E OS TRIBUNAIS – CRISE ECONÔMICA E REFLEXOS NA JUSTIÇA DO TRABALHO

Pedro Paulo Teixeira Manus
Ministro do Tribunal Superior do Trabalho
Professor Titular de Direito do Trabalho da PUC

I – Introdução

A estrutura da Justiça do Trabalho brasileira compreende as Varas do Trabalho, os Tribunais Regionais do Trabalho e o Tribunal Superior do Trabalho. Desse modo as ações ordinárias trabalhistas, movidas por empregados, sindicatos, ou empresas, têm como juízo originário as Varas do Trabalho, cabendo, em regra, das decisões terminativas ou definitivas, recurso ordinário na fase de conhecimento, ou agravo de petição na fase de execução, ambos de competência originária dos Tribunais Regionais do Trabalho.

Esta estrutura, que é originária da fase administrativa da atual Justiça do Trabalho, resulta da evolução dois chamados "tribunais rurais", instituídos pelo Poder Executivo, no ano de 1922, no Estado de São Paulo, a fim de compor os conflitos entre trabalhadores rurais e empregadores rurais, que se avolumavam à época.

O governo sentiu a necessidade de um órgão estatal para compor tais conflitos, decorrentes de insatisfação dos trabalhadores com abusos cometidos por boa parte dos empregadores, principalmente nas propriedades rurais.

É importante lembrar que estes trabalhadores, em sua maioria, eram imigrantes italianos e espanhóis, que vieram ao Brasil em busca de trabalho, que nos seus países faltava, tratando-se de pessoas de bom nível de escolarização e politização, daí resultando os movimentos reivindicatórios ocorridos.

Reflexos do clima intelectual e político que vivíamos naquele período foram a realização da Semana de Arte Moderna e a fundação do Partido Comunista Brasileiro, ambos também no ano de 1922.

Os denominados tribunais rurais compunham-se de um advogado que dirigia os trabalhos e um representante dos empregados e outro dos empregadores, todos nomeados por ato do Ministro do Trabalho.

Esses órgãos, de natureza administrativa e, portanto, desprovidos de jurisdição, arbitravam os conflitos e, em caso de condenação não cumprida espontaneamente, produziam um título executivo a ser executado perante a Justiça Comum.

A experiência frutificou e após a criação de tribunais rurais em outros estados brasileiros, ampliou-se a estrutura, criando os Conselhos Regionais e o Conselho Nacional, com competência recursal. Aperfeiçoada a estrutura nos anos trinta e quarenta, chegou praticamente à configuração que em 1946 passou a integrar o Poder Judiciário, o que foi chancelada pela Constituição Federal de 1946.

Assim, a Justiça do Trabalho manteve a representação sindical em sua estrutura até o ano de 1999, quando foi extinta e também as Varas do Trabalho, então Juntas de Conciliação e Julgamento, os Tribunais Regionais do Trabalho e o Tribunal Superior do Trabalho.

II – Sistema recursal trabalhista

O sistema recursal no processo do trabalho, desde sua origem, privilegiou o princípio processual do duplo grau de jurisdição, admitindo recurso ordinário e agravo de petição, como já referido, das decisões terminativas e definitivas, respectivamente na fase de conhecimento e de execução, conforme os artigos 895 e 897 da Consolidação das Leis do Trabalho.

Mas, além dos recursos ditos ordinários, acima citados, criou o legislador, nos artigos 894 e 896 da Consolidação das Leis do Trabalho, recursos especiais, assim considerados o recurso de embargos para a Sessão de

Dissídios Individuais I do Tribunal Superior do Trabalho e o recurso de revista para as Turmas do mesmo tribunal.

O recurso ordinário e o agravo de petição são cabíveis bastando que a decisão recorrida ou agravada tenha sido lesiva, total ou parcialmente, ao interesse do recorrente ou agravante.

Já o recurso de revista, a teor do artigo 896 da Consolidação das Leis do Trabalho, só cabe nas hipóteses de divergência jurisprudencial, ou de ofensa à lei, ou à norma constitucional. De igual modo, o recurso de embargos para a Sessão de Dissídios Individuais I, nos termos do artigo 894 da Consolidação das Leis do Trabalho, só é cabível quando há divergência entre turmas do Tribunal Superior do Trabalho, com a finalidade de uniformizar a jurisprudência.

Eis porque estes últimos dois recursos são considerados especiais, ou extraordinários no âmbito trabalhista, pois não basta a decisão desfavorável ao recorrente, mas é necessária a constatação das hipóteses restritas de cabimento, como entendeu o legislador.

Assim, vê-se que não é certo atribuir à estrutura da Justiça do Trabalho a existência de três graus de jurisdição, como de vez em quando afirmam, pois para tanto seria necessário o cabimento de recurso ao Tribunal Superior do Trabalho pela simples sucumbência parcial ou total. Assim não é, contudo, pois o espectro recursal, após exercido o duplo grau, é diminuto em atenção à celeridade processual e por ter a parte o direito a uma decisão e também a uma revisão da decisão desfavorável, oportunidades que já ocorreram no processo.

Não obstante, o volume de recursos de revista interpostos é excessivo, gerando milhares de despachos dos Presidentes dos Tribunais Regionais do Trabalho, que negam seguimento aos mesmos, já que não verificadas as hipóteses de cabimento, nos termos do artigo 896 da Consolidação das Leis do Trabalho.

Uma vez trancado o recurso de revista, prevê o artigo 897 da Consolidação das Leis do Trabalho o cabimento do recurso de agravo de instrumento, a fim de que a Turma do Tribunal Superior do Trabalho reexamine a decisão interlocutória da instância regional de origem e, eventualmente, determine o processamento do recurso de revista, caso conclua pelo seu cabimento.

III – Sistema recursal trabalhista e a realidade

Como vimos o sistema recursal no processo do trabalho funda-se na garantia do duplo grau de jurisdição aos litigantes e estabelece o cabimento de recursos especiais no âmbito do Tribunal Superior do Trabalho, admitindo-os de modo bastante restrito, apenas nas hipóteses de divergência jurisprudencial ou ofensa à norma constitucional ou legal.

Embora teoricamente este sistema objetive uma triagem eficaz do cabimento de recurso de revista e de embargos no Tribunal Superior do Trabalho, na prática os litigantes obtêm o exame do processo pelo Tribunal Superior do Trabalho pela via do agravo de instrumento, logrando impedir o trânsito em julgado da decisão de origem.

A quantidade de recursos de revista e de agravos de instrumento interpostos, que é espantosa, leva à conclusão que se instaurou entre nós a idéia de que o direito de resistir à decisão judicial desfavorável se sobrepõe à obrigação do cumprimento da coisa julgada.

Com efeito, ainda que o litigante tenha rejeitada sua pretensão na Vara do Trabalho e que esta decisão seja confirmada em segundo grau, com freqüência não se submete ele ao decidido, com o conseqüente cumprimento da decisão, como era de se esperar. Há sempre a busca de nova tentativa de modificação do decidido, ainda que seja claro o não cabimento de novo recurso. Assim, denegado seguimento a sua pretensão, interpõe o agravo de instrumento e este forçosamente levará o processo do Tribunal Superior do Trabalho, retardando por alguns anos a solução do conflito.

Constata-se ainda, sob esta idéia disseminada de que "o direito de recorrer se sobrepõe à obrigação de cumprir a decisão judicial", que na hipótese de rejeição do agravo de instrumento tentará ainda o litigante ingressar com embargos de declaração, não raro como tentativa indevida de alterar o decidido, buscando mais uma vez novo julgamento, mesmo que contrariamente às regras processuais.

Esta situação de verdadeira avalanche de processos, tem acarretado uma distribuição de cerca de 4.000 processos novos no ano de 2008 e igual número no ano de 2009 para cada um dos 24 Ministros do Tribunal Superior do Trabalho, excluídos aqui os Ministros Presidente, Vice-Presidente e Corregedor Geral, que não recebem processos de competência derivada do tribunal.

Diante disso os Ministros, na tentativa de reduzir o passivo enorme do tribunal, julgaram cerca de 10.000 processos cada um, em média, no ano de 2009, buscando reduzir o tempo de espera insuportável dos litigantes pela solução dos conflitos.

Para se ter uma idéia do volume espantoso de processos examinem-se estes dados: o Tribunal Superior do Trabalho iniciou o ano de 2007 com um resíduo do ano anterior de 249.316 processos. Neste ano conseguiu julgar 153.592 processos, mas recebeu no mesmo período 165.466 processos, daí porque não conseguiu reduzir o passivo.

Iniciamos o ano de 2008 com um resíduo de 206.089 processos e foram julgados 223.430 processos, mas recebemos no período 183.235 processos. Assim, reduzimos o passivo para o ano seguinte, comparativamente ao ano anterior, em 70.186 processos.

Lembre-se, contudo, que no ano de 2008 o Tribunal Superior do Trabalho passou a trabalhar com sua atual composição completa, o que em anos anteriores não havia ocorrido, tendo em conta a demora havia para o preenchimento das vagas decorrentes da extinção da representação classista.

No ano de 2009 o resíduo era de 179.130 feitos e foram julgados 244.177 processos, mas com o recebimento de 183.012 novos recursos. Mesmo com o aumento de processos recebidos neste ano o tribunal alcançou nova redução do passivo da ordem de 51.165 processos.

Não obstante as reduções significativas, como visto acima, a cada ano aumenta o número de novos recursos, o que se deve a um aumento do número de feitos, bem como em razão dos eficientes trabalhos dos juízes das Varas do Trabalho e dos desembargadores do Tribunais Regionais do Trabalho.

Não é preciso lembrar que na tentativa de prestar a jurisdição num espaço de tempo menor, todos os juízes têm sacrificado a qualidade do trabalho, o que se verifica igualmente no trabalho dos servidores, dos advogados e do Ministério Público do Trabalho, já que todos lidamos no dia-a-dia com quantidades insuportáveis de conflitos.

Eis em síntese as razões pelas quais a prática revela que mesmo sendo adotado um sistema recursal restritivo no âmbito do Tribunal Superior do Trabalho, não podemos manter as regras recursais que dispomos, se o objetivo é prestar a jurisdição de forma segura e célere.

E em razão deste quadro o que se verifica é que as oito Turmas Julgadoras, que têm competência para julgar os recursos de revista e agravos de instrumento, estão congestionadas, não obstante julguem semanalmente centenas de processos. O mesmo ocorre com a Subseção de Dissídios Individuais I, que tem competência para julgar o recurso de embargos oriundos das turmas, como reflexo do excesso de recursos de revista.

A Sessão de Dissídios Individuais II, que tem competência para julgamento de mandados de segurança, ações rescisórias, conflitos de competência e habeas corpus, encontra-se em situação mais confortável, dado que o número de ações e recursos é razoável, ainda que considerável. Lembre-se, ainda, que tendo havido alteração do artigo 894 da Consolidação das Leis do Trabalho, suprimindo o cabimento de recurso de embargos das decisões das turmas, temos constatado um aumento no número de ações rescisórias, como tentativa indevida de reexame de teses jurídicas.

Já a Subseção de Dissídios Coletivos tem um volume de processos razoável, embora igualmente considerável, mas cujo exame e solução é bastante minucioso, no exame das variadas cláusulas de acordos e convenções coletivas que não se realizaram, originando a decisão judicial almejada.

É preciso, portanto, que encontremos uma forma eficaz de solução definitiva dos conflitos do trabalho, quando submetidos ao Poder Judiciário, garantindo o acesso aos litigantes e a observância dos princípios processuais constitucionais e legais, mas coibindo as ações que visam a protelação na solução dos processos.

IV – Perspectivas:

O tema em questão há muito preocupa toda nossa comunidade jurídica, ensejando tentativas de encontrar um meio de tornar o Poder Judiciário célere, sem, contudo, suprimir o direito de acesso a ele, inclusive com a garantia de revisão das decisões.

O Supremo Tribunal Federal, por força da Lei n..º 11.418, de 11 de dezembro de 2006, que introduziu os artigos 543-A a 543-C no Código de Processo Civil, instituiu a figura da repercussão geral, que significa só admitir o recurso extraordinário nos casos em que especifica.

O parágrafo 1.º do citado artigo 543-A do Código de Processo Civil conceitua a repercussão geral como a existência, ou não, de questões relevantes do ponto de vista econômico, político, social ou jurídico, que ultrapassem o interesse subjetivo da causa. Isso significa que o legislador ordinário adotou o princípio de que só se pode submeter o conflito jurídico ao exame da Corte Suprema quando o conflito ultrapasse o interesse individual dos litigantes, sob os aspectos acima referidos.

Tal medida processual, segundo notícias veiculadas pela imprensa já propiciaram ao Supremo Tribunal Federal uma redução da ordem de 41% (quarenta por cento) do volume de processos, o que representa significativa diminuição do volume de feitos, bem como a conseqüente diminuição de espera pelo litigantes no julgamento dos processos.

No mesmo sentido o Superior Tribunal de Justiça, cuja competência alcança principalmente as ações civis e criminais, foi beneficiado por procedimento processual semelhante, instituído pelo artigo 543-C, do Código de Processo Civil, introduzido pela mencionada Lei 11.418/06, que institui mecanismo a ser utilizado nos casos de multiplicidade de recurso como a mesma matéria. Em tais casos o tribunal de origem determina a subida de apenas um recurso especial e sobresta o andamento dos demais, até que aquele seja julgado pelo Superior Tribunal de Justiça. Caso não ocorra o sobrestamento no tribunal de origem o Ministro relator determina que assim se faça, até o julgamento.

Uma vez julgado o feito pelo Superior Tribunal de Justiça os feitos sobrestados terão seguimento denegado se a decisão recorrida adotara a tese firmada naquele julgamento. Os processos cujo julgamento contrariou a jurisprudência então firmada serão julgados novamente pelo tribunal de origem a fim de adequar a decisão à jurisprudência que se firmou.

Não há dúvida que este procedimento obstativo de recursos repetitivos surte efeito considerável, reduzindo o número de processos na Corte Superior e, em conseqüência, agiliza o andamento dos processos.

No que respeita ao processo do trabalho houve uma tentativa legal de instituir mecanismo semelhante aos acima referidos, mas o projeto de lei foi rejeitado pelo Congresso Nacional. Não obstante, o Poder Executivo, por meio da Medida Provisória 2.226, de 4 de setembro de 2001, inseriu o artigo 896-A na Consolidação das Leis do Trabalho, que assim dispõe:

"Art. 896-A. O Tribunal Superior do Trabalho, no recurso de revista, examinará previamente se a causa oferece transcendência com relação aos reflexos gerais de natureza econômica, política, social ou jurídica.".

A matéria necessita de regulamentação regimental no Tribunal Superior do Trabalho, a fim de que se possa aplicar, mas as tentativas de constituição de comissão para análise e implementação da denominada transcendência não lograram êxito, passados mais de oito anos e mesmo com o excesso de recursos que vimos.

Não temos dúvida de que a idéia de limitação de recursos é o caminho processual adequado, não obstante acreditemos que melhor será a prática de lançar mão de soluções extrajudiciais, como a mediação e a arbitragem, bem como a estabilidade social e econômica e a garantia de emprego, como meios eficazes de conter a litigiosidade.

Não se negue o mérito da idéia da transcendência, como clamor pela agilização na solução dos conflitos. Mas o que assistimos é uma resistência à regulamentação da transcendência inicialmente pelo vício de origem, pois não foi fruto de lei discutida e votada democraticamente pelo Congresso Nacional, mas de medida provisória, que se destina somente a casos relevantes e de urgência, a teor do artigo 62 da Constituição Federal.

De outra parte muitos argumentam que a instituição do instituto da transcendência no processo do trabalho, à semelhança dos critérios adotados pelo Supremo Tribunal Federal e pelo Superior Tribunal de Justiça, não surtirá os efeitos desejados, pois estas duas Cortes apreciam recursos que versam um tema como regra, enquanto que o Tribunal Superior do Trabalho aprecia recursos que versam uma multiplicidade de temas, característica da relação de emprego, o que tornaria difícil alcançar o efeito almejado.

Mas, como vimos ao longo destas reflexões, impõe-se encontrar um meio processual adequado para se conter o excesso de recursos, permitindo que se aprecie com o cuidado devido os processos e em tempo razoável, à luz da determinação do artigo 5.º, LXXVIII, da Constituição Federal, de que se assegure *"a duração razoável do processo e os meios que garantam a celeridade de sua tramitação."*

VISÃO LUSO-BRASILEIRA DA CRISE ECONÓMICA E SEUS REFLEXOS NA JUSTIÇA TRABALHISTA[1]

ALEXANDRE BAPTISTA COELHO
Juiz Desembargador no Tribunal da Relação de Évora

1. Origem e evolução do direito do trabalho

Enquanto negócio jurídico de direito privado, o contrato individual de trabalho apresenta-se aos estudiosos do Direito e das Ciências Sociais em geral com um percurso evolutivo peculiar e específico, que o distingue de figuras afins, designadamente dos demais contratos civis que ainda hoje continuam a ser a expressão directa da tradição romana.

Na verdade, foi apenas no séc. XIX que surgiram, com força de lei, as primeiras normas que de alguma forma pretendiam disciplinar uma realidade que não encontrava paralelo com períodos históricos mais antigos. A Revolução Francesa proclamara os princípios da liberdade e da igualdade, que a Revolução Industrial se encarregou de fazer reflectir na realidade económica e no mundo do trabalho. A profunda modificação das relações económicas e sociais até então vigentes, implicando o recurso massivo a mão de obra que antes se ocupava em tarefas agrícolas de subsistência, ou em artes e ofícios tradicionais, evidenciou por outro lado as condições

---

[1] Comunicação apresentada no âmbito do 2.º CID (Congresso Internacional de Direito Brasil-Europa), realizado a 10/11 de Dezembro de 2009, na Faculdade de Direito da Universidade de Lisboa.

infra-humanas, de trabalho e de salário, em que o operariado desenvolvia essa actividade industrial. Paralelamente, era crescente o poderio económico do empresariado capitalista. Urgia por isso introduzir alguma regulação num vínculo contratual que à partida se mostrava manifestamente distorcido, dada a desigualdade económica que existia entre empregadores e prestadores de trabalho.

É neste contexto que o Direito do Trabalho encontra as suas raízes, intervindo supletivamente numa área que não encontrava resposta satisfatória no primado absoluto dos clássicos princípios da liberdade contratual e da autonomia da vontade das partes. Foram assim surgindo regras em domínios em que se mostrava mais gritante a necessidade de regulação, como sucedeu com os limites introduzidos aos horários de trabalho intensivo, à disciplina do trabalho de menores, ou à reparação de acidentes de trabalho e doenças profissionais. Ao mesmo tempo, apareceram os primeiros movimentos associativos de trabalhadores, cuja intervenção foi fundamental na melhoria das condições de trabalho e de vida do proletariado industrial.

Numa imagem algo redutora, mas nem por isso menos elucidativa, pode dizer-se que o Direito do Trabalho, nas sociedades contemporâneas, surgiu pois como resposta ao liberalismo económico, e como tentativa de equilibrar os pratos de uma balança que à partida estava desequilibrada.

Ao longo do séc. XX, e em particular após a criação, em 1919, da Organização Internacional do Trabalho (OIT), junto da Sociedade das Nações, esta nova área do Direito foi consolidando os seus conceitos, ao mesmo tempo que ganhava foros de autonomia científica e jurisdicional. As Universidades passaram a tratá-la como disciplina específica, diferenciada do clássico Direito das Obrigações. Os Estados, por sua vez, passaram a reconhecer essa mesma especialidade, reservando-lhe uma área própria nas suas organizações judiciárias.

O caso português não constitui excepção a esta evolução. Depois de diplomas avulsos surgidos durante a monarquia constitucional, em que assumia destaque o Código Civil de 1867, onde o trabalho subordinado, com particular ênfase no serviço doméstico, era já tratado com alguma sistematização, a 1.ª República trouxe com ela um verdadeiro ímpeto reformista. Logo em 1910, foi legalizado e regulamentado o direito à greve e ao 'lock-out'; seguiram-se-lhe muitos outros diplomas, tais como aqueles que instituíram o limite máximo de 48 horas semanais de trabalho no comércio, na indústria e na função pública, que aprovaram um sistema de seguros obrigatórios na doença, nos acidentes de trabalho, e na invalidez e velhice (embora só o respeitante aos acidentes tenha tido aplicação prática), ou que reconheceram a validade dos contratos colectivos de trabalho, negociados pelas associações de classe.

Uma nova era da legislação portuguesa do trabalho nasceu porém com a Revolução de 28 de Maio de 1926, de cariz autoritário e nacionalista, e em particular com a subsequente Constituição de 1933, e com o regime corporativo por ela instituído (o 'Estado Novo'), orientado pela ideia da função social da propriedade, do capital e do trabalho, que deviam funcionar entre si numa lógica de cooperação e de solidariedade.

Ainda em 1933, e com dignidade para-constitucional, surgiu o Estatuto do Trabalho Nacional, aprovado pelo Dec.-Lei n.º 23.048, de 23/9, verdadeira magna carta do regime em matéria de relações laborais, doutrinariamente assente na pretensa harmonização dos vários interesses em jogo como meio de suprimir a luta de classes, e sublinhando que o trabalhador é um colaborador nato da empresa (art. 22.º). Para além do mais, e para dirimir conflitos laborais, foi igualmente criada uma magistratura própria – os juízes do trabalho, e os agentes do Ministério Público – estes últimos intervindo em juízo como fiscais da lei e como patronos oficiosos dos trabalhadores.

Na mesma data surgiu um conjunto de outros diplomas que instituíram as bases do Estado corporativo. É de salientar, entre eles, os Dec.-Leis n.os 23.049 e 23.050, que definiram o regime jurídico dos grémios ou associações patronais, e dos sindicatos 'nacionais', uns e outros enquadrados e tutelados pelo Instituto Nacional do Trabalho e Previdência (criado pelo Dec.-Lei n.º 23.053, também de 23/9/1933), cuja função era a de 'assegurar a execução das leis de protecção ao trabalho e as demais de carácter social'. Na prática, o INTP, que era presidido pelo Subsecretário de Estado das Corporações e Previdência Social, visava garantir que as associações de classe, e em particular os sindicatos, se mantivessem dentro dos limites admitidos pelo regime, e não viessem a transformar-se em foco de agitação social, ou ameaça à normalidade instituída.

A partir dos princípios programáticos instituídos pelo Estatuto do Trabalho Nacional, e pela legislação contemporânea do mesmo, e ao longo de quatro décadas, foi arquitectado todo um edifício legislativo, que reformou de alto a baixo o Direito do Trabalho em Portugal. Como exemplos mais significativos, podem apontar-se a Lei n.º 1942, de 27/7/1936, que reformulou o sistema de protecção relativo a acidentes de trabalho e doenças profissionais, a Lei n.º 1952, de 10/3/1937, que aprovou o primeiro regime jurídico do contrato individual de trabalho, e o Dec.-Lei n.º 36.137, de 6/3/1947, que instituiu o regime das convenções colectivas de trabalho.

No final dos anos 60, e numa época em que eram já notórias as insuficiências e incoerências do sistema corporativo, um novo regime do contrato individual de trabalho veio a ser aprovado pelo Dec.-Lei n.º 49.408, de 24/11/1969 (LCT – lei do contrato de trabalho). Curiosamente, e não obstante as grandes alterações sócio-políticas que o país veio a conhecer nos anos seguintes, as linhas fundamentais deste diploma, e salvo no tocante às regras atinentes à cessação do contrato, vigorariam durante mais de trinta anos, até à aprovação do Código do Trabalho de 2003. O contrato de trabalho era aí definido, logo no art. 1.º, que reproduzia literalmente o texto do art. 1152.º do Código Civil de 1966, como '...*aquele pelo qual uma pessoa se obriga, mediante retribuição, a prestar a sua actividade intelectual ou manual a outra pessoa, sob a autoridade e direcção desta*'.

Há que reconhecer que a LCT constituiu um considerável esforço de modernização da legislação portuguesa do trabalho, sem redundar numa total descaracterização dos princípios em que assentava o regime corporativo, oficialmente ainda em vigor. Essa tentativa de solução de compromisso, e as preocupações de carácter social que lhe estavam subjacentes, eram evidentes no próprio preâmbulo do diploma, onde a dado passo se afirmava:

'...*se o direito laboral se propõe regular o contrato de trabalho, sobre o qual assenta a existência e digna subsistência do trabalhador, sobre ele igualmente se apoia o equilíbrio da vida social no seu conjunto, com todos os seus reflexos na paz e no regular funcionamento das instituições colectivas.*

E não se pode esquecer, por último, a importância da política social no desenvolvimento económico, como factor de elevação do nível de vida da população e consequente promoção cultural e moral dos indivíduos, bem como a acção por ela exercida sobre as estruturas produtivas, levando-as a um constante esforço de adaptação e progresso em ordem à satisfação das mais legítimas aspirações sociais.'

A queda do Estado Novo, a 25/4/1974, e as profundas alterações que a mesma gerou nas concepções ideológicas até então instituídas, teve óbvio impacto na legislação laboral, que ainda assim foi sendo objecto de sucessivas mudanças pontuais, aprovadas à margem de qualquer tipo de revisão sistematizada.

Das primeiras medidas que então foram adoptadas, pela sua óbvia importância, há que salientar a legalização do direito à greve (Dec.-Lei n.º 392/74, de 27/8), a institucionalização da liberdade sindical, estabelecida em consonância com o princípio da liberdade de associação (Dec.-Lei n.º 215-B/75, de 30/4), e o novo regime da cessação do contrato de trabalho (Dec.-Lei n.º 372-A/75, de 16/7), que para além do mais proibiu os despedimentos sem justa causa, conferindo ao trabalhador ilicitamente despedido o direito à reintegração no seu posto de trabalho.

Foi porém na Constituição de 1976, entretanto aprovada, e de conteúdo marcadamente ideológico[2], que foram acolhidos os princípios gerais que haviam de orientar toda a legislação ordinária que se lhe seguiu. O próprio texto constitucional, no entanto, não deixou de ele próprio enunciar uma série de ambiciosos objectivos, não só de conteúdo meramente programático, como também com imediatos reflexos concretos.

Desse extenso articulado salientaremos apenas duas disposições, que nos parecem mais significativas:

No art. 58.º afirma-se que 'todos têm direito ao trabalho', referindo-se ainda que, para assegurar tal direito, incumbe ao Estado promover:

a) A execução de políticas de pleno emprego;
b) A igualdade de oportunidades na escolha da profissão ou género de trabalho e condições para que não seja vedado ou limitado, em função do sexo, o acesso a quaisquer cargos, trabalho ou categorias profissionais;
c) A formação cultural e técnica e a valorização profissional dos trabalhadores.

No art. 53.º, por sua vez, proclama-se ser garantida aos trabalhadores a segurança no emprego, sendo proibidos os despedimentos sem justa causa ou por motivos políticos ou ideológicos.

---

[2] O art. 2.º da Constituição de 1976, cuja redacção veio depois a ser alterada, na revisão de 1982, não deixa margem para dúvidas quanto ao posicionamento ideológico do legislador constituinte. Aí se prescrevia, no texto original, que 'a República Portuguesa é um Estado democrático, baseado na soberania popular, no respeito e na garantia dos direitos e liberdades fundamentais e no pluralismo de expressão e organização política democrática, que tem por objectivo assegurar a transição para o socialismo mediante a criação de condições para o exercício democrático do poder pelas classes trabalhadoras'.

À luz dos princípios definidos na Constituição foi então surgindo um conjunto de e diplomas que vieram disciplinar as mais diversas áreas do mundo laboral, muitos deles resultando da transposição de directivas comunitárias para a ordem interna portuguesa. Pela sua óbvia importância e significado cumpre assinalar a ratificação, em 2001, da Carta Social Europeia, negociada no âmbito do Conselho da Europa, e que consagrou o reconhecimento, pelos Estados membros, de uma série de direitos fundamentais na área civil, política, económica, social e cultural, onde se inserem designadamente o direito ao trabalho e a condições de trabalho justas, à segurança e higiene no trabalho, a uma remuneração justa, ao livre associativismo sindical e à negociação colectiva, à protecção da maternidade, à formação profissional, à igualdade de oportunidades e de tratamento em matéria de emprego e de profissão, sem discriminação baseada no sexo, à protecção em caso de despedimento, e á protecção e assistência dos trabalhadores migrantes.

Finalmente, e com o natural propósito de organizar, de forma sistematizada, muita da legislação avulsa até então vigente, importa referenciar a aprovação do Código do Trabalho (CT) em 2003, pela Lei n.º 99/2003, de 27/8, entretanto revisto pela Lei n.º 7/2009, de 12/2.

Não representando uma simples compilação de diplomas anteriores, mas uma verdadeira e nova codificação de normas, o CT manteve ainda assim, no essencial, as soluções jurídicas que já antes vigoravam, e que aqui e ali foram objecto de alterações pontuais, ou da introdução de alguma maleabilidade formal. No entanto, e apesar de ter sido objecto de muitas críticas, por vezes contundentes, em particular provindas do mundo sindical, o Código ficou longe de constituir qualquer tipo de revolução substancial no campo do Direito do Trabalho. Por imperativo constitucional, as linhas mestras traçadas em 1976 continuaram necessariamente a ser respeitadas pelo legislador ordinário, e desde logo naquela que era a área mais sensível: a temática da desvinculação contratual.

O certo é que, pela primeira vez, o Direito do Trabalho conheceu em Portugal uma experiência de codificação. E se ainda será prematuro um qualquer balanço consistente desta realidade, parecem claros alguns sinais de desgaste, não só motivados pela óbvia impossibilidade dificuldade de concentrar, num só diploma, todo o conteúdo normativo do mundo laboral, mas ainda pela crescente volatilidade das soluções acolhidas pelo legislador, cada vez mais precárias e dependentes de factores meramente conjunturais.

2. O advento da globalização. a crise económica

Em pouco mais de um século, em Portugal como em grande parte do mundo civilizado, eram evidentes os progressos que o tratamento jurídico das questões laborais merecera: depois de, em pleno liberalismo, o contrato de trabalho não passar de quase uma espécie, mais ou menos obscura, do contrato de prestação de serviços, no final do séc. XX o Direito do Trabalho assumira já plena autonomia científica e diferenciado tratamento pedagógico, a nível universitário. Simultaneamente, uma intensa e crescente elaboração doutrinária e jurisprudencial constituía uma verdadeira lufada de ar fresco na comunidade jurídica, explorando caminhos e introduzindo soluções inovadoras, que passaram a ser referenciados como exemplo por outros ramos do Direito[3].

A linha condutora dessa evolução legislativa pode sintetizar-se em poucas palavras: a importância do trabalho, assumido como primeira fonte de subsistência de qualquer pessoa, gerara um crescente reforço dos direitos dos trabalhadores, balizados pela defesa dos princípios da estabilidade e da segurança no emprego, e inseridos num quadro normativo consideravelmente rígido e de cariz marcadamente intervencionista.

O limiar do novo milénio, todavia, trouxera uma nova realidade às relações internacionais e à vida em sociedade, que se vinha desenhando já nas últimas décadas do séc. XX. Os equilíbrios geo-políticos subsequentes ao pós-guerra haviam sido modificados, primeiro pela descolonização, e depois pela derrocada do sistema soviético e do seu espaço de influência. Paralelamente, o desenvolvimento tecnológico foi criando uma realidade social nova e muito diferente da que prevalecera durante gerações. A facilidade de comunicações, apoiada sobretudo na democratização do transporte aéreo, eliminou barreiras naturais e esbateu fronteiras políticas, fomentando fluxos migratórios e trocas comerciais, a ritmo e dimensão nunca antes conhecidos. A par disso, o rápido desenvolvimento das telecomunicações e da informática, protagonizada pela verdadeira revolução

---

[3] Recordemos dois exemplos, adoptados no campo processual pela legislação civil comum, que têm origem directa em soluções já seguidas pelo juslaboralismo: a adopção, como regra, de apenas dois articulados nas acções que sigam a forma de processo ordinário; e a apresentação da alegação do recorrente juntamente com o requerimento de interposição de recurso.

de hábitos que a internet introduziu, instituiu novos paradigmas no mundo da informação e do conhecimento, hoje ao alcance de todos e de cada um, em tempo real, mesmo se posicionados nos antípodas, ou até no espaço inter-planetário. A proximidade assim instituída criou um novo sistema de relações humanas e económicas, e de convivência entre pessoas, povos e nações, que se convencionou apelidar de 'globalização'.

O fenómeno determinara ainda uma concorrência aberta entre mercados emergentes e fornecedores de bens de consumo, sobretudo asiáticos, para cuja competitividade se revelava essencial o baixo custo da mão de obra envolvida. Por outro lado, a emigração proveniente do terceiro mundo e de espaços economicamente mais débeis recrudescera. Aos países e às regiões mais ricas, e pelos mais diversos meios, aportavam muitos milhares de homens e mulheres em busca de melhores condições de trabalho e de subsistência, na sua grande maioria sem qualquer qualificação profissional, e desprovida da mínima consciência social, constituindo alvo fácil de redes de tráfico de pessoas ou de empresários sem escrúpulos.

Porém, a partir de 2008 a realidade do mundo económico globalizado alterou-se significativamente. O súbito colapso de algumas instituições financeiras norte-americanas, resultante de dificuldades sentidas na área do crédito imobiliário, rapidamente gerou uma crise financeira de dimensões internacionais, que afectou, quase sem excepção, as finanças públicas e as economias nacionais, sobretudo em países mais dependentes do exterior.

A retracção do crédito originou um generalizado sentimento de desconfiança e uma restrição da procura por parte dos agentes económicos, quebrando um ciclo cuja lógica assentava na contínua expansão do consumo, e causando uma crise económica a nível mundial, sem precedentes desde 1929, e que ainda se mantém. Se parecem hoje visíveis alguns sinais de recuperação, a fiabilidade das previsões está ainda assim seriamente abalada, ao ponto de continuar incerto o futuro mais ou menos imediato.

Perante todo este contexto, e em face de tão vertiginosas mudanças, o mundo do Direito sentiu óbvias dificuldades em acompanhar o ritmo. Os quadros normativos instituídos, alicerçados em princípios e valores sedimentados ao longo dos séculos, foram seriamente abalados pela necessidade de dar resposta rápida às novas realidades, e pela manifesta incapacidade e impossibilidade de fazê-lo em tempo útil. À constatação desse facto seguiu-se a ideia de descredibilização das instituições jurídicas e judiciárias, muitas vezes alimentada e aproveitada por quem prefere conviver à margem da legalidade. Sob o pretexto do embaraço e do empecilho que a lei constituiria ao normal e saudável desenvolvimento da dinâmica social e económica, foi-se perdendo a dimensão humana do Direito. Nessa lógica, a Justiça, de um modo geral, e na plenitude das suas várias vertentes, deixou de ser considerada um valor absoluto, para se encarada como mero valor instrumental dos outros interesses preponderantes, segundo os ditames da ocasião.

E a área jurídico-laboral passou sem dúvida a ser uma das mais contestadas. Em Portugal, tal como noutros países ocidentais, uma legislação fortemente estruturada e orientada no sentido duma efectiva protecção social das classes trabalhadoras foi facilmente acusada, pelos tecnocratas neo-liberais, de excessiva rigidez, e de constituir um obstáculo ao progresso económico. Perante a proliferação de situações laborais atípicas, que emergiam à margem dos quadros legais estabelecidos, urgia repensar o Direito do Trabalho, de modo a reformulá-lo e a adaptá-lo aos desafios que a globalização aportara às sociedades contemporâneas.

Nesse sentido, e com o intuito de traçar novas ideias e propor novas soluções, a serem prosseguidas pelos diversos Estados membros, a Comissão das Comunidades Europeias, em finais de 2006, aprovou e fez divulgar um chamado 'Livro Verde', cujo título é claro quanto à tarefa que se propunha: 'Modernizar o direito do trabalho para enfrentar os desafios do século XXI'. Nele se acolhia, para além do mais, um conceito novo, designado por 'flexigurança'[4], que pretendia constituir o remédio adequado às novas necessidades do mercado de trabalho, conjugando de modo equilibrado os interesses de empresários e de trabalhadores. Por um lado, e como forma de conferir maior competitividade às empresas, introduzia-se uma maior flexibilidade nos mecanismos legais que regulavam a prestação do trabalho, designadamente no que toca às formas de contratação e de desvinculação, aos horários de trabalho, e à mobilidade funcional; por outro, garantia-se maior segurança em caso de desemprego, através de esquemas de protecção social que assegurassem a subsistência condigna dos trabalhadores desempregados, e fomentassem a rápida obtenção de um novo posto de trabalho. Da conjugação desses dois valores, 'flexibilidade' e 'segurança', nascia assim a 'flexigurança'.

---

[4] Sistema em certa medida adoptado nalgumas economias desenvolvidas do norte da Europa, tais como a Holanda e países escandinavos.

Os objectivos traçados pelo Livro Verde partiam duma ideia clara: a necessidade imperiosa de alterar o status quo existente nas relações laborais. Assentavam, por outro lado, no pressuposto de que o mercado de trabalho se encontrava segmentado e vivia a duas velocidades, sendo constituído por trabalhadores com um emprego permanente, os 'insiders', e pelos 'outsiders', em que se incluíam os desempregados, as pessoas afastadas do mercado de trabalho, e aquelas que se encontram em situações de emprego precárias e informais.

As ideias e as propostas avançadas pelo Livro Verde estiveram longe de ser consensuais, e suscitaram reacções de diversos quadrantes. Entre elas, pela sua representatividade, merece especial destaque a posição assumida pela Confederação Europeia de Sindicatos que logo acentuou a necessidade de a modernização do Direito do Trabalho ser conjugada com o reforço da sua efectividade, de modo a que a flexibilização do mercado de trabalho, quando necessária, não viesse a traduzir-se, na prática, numa completa desregulamentação das relações laborais.

Foi de certa forma seguindo o desafio lançado pelo Livro Verde, que em Portugal o Governo procedeu em 2009 à revisão do Código do Trabalho, na sequência aliás do que constava já no respectivo Programa[5].

O certo é que as soluções acolhidas no código revisto pouco divergiram em substância do passado imediato, de tal modo que, hoje em dia, o conceito de 'flexigurança' quase constitui já, apenas, uma referência histórica, tendo deixado de estar presente no léxico de agentes políticos e de responsáveis patronais e sindicais.

Com efeito, o quadro constitucional continua a ser referência obrigatória para o legislador ordinário, designadamente no que toca à temática da desvinculação contratual. Por isso, e para além do considerável encurtamento temporal que foi introduzido em matéria de impugnação do despedimento promovido pelo empregador, com alegação de justa causa, e

---

[5] Onde se dizia já, em termos de política de emprego:

'O desafio que se põe é o de materializar – por lei, mas sobretudo por negociação colectiva – um novo compromisso social mais flexível e mais adaptado quer às exigências da qualificação, quer aos desafios da competitividade, quer aos problemas da conciliação da vida profissional com a vida pessoal e familiar.

O Governo seguirá uma estratégia de transformação modernizadora da legislação laboral, capaz de conciliar os direitos de cidadania dos trabalhadores com o aumento da capacidade de adaptação das empresas aos desafios da produtividade e da competitividade.

bem assim da inovadora forma processual à mesma conferida, o que para já de certa forma se evidencia é a discutível técnica legislativa adoptada pelo legislador, de que a Declaração de Rectificação n.º 21/2009, de 18/3, constitui aliás exemplo elucidativo[6].

3. Reflexos da crise económica na justiça do trabalho

Sendo inevitavelmente sentidos pelo cidadão comum os efeitos duma crise económica global, que a todos afecta, é legítimo questionar de que forma se reflectirá essa mesma crise na jurisdição laboral portuguesa. Será que o tipo de litigância que aí agora se pratica se mostra de algum modo evidenciado pelas vicissitudes por que têm passado as sociedades contemporâneas, e de que o caso português não é excepção? E na hipótese afirmativa será possível afirmar alguma tendência visível?

Não sendo conhecido qualquer tratamento científico e sistematizado da questão, a experiência diz-nos ser ainda assim perfeitamente justificado o reconhecimento de sinais que constituem manifestação clara da época crítica que vivemos, e que diferem substancialmente daqueles que marcariam a litigiosidade laboral em ciclo económico de plena expansão.

Como panorama de fundo, que subjaz transversalmente a toda a jurisdição, a ideia predominante é cada vez mais a da precarização do trabalho. A fragilidade do vínculo contratual estabelecido entre empregadores e trabalhadores, quer resultante do próprio conteúdo funcional da relação jurídica em causa, quer derivado de razões objectivas que se prendem com a unidade empresarial em que o objecto do contrato é desenvolvido, é uma evidência presente em número substancial das acções que hoje surgem nos nossos tribunais.

Para além desse aspecto genérico há todavia pontos, mais concretos, que podem ser alinhados, e que são o resultado da sensibilidade e da percepção adquirida em anos de vivência na justiça do trabalho, quer na 1.ª instância, quer num tribunal de recurso.

Fazendo-o, podemos sintetizar em cinco áreas aqueles que nos parecem ser os reflexos da crise económica na jurisdição laboral. São eles:

---

[6] Cfr. a propósito o Ac. Tribunal Constitucional n.º 490/09, de 28/9/2009 (in www.tribunalconstitucional.pt), e Ac. o Rel. Évora de 5/5/2009 (in www.dgsi.pt).

1.º *Discussão da qualificação jurídica do negócio jurídico contratado*

São em número crescente os casos em que é controvertida a natureza jurídica do vínculo contratual estabelecido entre as partes litigantes, que não é assumido como relação de trabalho subordinado pela parte supostamente tida como entidade empregadora, por ela alegadamente configurando um diferente tipo contratual, nessa medida subtraído à legislação laboral.

São evidentes os propósitos que decorrem de semelhante pretensão do beneficiário da prestação de trabalho: por um lado, obviar a todos os encargos patrimoniais que advêm da existência dum contrato de trabalho, e que se prendem com o pagamento de contribuições para a Segurança Social, ou de prémios de seguro de acidentes; por outro, contornar a imperatividade da lei em variadas áreas do mundo laboral, como sejam as das remunerações mínimas, ou em matéria de cessação do vínculo.

Mas a clássica distinção entre contrato de trabalho e contrato de prestação de serviços é hoje temperada pela introdução de cláusulas contratuais atípicas[7], formalizadas por escrito ou meramente consensuais, que densificam consideravelmente os dados do problema, e perante os quais a presunção de laboralidade consignada no art. 12.º do Código do Trabalho, não obstante ter constituído um significativo avanço legal, não consegue muitas vezes dar resposta satisfatória.

Por outro lado, as novas figuras contratuais introduzidas pela lei, como sejam o teletrabalho ou o trabalho intermitente, para além de terem reduzida expressão prática, não alteraram substancialmente a questão. A falta da forma escrita exigida por lei para as validar reconduz tais situações ao mesmo problema de fundo: a existência, ou não, duma relação de trabalho subordinado.

---

[7] Recordamos aqui um caso concreto que não hesitámos em classificar como verdadeira 'engenharia jurídica': um contrato formalizado por escrito e aí apelidado pelas partes de 'contrato de prestação de serviços e de comodato'. O objecto do empréstimo gratuito eram as instalações da unidade empresarial onde o trabalhador desempenhava funções, que era dessa forma qualificado por forma a obviar à titularidade do local onde ocorria a prestação de trabalho, que como se sabe é doutrinariamente considerado como índice significativo da subordinação típica de um contrato de trabalho.

2.º *Número reduzido de litigâncias na vigência do contrato do trabalho*

Não é um fenómeno de agora, mas os tempos de crise têm-no potenciado: a demanda da entidade empregadora durante a vigência duma relação de trabalho é cada vez mais escassa.

Daí que a discussão em juízo de questões relacionadas com o conteúdo funcional duma determinada categoria profissional, a definição de horários de trabalho, o exercício de direitos sindicais, parentais, ou em caso de gravidez, o pagamento de trabalho suplementar, ou outras semelhantes, é na grande maioria dos casos relegada para momento posterior ao da cessação do contrato, sendo porventura cumulada com a discussão da própria validade jurídica dessa mesma cessação, qualquer tenha sido o motivo que a determinou.

A razão de ser desta tendência é manifesta. O risco de empregabilidade acentua-se naturalmente quando, em tempo de crise económica e de precariedade do emprego, a estabilidade duma relação de trabalho é abalada por uma demanda judicial. E a reduzida capacidade interventiva das associações sindicais, inversamente proporcional à dimensão das empresas em que se inserem, também contribui para que a reivindicação judicial de direitos, ainda que legítima, seja uma realidade cada vez mais distante quando não está em causa a desvinculação contratual.

Neste particular, a introdução da mediação laboral, como mecanismo alternativo à resolução de litígios, tem-se revelado um verdadeiro fracasso, não constituindo solução que propicie alternativa credível à justiça tradicional.

3.º *Número crescente de litigâncias em torno da validade de contratações a termo, e da respectiva cessação*

Embora já admitidos pela LCT, data de 1976 o primeiro regime jurídico dos contratos de trabalho a termo, ou a prazo (Dec.-Lei n.º 781/76, de 28/10). Visando na sua génese dar resposta a necessidades temporárias de mão de obra das empresas, a contratação a termo rapidamente se transformou em solução capaz de contornar as limitações que para o empregador decorriam da existência duma relação de trabalho permanente.

Por isso, e não obstante a validade dum contrato a termo estar sempre dependente duma situação de facto, tipificada na lei, que a motive de forma inequívoca, o recurso a semelhante expediente revelou-se muitas vezes abusivo. Ocorreram assim, neste domínio, sucessivas alterações legislativas, sempre norteadas pela ideia de reforçar a excepcionalidade da situação, apenas admitida em casos específicos devidamente justificados, e como tal assumidos no próprio clausulado contratado.

Foi o que sucedeu com o regime aprovado pelo Dec.-Lei n.º 64-A/89, de 27/2, e depois com o Código do Trabalho, quer na sua versão original, quer com a revisão de 2009. O actual art. 140.º, n.º 1, é peremptório na admissibilidade da contratação a termo apenas para a satisfação de necessidade temporária da empresa, e pelo período estritamente necessário à satisfação dessa necessidade; o art. 140.º, n.º 1, al. e), por sua vez, exige a indicação expressa do termo estipulado, e do respectivo motivo justificativo, esclarecendo o n.º 3 que essa indicação deve ser feita com menção expressa dos factos que o integram, devendo estabelecer-se a relação entre a justificação invocada e o termo estipulado; por fim, o art. 147.º, n.º 1, reconduz a contrato de trabalho sem termo aquele em que a estipulação do termo tenha tido por fim iludir as disposições que regulam o contrato sem termo, ou em que sejam omitidas ou insuficientes as referências ao termo ou ao motivo justificativo.

Certo é que, não obstante todas as exigências consignadas na lei, a contratação a termo atingiu na prática números consideravelmente elevados. Em 2007, segundo dados oficiais do INE, ascendiam a 22,4% os contratos de trabalho ditos 'instáveis', no universo dos trabalhadores por conta de outrem. O Observatório do Emprego e Formação Profissional, para o mesmo ano, revelava que a média da União Europeia, já a 27, não ultrapassava para a mesma realidade os 14,5%.

Em face deste panorama, é significativo o número de acções laborais em que se discute a validade da aposição da cláusula do termo, suscitada geralmente em consonância com a impugnação da caducidade do contrato invocada pelo empregador, alegadamente encobrindo um verdadeiro despedimento sem justa causa.

Trata-se sem dúvida duma clara evidência do momento de crise que atravessamos, em que manifestamente a realidade das coisas superou o esforço legislativo que visava conter uma das mais frequentes manifestações de precariedade no trabalho e no emprego.

4.º Emergência do trabalho temporário

A figura do trabalho temporário é uma realidade relativamente recente e em acentuado crescimento[8], pela primeira vez acolhida na ordem jurídica portuguesa pelo Dec.-Lei n.º 358/89, de 17/10, e hoje regulada nos arts.º 172.º e seguintes da versão revista do Código do Trabalho. Traduz-se numa relação jurídica tripartida, que é protagonizada por 3 entidades distintas:

- A empresa de trabalho temporário, cuja actividade consiste na cedência temporária a terceiros, utilizadores, de trabalhadores que para esse efeito, admite e remunera;
- o trabalhador temporário, que celebra com a 1.ª um contrato de trabalho temporário, pelo qual se obriga a prestar a sua actividade profissional a utilizadores, a cuja autoridade e direcção fica sujeito, mantendo todavia o vínculo jurídico-laboral à empresa de trabalho temporário;
- o utilizador, que ocupa, sob a sua autoridade e direcção, trabalhadores cedidos pela empresa de trabalho temporário.

Como regra, o contrato de utilização de trabalho temporário está sujeito a forma escrita, que para além do mais, e à semelhança do que sucede com a contratação a termo, deve explicitar o motivo justificativo do recurso ao trabalho temporário por parte do utilizador, e bem assim ao início e duração, certa ou incerta, do contrato.

A inobservância da forma escrita, ou a omissão do motivo justificativo, gera a nulidade do contrato, que é então reconduzido a uma relação de trabalho sem termo, entre trabalhador e utilizador.

Na jurisdição laboral são em número crescente os litígios que se prendem com esta realidade emergente, que foge à tradicional relação jurídica bilateral, e que por isso suscita consideráveis dificuldades, sobretudo

---

[8] Segundo números divulgados pela Eurofound (Fundação Europeia para a Melhoria das Condições de Vida e de Trabalho) em 2008 era muito diversificado o nível de regulamentação do trabalho temporário nos diversos Estados membros. Em 11 deles existiam associações patronais que promoviam o trabalho temporário e participavam em nesse âmbito em negociação colectiva; em contrapartida, em vários outros (Bulgária, Chipre, Estónia, Letónia, Lituânia e Malta) não havia qualquer regulamentação específica. Por outro lado, apenas em França, Grécia e Itália foram encontrados sindicatos específicos para o sector.

quando está em causa a repartição de direitos e deveres titulados pelas partes contratantes.

5.º *Situações de crise empresarial, e sua relativa desjudicialização*

A lei laboral prevê hoje diferentes mecanismos que regulam situações de facto, derivadas objectivamente de momentos de crise empresarial, que podem ou não afectar a subsistência das relações de trabalho estabelecidas no seu âmbito.

Entre elas destacam-se o despedimento colectivo, e o despedimento por extinção do posto de trabalho, um e outro justificados por motivos de mercado, estruturais ou tecnológicos, conceitos estes que se acham enunciados no art. 359.º, n.º 2, do Código do Trabalho. Sem importar na ruptura do vínculo, há que apontar ainda os casos de redução temporária do período normal de trabalho, ou de suspensão do contrato de trabalho por facto respeitante ao empregador, de que se ocupam os arts. 298.º e seguintes do código.

Ao invés do que seria suposto suceder, e salvo em casos pontuais ocorridos com despedimentos colectivos, não tem sido abundante a litigância judicial relacionada com as hipóteses referidas. A normativização dos procedimentos previstos na lei, que decorrem de forma tendencialmente negociada, e depois perante os serviços do ministério responsável pela área laboral, relega para os tribunais pouco mais que a apreciação da validade formal das diligências processuais exigidas, numa fase em que as consequências do facto consumado são já evidentes, desmotivando a demanda judicial.

Neste contexto, e muito embora constituindo as situações aludidas uma das mais dramáticas e visíveis consequências da crise económica, é sobretudo no âmbito administrativo que se digladiam os interesses em jogo.

* * *

O breve quadro judiciário que se descreveu, em face da globalização e da crise que afecta o mundo contemporâneo, é também ele demonstrativo da encruzilhada em que hoje se encontra o Direito do Trabalho.

É certo que as novas realidades exigem um novo tratamento. Mas não será menos verdade que a permanência e a acentuação das desigualdades sociais, económicas, e culturais, entre cidadãos que vivem lado a lado, exigem que os poderes públicos continuem a intervir e a assumir um papel regulador.

Se no seus primórdios o Direito do Trabalho nasceu como resposta jurídica e social ao avanço do liberalismo económico, em pleno séc. XXI o Direito do Trabalho não pode deixar de dar resposta semelhante à tendência de desregulação advinda dalgum neo-liberalismo que a crise promoveu. Com soluções inovadoras e modernas, mas ainda e sempre como referência capaz de estimular e de servir de exemplo à restante comunidade jurídica.

AS NORMAS INTERNAS E O DIREITO INTERNACIONAL
Aspectos trabalhistas e constitucionais

CARLOS ROBERTO HUSEK

1. Introdução

É realmente um privilégio participar desta obra de tão renomados juristas, discorrendo sob alguns aspectos do Direito Internacional e do Direito Interno, principalmente no que se refere ao Direito do Trabalho.

Entendo que esta obra deve proporcionar ao estudioso uma certa rigidez de conceitos e ao mesmo tempo uma certa leveza comunicativa e didática, binômio que sem dúvida revela bem o espírito luso-brasileiro, que também está sabendo construir uma nova sociedade para portugueses e brasileiros, e para todos os nossos irmãos de língua – Comunidade dos Países de Língua Portuguesa –, uma comunidade que se expande cada vez mais e cresce em importância em um mundo, que necessita de seriedade e de singeleza, virtudes difíceis de serem conjugadas em um único povo. A nossa miscigenação, o nosso amálgama, produzirá, não tenho dúvidas, uma bela página na história da humanidade, o que ainda está para acontecer e acontecerá, e no pensamento jurídico, o que está sendo paciente e paulatinamente costurado por todos nós, a partir de trabalhos conjuntos como este e como outros que já vieram a lume, e que virão, o que só nos envaidece, mas, antes de tudo, nos dá a exata dimensão da responsabilidade e dos obstáculos.

Tais considerações iniciais são importantes para situarmos com objetividade o caminho que vamos traçar neste capítulo e prepara o estudioso para uma leitura o mais compreensível possível do texto.

A análise jurídica árida e destituída de certa criatividade não é o que pretendemos; todavia, a mera criatividade foge aos rigores de um mínimo padrão científico. Ousar é preciso em matéria de Direito e de sociedade, não fugir das bases do pensamento já consagrado é necessário para bem evoluir e proporcionar uma certa segurança. Se conseguirmos este feito já contribuiremos modestamente com alguma idéia sobre uma matéria que, na verdade, não tem razoável quantidade de estudos: ou bem é analisada sobre a perspectiva interna de um determinado país, ou bem, e mais raramente, é examinada sobre o prisma internacional. Neste último viés, somente sob o aspecto comparativo, do qual não poderemos muito fugir.

O Direito Interno, nos seus diversos ramos, já está consolidado, em regras, em princípios, em sistemas; o Direito Internacional, ao contrário, está em fase de crescimento, de acelerado crescimento, mas ainda em formação.

2. Direito Interno e Direito Internacional

Quando nos referimos ao Direito Interno, não falamos de um país específico, de um povo em particular, e sim, constatamos que povos antigos ou soberanos que já possuem uma história e novos Estados, todos, de alguma forma, se beneficiam de um aprendizado comum e com uma ou outra especificação estabelecem as bases de sua governabilidade sobre pilares jurídicos conhecidos.

O Direito interno é aquele que se conforma dentro de um determinado território e corresponde a uma dada sociedade, que por si é uma sociedade fechada, hierárquica, com poderes estabelecidos – Executivo, Judiciário e Legislativo –, cujo sistema normativo guarda, lembrando lições de Kelsen, uma imputação, entre a norma de base para outra norma mais abrangente, desta para outra e assim por diante até desaguar na Constituição Federal, norma maior, ápice da pirâmide, e que de sua posição altaneira irradia ou deve irradiar suas luzes para todo o sistema, realimentando-o, e proporcionando uma certa lógica, uma certa segurança, uma certa regularidade que estabiliza as relações e torna, ou deve tornar mais fácil a vida em sociedade.

O Direito Internacional, não. Este é um crisol de experiências, um laboratório de tentativas, um cadinho de variegadas concepções, em que se misturam as idéias, os institutos, as necessidades, os paradigmas internos e as novas possibilidades – criam-se figuras jurídicas novas – para resultar em algo, que, esperemos venha a ser o início de uma nova era.

Este é o tamanho da nossa tarefa! Desenhar, com os instrumentos que temos, as diversas possibilidades para tornar o mundo – desculpem a frase comum – um lugar melhor para se viver. As frases e lugares comuns têm uma grande finalidade, a de por nos trilhos o que de fato se pensa ou deveria se pensar, em torno das grandes questões. Uma das grandes questões, senão a maior, é esta: como viver melhor em sociedade? Ou, como viver melhor em um mundo sem fronteiras, para que não venhamos a sofrer os horrores da guerra, da fome, do atraso, da iniquidade? Eis, uma das duradouras empreitadas do homem que se dedica – como todos nós (leitores assíduos, professores engajados, cientistas preocupados, juízes conscientes, advogados operosos) – ao Direito.

Vamos aos conceitos e definições. Antes, um alerta: as definições parecem ser muito arriscadas, no tema que nos propuseram – um caminho comum entre o Direito Internacional e o Direito Interno, pelo instrumento da norma coletiva – porque não há precisão nem vastos estudos anteriores. Assim, preferimos os conceitos e mesmo as noções, que são mais flexíveis e nos quais cabem, por vezes, as diversas teorias, e que se adaptam mais facilmente às circunstâncias de uma vida internacional sem terrenos fixos, movediça e mutável. Utilizaremos de definições, sempre que tidas como corretas para o Direito Interno.

Há uma confluência de matérias entre o Direito Internacional e o Direito Interno: Direito Internacional Público, Direito Internacional Privado, Direito Internacional Público do Trabalho, Direito Internacional Privado do Trabalho, Direito da Integração, Direito Comunitário e outros, para falar somente dessa rara e pouco estudada interseção entre o Direito Internacional e o Direito do Trabalho, nas suas variegadas gamas de possibilidade, que procuraremos desenvolver nas próximas linhas, de forma simples e objetiva.

3. Direito Internacional Público

O Direito Internacional Público cuida dos sujeitos internacionais e de suas relações: Estados, organismos internacionais, blocos regionais e outros. Observa-se, pois, um estudo comum em diversos países, que envolvem tais figuras, como os tratados internacionais, conceito, requisitos e a vigência internacional e interna, os órgãos de relação entre Estados, a atuação das Cortes Internacionais, da arbitragem e das diversas formas de solução de litígios internacionais

4. Direito Internacional do Trabalho

O Direito Internacional do Trabalho também chamado de Direito Internacional Público do Trabalho tem por objeto o estudo da Organização Internacional do Trabalho – OIT e suas convenções e recomendações internacionais, bem como os tratados, atos e declarações internacionais que especifico quem matéria trabalhista, fora do âmbito específico da OIT, entre os diversos países, ou dentro dos blocos regionais, como, por exemplo, a Declaração de 9.5.1991, feita no âmbito do Mercosul sobre a Carta Sociolaboral deste bloco, cujo conteúdo faz ver esta preocupação maior:

"I – O Tratado de Assunção abre as portas de um notável progresso para os seus respectivos países e, por isso, é necessário procurar um resultado exitoso das negociações pendentes.

II – É necessário atender aos aspectos laborais e sociais do Mercosul e acompanhar as tarefas dos respectivos representantes, para assegurar que o processo de integração venha acompanhado de uma efetiva melhora nas condições de trabalho dos países que subscrevem o tratado.

III – Promover a criação de subgrupos de trabalho com a incumbência de avançar no estudo das matérias vinculadas a suas pastas.

IV – Estudar a possibilidade de subscrever um instrumento, no marco do Tratado de Assunção que contemple as ineludíveis questões laborais e sociais que trará consigo a implantação do Mercado Comum do Sul.

V – Os diversos países se prestarão a toda cooperação necessária para o recíproco conhecimento dos regimes próprios vinculados ao emprego, à seguridade social, à formação profissional e às relações individuais e coletivas de trabalho.

VI – Promover o prosseguimento dos acordos alcançados mediante outras reuniões análogas à desenvolvida nesta cidade de Montevidéu."

(Cláudia Ferreira Cruz, *O Direito fundamental dos trabalhadores e a carta sociolaboral do Mercosul*, São Paulo, LTr, 2006, p. 88-135).

Invocamos tal declaração que acabou não se concretizando, da forma mencionada, dada a sua importância como preocupação dos aspectos básicos dos direitos dos trabalhadores no âmbito do bloco e propiciou alguma evolução nesse sentido, na tentativa de proporcionar ao Mercosul uma Carta de Direitos Fundamentais em matéria laboral.

Também a União Européia busca essa dimensão social, assim como outros blocos regionais que não queiram ser apenas uma integração econômica. Para tanto deve haver um comprometimento do Estado em respeitar os direitos fundamentais dos trabalhadores.

Também esta temática é apropriada a uma parte dos estudos do direito da Integração e do direito Comunitário.

5. Direito Internacional Privado

Embora não consideramos esta matéria parte da grande área de estudos do Direito Internacional, ela não pode ser deixada de lado pelo juslaboralista, porque as relações conflituosas entre empregados e empregadores se desenvolvem no território de algum Estado, aos quais se aplicam também regras internacionais elaboradas por uma organização internacional (p.ex. Mercosul), ou por Estado (p. ex. um tratado bilateral). Há, como se observa, uma confluência de matérias do Direito Interno e do Direito Internacional.

De qualquer modo, uma explicação se faz necessária quanto a assertiva de que não se trata de matéria realmente internacional. Baseamos-nos, vale a repetição, principalmente no Direito brasileiro. Para nós, o Direito Internacional Privado, é na verdade um ramo do Direito interno, vigente no território nacional, porquanto cuida da solução do conflito de leis no espaço.

Na verdade, o referido conflito é falso, porque há, de imediato uma escolha da norma a ser aplicada, dentre duas ou mais possíveis e, se assim é, não há efetivamente conflito.

De qualquer modo, quando um fato ocorre dentro do território de um Estado e contém algum elemento estranho ao país (elemento de estraneidade), por exemplo, uma compra e venda em que o vendedor é nacional de um Estado e o comprador é nacional de outro, domiciliado em outro território, pode-se entender que num dado momento ambas as leis se aplicam, o que geraria um conflito que deve ser dirimido por um dos sistemas jurídicos, com base na sua própria lei interna que pode prever, e em geral o faz, a possibilidade de aplicação da lei estrangeira.

No caso do Brasil, o Direito Internacional Privado encontra-se, basicamente, na Lei de Introdução ao Código Civil (lei 4.657/42), que especifica várias situações que a ela se subsumem. Basta uma exemplificação, como a do artigo 7.º "A Lei do país em que foi domiciliada a pessoa determina as regras sobre o começo e o fim da personalidade, o nome, a capacidade e os direitos de família."

O que interessa para o Brasil não é a nacionalidade, mas o estatuto pessoal na lei do domicílio (Lex domicilii), isto é, a sede jurídica da pessoa – lugar onde a pessoa estabelece a sua residência com ânimo definitivo –, tal definição segundo a própria lei brasileira (qualificação). Em face deste artigo muitos conflitos podem ter solução adequada e mais justa.

6. Direito Internacional Privado do Trabalho

Como é possível perceber, tal ramo do Direito alimenta-se da mesma problemática do Direito Internacional Privado, porque é nas relações de trabalho que podem ocorrer elementos estranhos a um determinado país (trabalhador contratado no Brasil para trabalhar em Portugal). Aplicável, para todos os efeitos, não só a Lei de Introdução ao Código Civil (capacidade, imóvel eventualmente comprado no exterior e etc.), como a lei trabalhista interna (Consolidação das Leis do Trabalho) e esparsas, como as que regulam a transferência de trabalhadores para o estrangeiro (Leis 7.064/82 e 11.962/09)

Aí está uma pálida idéia da base desse escrito, que leva em conta uma visão inter e transdisciplinar do Direito. Para o internacionalista outro não poderia ser o caminho.

7. Direito do Trabalho

O Direito do Trabalho, como sabemos é matéria do Direito Interno de cada país, todavia, tem vocação para a universalidade, isto é, para superar as barreiras do Estado no objetivo de atingir uma classe de seres humanos, ditos trabalhadores, cujas necessidades ultrapassam o domínio do Estado.

Temos para nós, que os direitos inerentes aos trabalhadores são direitos humanos e também podem ser fundamentais. Fazemos alguma diferença entre estes dois termos, a saber:

7.1. Direitos Humanos

A idéia é que o homem tem direitos naturais anteriores à formação da sociedade e que o Estado não é nem pode ser obstáculo ao exercício de tais direitos, deve antes garanti-los. O Estado não é nem pode ser obstáculo ao exercício de tais direitos, deve antes garanti-los.

A base histórica está no "Bill of rights" de muitas colônias americanas.

Os direitos humanos são universais, abstratos, imprescritíveis, inalienáveis, atemporais, irrenunciáveis, absolutos, imutáveis, supranacionais, indivisíveis, válidos para todos os povos em todos os tempos.

7.1.1. Universais

Isto é, pertencem a todos os seres humanos, em todos os quadrantes da terra, independentemente de raça, de credo religioso, de nacionalidade, de condição econômica.

7.1.2. Abstratos

Estão no mundo do dever ser, prontos para se incorporarem às situações da vida; prontos para ser reivindicados e exercidos.

7.1.3. Imprescritíveis e Atemporais

Não se submetem aos limites de tempo concebidos pelas legislações internas dos países. Contra tais direitos não corre o tempo, porque a qualquer momento, tomando o indivíduo conhecimento de que está sofrendo alguma diminuição naquilo que lhe é fundamental, pode buscar exercer o direito reivindicado.

7.1.4. *Inalienáveis*

Porque indisponíveis, inegociáveis, intransferíveis, imprescindíveis para a sobrevivência do ser humano na face da Terra.

7.1.5. *Irrenunciáveis*

São irrenunciáveis porque são personalíssimos. O próprio ser humano não pode afastá-los com o seu desejo, porque está impedindo o cumprimento natural das coisas, do que é vital para a sua vida.

7.1.6. *Absolutos e imutáveis*

Porque estão cingidos a fatores socioculturais, políticos, econômicos de determinada época e de determinada organização.

7.1.7. *Indivisíveis*

Esta é uma característica importante, porque por intermédio dela se afirma que desrespeitado um dos direitos, tidos como humanos, todos os direitos dessa natureza também, de certa forma, ficam desrespeitados. Não é possível cumprir parte dos direitos humanos ou respeitá-los em parte. Embora se configurem em aspectos diversos, é certo que tem a mesma base, a mesma gestação.

7.2. *Direitos Fundamentais*

Vemos os direitos fundamentais como os mesmos direitos humanos, embora limitados no tempo e no espaço, porque fazem parte de um determinado sistema jurídico. Portanto, de forma simples, poderíamos dizer que os direitos fundamentais são os direitos humanos positivados em uma ordem jurídica a ser considerada.

Assim, quase todas as características acima descritas para os direitos humanos podem ser aplicáveis, com determinados parâmetros para os direitos fundamentais, porque estes são os direitos humanos eleitos pelo Estado como prioritários no seu ordenamento. Não quer isto dizer que os demais direitos humanos, plenamente reconhecidos no mundo inteiro, não possam ser exercidos ou não tem instrumentos jurídicos de defesa. Tal não se dá, tendo em vista que o sistema jurídico não é um todo fechado, tem aberturas, tem comunicação com o meio exterior, sofre influências externas, filosóficas, morais e busca completar-se pelos princípios maiores, que fazem em determinadas situações o papel de regras aceitas e efetivas.

O Direito do Trabalho, internacional e interno, se insere dentro da área maior dos Direitos Humanos.

Com isto queremos dizer que as convenções internacionais do trabalho, da OIT, bem como as normas adotadas pelo Estado para regrar o seu Direito Interno, vem informadas por essa condição de fundamentalidade e, por isso, devem ter um tratamento especial e diferenciado por parte do Estado.

O Direito Internacional do Trabalho lida com direitos humanos específicos dos trabalhadores e dos empregadores, principalmente aqueles, por sua condição mais modesta e dependente.

Na grande maioria dos países a gravidade de tais direitos vem sendo reconhecida, e efetivamente contam com várias regras protetivas do Estado, mas nos países em desenvolvimento, a necessidade de tal proteção aumenta à medida que o poder econômico e o capitalismo sem fronteiras, subjuga pobres e necessitados na busca do lucro.

8. Unindo as matérias já analisadas

O estudo do Direito não pode ser feito, como ainda acontece no Brasil, de forma compartimentada. Há muito nossos alunos aprendem as matérias de Direito, como matérias estanques, pouco se fazendo para cruzar as informações e os raciocínios.

E nessa linha, nós professores das faculdades, quase sempre, adentramos nas classes de aula, convencidos de que a nossa matéria é a mais importante. Nada mais pernicioso para o mundo hodierno.

Sempre pensamos e refletimos, baseados em lições antigas, que o Direito pode ser comparado a uma árvore e que cada ramo da árvore é um ramo do mesmo Direito. A seiva que passa pelo tronco da árvore também passa pelos seus galhos e ramos. Assim, temos que estudar o Direito como um todo, porquanto se trata de um único organismo, vivo.

Bom é o jurista, ou mais completo, que consegue enxergar os diversos campos como peças de um quebra cabeças, que devem encaixar-se para formar um quadro lógico.

Desse modo, o Direito Internacional Público do Trabalho está intrinsecamente ligado ao Direito Internacional Público, senão mais, pelo tratamento que deve ser dado aos tratados internacionais em que o país faz parte, como nas convenções da OIT, que assina e ratifica e que deve inserir no seu ordenamento interno.

Todavia, o Direito Internacional Público do Trabalho também não pode prescindir do Direito do Trabalho e do Direito Internacional Privado do Trabalho, porque estas duas matérias farão a devida aplicação do contrato dentro e fora do território do Estado, levando em conta os princípios e regras internacionais.

Por sua vez, os Direitos Humanos e Fundamentais são o veículo maior que conduzem e devem conduzir a bom termo os conflitos advindos nessa área.

9. As regras brasileiras de aplicação dos direitos do trabalhador e as convenções da OIT

O Brasil está ainda exercitando a melhor forma de aplicação dos direitos do trabalhador, para dar aos mesmos a efetividade que merecem.

No âmbito interno temos vasta produção de normas, desde a Consolidação das Leis do Trabalho até normas esparsas, várias e específicas, para médicos, dentistas, arquitetos, petroquímicos, representantes comerciais, servidores públicos, atleta profissional, domésticos, microempresas, portuários, professores, técnicos e cientistas estrangeiros.

No âmbito internacional o Brasil é membro da Organização Internacional do Trabalho e como tal assinou e ratificou a grande maioria das normas convencionais: n.ºs 6, 11, 12, 14, 16, 19, 21, 22, 26, 29, 42, 45, 80, 81, 88, 89, 92, 94, 95, 97, 98, 99, 100, 102, 103, 104, 105, 106, 108, 111, 113, 115, 116, 117, 118, 119, 120, 122, 124, 125, 126, 127, 131, 132, 133, 134, 135, 136, 137, 138, 139, 140, 141, 142, 144, 145, 146, 147, 148, 152, 154, 155, 159, 160, 161, 162, 163, 164, 166, 167, 168, 169, 170, 171, 174, 176, 178, 182. Entretanto, ratificou e posteriormente denunciou as de ns. 4

(sobre o trabalho noturno das mulheres), 96 (sobre as agências de colocação não gratuita), 110 (sobre as plantações), 158 (sobre o término da relação de trabalho por iniciativa do empregador), 41 (sobre o trabalho noturno das mulheres – revisão), 52 (sobre férias remuneradas), 101 (sobre idade mínima de admissão nos trabalhos industriuais), 5 (sobre idade mínima de admissão nos trabalhos industriais), 58 (sobre idade mínima no trabalho marítimo – revisão), 91 (sobre férias remuneradas do marítimo – revisão), 107 (sobre idade mínima do trabalho marítimo) e 3 (sobre maternidade).

Das Convenções da OIT consideradas fundamentais: 29 (sobre a abolição do trabalho forçado, 87 (sobre a liberdade sindical), 98 (sobre o direito de sindicalização e negociação coletiva), 100 (sobre o salário igual entre homens e mulheres), 105 (também sobre a abolição do trabalho forçado), 111 (sobre a discriminação em matéria de emprego e ocupação), 138 (sobre a idade mínima para o emprego), e 182 (sobre a proibição das piores formas de trabalho infantil), o Brasil não ratificou a de n. 87, porque a Consttituição da República de 1946 legitimou o exercício pelos Sindicatos de funções delegadas do Poder Público, o mesmo ocorrendo com a Constituição posterior de 1967, enquanto a Constituição atual, de 1988, impôs a unicidade de representação sindical em todos os níveis e manteve a contribuição compulsória.

Das Convenções consideradas prioritárias, pela OIT: 81 (sobre inspeção no trabalho), 122 (sobre política de emprego), 129 (sobre inspeção no trabalho), e 144 (sobre consulta tripartite sobre normas internacionais), o Brasil não ratificou a de n. 129, embora tenha ratificado a de n. 81, sobre igual matéria.

Resta dizer em relação a este tema que há ainda alguma dificuldade no Brasil sobre a entrada no ordenamento jurídico interno dos tratados internacionais em geral, o que também faz repercutir tal dificuldade para as convenções internacionais da OIT.

Isto porque, somos um país, como grande parte dos países do mundo, que busca dar roupagem de norma nacional aos tratados assinados e ratificados. Em outras palavras, o tratado internacional para vigorar no Brasil, deve ser transformado em lei, pela aprovação do Congresso Nacional (duas casas – Câmara e Senado), pelo veículo do Decreto-legislativo, com a participação do Executivo pelo Decreto de promulgação do Presidente da República e pela publicidade no Diário Oficial. Se assim não ocorrer, fatalmente o Judiciário não aplicará a convenção internacional.

9.1. Dualismo e Monismo

Duas teorias básicas que buscam solucionar o conflito entre a norma internacional (tratado internacional) e as normas internas (sejam quais espécies normativas forem, mas com objetivo especial em relação às normas constitucionais).

9.1.1. Dualismo

Muito simplesmente, o dualista é aquele que acredita na existência de dois sistemas de normas; um do direito interno e outro do direito internacional. Somente quando a matéria contida no tratado internacional é importante para o Estado, é que o dualista se preocupa em tornar o tratado lei interna.

9.1.2. Monismo

Também de forma simples, tal teoria identifica uma unidade jurídica no mundo, como se os sistemas, interno e internacional fossem círculos concêntricos, em que o sistema interno encontra-se dentro do círculo maior do sistema internacional (Kelsen). A norma interna somente vale se não contrariar a norma internacional.

Há espécies de dualismos e de monismos, e teorias conciliatórias, mas para a finalidade do que estamos escrevendo, apenas nos referimos de forma pura às duas vertentes principais, que bastam para desenhar o Brasil.

Em termos de teoria, optamos na prática, é o que informa o sistema, pelo dualismo em relação a quase todas as matérias de tratados internacionais, conjugação que se faz dos artigos 47, 49, I, 84, VIII, 102, III, "b" e 105, III, "b", da Lei Maior, dentre outros:

> "Art. 47. Salvo disposição constitucional em contrário, as deliberações de cada Casa e de suas Comissões serão tomadas por maioria dos votos, presente a maioria absoluta de seus membros."

Este artigo diz respeito ao quorum para a aprovação de um tratado internacional, e, em tese vale também para as convenções da OIT, que são tratados internacionais.

"Art. 49. É da competência exclusiva do Congresso Nacional: I – resolver definitivamente sobre tratados, acordos ou atos internacionais que acarretem encargos ou compromissos gravosos ao patrimônio nacional."

Isto é, todo e qualquer tratado internacional que de certa forma propicie gasto do erário público deve antes do Brasil compromissar-se internacionalmente ser aprovado pelo Parlamento. A esta aprovação damos o nome de "aprovação legislativa", "ratificação interna" ou "ad referendum" do Congresso.

"Art. 84. Compete privativamente ao Presidente da República: VIII – celebrar tratados, convenções e atos internacionais, sujeitos a referendo do Congresso Nacional."

O presidente da República, pessoalmente ou por intermédio de seus prepostos, Ministros, diplomatas e outros, negocia e assina um tratado internacional, mas que só terá validade em recebendo o aval do Congresso.

"Art. 102. Compete ao Supremo Tribunal Federal, precipuamente a guarda da Constituição, cabendo-lhe: III – julgar, mediante recurso extraordinário, as causas decididas em única ou última instância, quando a decisão recorrida: b) declarar a inconstitucionalidade de tratado ou lei federal."

Por tal dispositivo vemos que o STF pode julgar inconstitucional um tratado internacional, assim como o faz com a lei ordinária, estando pois, os tratados abaixo da Carta Magna e equiparados a lei ordinária federal. Esta situação, embora compreensível sob o ponto de vista da soberania e do sistema jurídico, não favorece o Brasil nas suas relações internacionais, porque pode ocorrer que um tratado seja assinado e ratificado e posteriormente declarado inconstitucional pelo Judiciário nacional, o que fatalmente trará conseqüências danosas para o Brasil.

Assim já ocorreu em passado não muito distante, em relação à Convenção 158 da OIT, aprovada na 68.ª. Reunião da Conferência Internacional do Trabalho de Genebra, em 1982, com entrada em vigor no plano internacional em 23.12.1985. Pois bem, esta Convenção tem uma história trágica para nós, porque foi aprovada pelo Congresso Nacional em 17.9.1992, pelo Decreto Legislativo n. 68; ratificada pelo Governo em 4.1.1995, passando a vigorar 12 (doze) meses depois, com eficácia jurídica, a partir do Decreto 1.855, de 10.4.1996, e depois, do curto período de seis meses foi denunciada à Repartição Internacional do Trabalho, ante a decisão de que a mesma estaria em desacordo com a Constituição Federal. Absolutamente não concordamos que efetivamente assim ocorra, mas este não é o espaço para a discussão, porque queremos apenas apontar a fragilidade do sistema.

"Art.105. Compete ao Superior Tribunal de Justiça: III – julgar, em recurso especial, as causas decididas em única ou última instância, pelos Tribunais Regionais Federais ou pelos Tribunais dos Estados, do Distrito Federal e Territórios, quando a decisão recorrida:
a) Contrariar tratado ou lei ordinária federal, ou negar-lhes vigência."

O mesmo que se disse do dispositivo anterior tem-se aplicado para este dispositivo, cuja diferença é apenas o caminho dentro do Judiciário, tendo em vista sentenças dos Tribunais Federais, do Estado, do Distrito Federal e dos Territórios. O que vale afiançar é o controle interno rígido sobre as leis e tratados (estes tidos como leis), julgados no mesmo patamar das leis ordinárias, assim equiparados pelo legislador constituinte.

Entretanto, com a Emenda 45 de 2004, foi acrescido ao artigo 5.º da Constituição Federal, o parágrafo 3.º, que diz: "Os tratados e convenções internacionais sobre direitos humanos que foram aprovados, em cada Casa do Congresso Nacional, em dois turnos, por três quintos dos votos dos respectivos membros, serão equivalentes às emendas constitucionais."

Produz este parágrafo um regramento diferenciado aos tratados de direitos humanos, que, diferentemente dos demais tratados (leis ordinárias), entram como Emenda Constitucional (portanto, no mesmo nível das normas constitucionais, não podendo ser revogado por outra norma interna infraconstitucional). De qualquer modo, o tratado deve passar pelo crivo do Congresso Nacional.

Alguns diriam que sob este aspecto – tratado de direitos humanos valer como emenda constitucional – estaríamos optando pelo monismo com primazia no Direito Internacional. Fica a discussão, mas o que deve ser ressaltado é que o Brasil insere alguns obstáculos para a entrada plena do tratado no território nacional e, mesmo depois de sua entrada e vigência, é possível negar-lhe o vigor necessário para se fazer respeitado, bastando acoimá-lo do supremo vício da inconstitucionalidade. Não entendemos que isto seja um erro absurdo, uma vez que o Estado necessita de mecanismos para manter o sistema hígido, mas serve o alerta para que a cautela possa ser a orientadora ao apontar eventual inconstitucionalidade e acionar o Judiciário para o seu pronunciamento, porque se trata de uma norma de origem internacional, e que por este fato produz responsabilidades para o Estado.

10. Normas Individuais e Coletivas no Brasil/ Contratos "Lato sensu" (Um retrato sócio-político): Conclusão

Apenas alguns aspectos serão examinados, porquanto na sua base, as normas em vigência nos países desenvolvidos não se diferenciam. Normas individuais advindas dos contratos feitos pelas partes interessadas funcionam como em quase toda parte do mundo. Ato de vontade, posto nas cláusulas contratuais e que deve ser respeitado. O contrato é lei entre as partes.

O contrato de trabalho também faz lei entre as partes – empregado e empregador –, embora haja necessidade de que as cláusulas do contrato não contrarie os princípios maiores de proteção ao trabalhador. Parte-se do pressuposto – muitas vezes correto – que o trabalhador, ante a necessidade do emprego, não observa o que assina, com o que se compromete, e se dispõe a fazer qualquer coisa para garantir um meio de vida para si e para o sustento de sua família. Isto significa dizer que, a vontade do trabalhador é tida como tíbia, ou quase inexistente. O trabalhador deve ser protegido pelo Estado, e na verdade as leis que conquistou ao longo da história, foram de alguma forma concedidas pelo Estado e não verdadeiramente conquistadas.

Este vício de origem informou toda a nossa legislação e configurou o Estado, bem como os seus diversos órgãos, Executivo, Legislativo e Judiciário.

O progresso nas últimas décadas é inequívoco, mas ainda sobra espaço para um protecionismo exagerado, como se o trabalhador fosse total e completamente incapacitado de decidir e de obrigar-se.

Uma saída para implementar condições que pudessem possibilitar um amadurecimento social e trabalhista do empregado e/ou do prestador de serviços em geral, seria o fortalecimento dos Sindicatos, porém estes não se encontram a altura desta missão, porque também, de algum modo, adquiriram o viés protetivo, puro e simples, e, ainda assim, se os interesses da cúpula dirigente não forem contrariados, o que pode fazer com que haja uma espécie de conluio para a manutenção do sistema com os seus erros e lacunas.

Os próprios Sindicatos recebem tributos e contribuições, e com algumas exceções, sem a devida retribuição, de defesa consciente, de raciocínio voltado para a melhora da vida material e espiritual (ensinar o trabalhador e movimentar-se, a ser mais livre, a ser mais consciente, a ser mais capaz) e não simplesmente pedir (reivindicar é mais forte) que lhe concedam, o que de direito.

De qualquer modo, aos pouco alguns Sindicatos buscam estabelecer normas com o empresariado e com os Sindicatos patronais, mas quando estas revelam alguma espécie de diminuição de direitos, talvez com o aumento de outros, o Estado, por intermédio do Judiciário, em face da provocação individual do empregado, anula a cláusula tida como prejudicial, às vezes corretamente, outras seguindo os caminhos já conhecidos de proteção. Justifica-se a decisão judicial neste sentido, ante a desconfiança natural que os julgadores possuem da plena, consciente e inovadora (para melhor) da atividade sindical. Na dúvida, apesar da norma ter sido criada com a participação dos representantes dos trabalhadores, o juiz prefere entender que ela não se presta a sua finalidade. A autonomia sindical sofre mais uma derrota, o Estado se firma e o trabalhador continua frágil. Um circulo vicioso, difícil de ser quebrado.

Em Portugal, salvo engano, assim como em toda Europa, houve uma quebra – anos de história e de lutas – desses paradigmas e parece que o trabalhador tem mais voz, inclusive mais instrumentos para veicular uma norma coletiva, por intermédio de contratos coletivos, da atuação de comissões de fábrica, de atuação de diversos grupos. No Brasil ainda priorizamos o contrato individual e as normas coletivas revelam-se sofrivelmente interpretadas.

Por fim, de igual modo – as questões são paralelas social, jurídica e politicamente – as normas internacionais que penetram no Estado, também tendem a sofrer transformações interpretativas e a serem, de certa forma, fragilizadas.

O que percebo é que sofremos de um vazio de consciência jurídico--coletiva, tanto no plano interno como no plano internacional. Pelo primeiro prefere-se a decisão do Estado do que a negociação e se esta vem, vem eivada de lacunas, de desconfianças. Pelo segundo, apreciam-se as normas internacionais e o engajamento aos princípios consagrados, mas faz-se a entrada sofrível no sistema interno, porque se mantém a rigidez interpretativa.

A Constituição brasileira de 1988 e a Emenda 45/2004, que a modificou em alguns aspectos, bem como a inserção induvidosa do Brasil no cenário internacional e principalmente na Organização Internacional do Trabalho, a concretização de julgados do Supremo Tribunal Federal e de outros Tribunais, francamente favoráveis às normas coletivas, às negociações coletivas às normas internacionais, à sustentabilidade dos tratados internacionais, faz com que possamos esperar um futuro melhor para a sociedade e para o Direito.

Entendemos que as Convenções Internacionais do Trabalho estabelecem, em geral, normas de Direitos Humanos e, a partir da Emenda 45/2004 devem passar pelo crivo do Congresso, nos termos do parágrafo 3º do Artigo 5º da Constituição Federal de 1988, isto é, devem ser tidas como Emendas Constucionais e não como Leis Ordinárias Federais.

Ademais, cremos, há um movimento natural no mundo, em busca de sobrevivência, de paz, de equilíbrio econômico, de crescimento espiritual, material e cultural, que leva o Direito e os juristas a posicionarem-se na vanguarda para as mudanças pedidas pelo Século XXI.

Obras consultadas:

O Direito fundamental dos trabalhadores e a carta sociolaboral do Mercosul, Cláudia Ferreira Cruz, São Paulo, LTr, 2006
Curso de Direito do Trabalho, Alice Monteiro de Barros, 5.ª Ed. LTr, Brasil
Curso de Direito Internacional Público, Carlos Roberto Husek, 9.ª Ed. LTr Brasil
Curso de Direito Internacional Privado, Maristela Basso, 1.ª Ed. Atlas, Brasil
Manual de Direito Internacional Público, André Gonçalves Pereira e Fausto Quadros, 3.ª Ed. Almedina (Portugal)
Direito do Trabalho, Parte I – Dogmnática Geral, 2.ª Ed. Maria do Rosário Palma Ramalho, Almedina, Portugal.
Dicionário de Política, Norberto Bobbio, Nicola Matteucci, Gianfranco Pasquino, 5.ª Ed. Editora UnB, Brasil
A *Constituição de 1988 e seus Problemas*, Celso Ribeiro Bastos, 1997, LTr, Brasil.
Direitos Humanos, Globalização Econômica e Integração Regional, Desafios do Direito Constitucional Internacional, Flávia Piovesan, Max Limonad, 2002, Brasil.

A COOPERAÇÃO ACADÊMICA INTERNACIONAL NO ÂMBITO DOS DIREITOS HUMANOS FUNDAMENTAIS

ANDRÉ RAMOS TAVARES
*Pró-Reitor de Pós-Graduação da PUC-SP
e Professor de Direito Constitucional*

Foi com muita satisfação que pude acompanhar o coroamento do ano de 2009, no âmbito das pesquisas jurídicas, com a realização do 2.º CID – Congresso Internacional de Direito Brasil-Europa, que se desenvolveu, nessa segunda edição, na cidade de Lisboa, sob o mote "DIREITO DO TRABALHO E DIREITOS FUNDAMENTAIS EM PORTUGAL E NO BRASIL: Análise Contemporânea em face da globalização e da crise econômica", muito a propósito de grandes temas e de inquietações acadêmicas com inegável e impostergável alcance prático. O evento ocorreu, especificamente, entre a nossa Pontifícia Universidade Católica de São Paulo e a Faculdade de Direito da Universidade de Lisboa, contando inteiramente com formas de financiamento externas e com o empenho pessoal de todos que participaram do evento representando a PUC-SP[1].

---

[1] A coordenação dos trabalhos coube ao Prof. Dr. Marco Antônio Marques da Silva (integrante de nosso Programa de Pós-Graduação em Direito da PUC-SP, atualmente na vice-coordenação do mesmo), ao Prof. Dr. Pedro Romano Martinez (do Instituto de Direito do Trabalho da Faculdade de Direito da Universidade de Lisboa) e ao Dr. Nelson Faria de Oliveira (diretamente responsável pela logística do Congresso Internacional de Direito).

Foram dois dias de trabalhos intensos, durante os quais as exposições traçaram um panorama do sentido e das dificuldades que a correlação necessária entre Direito do Trabalho e direitos fundamentais impõe à comunidade contemporânea, especialmente considerando a **globalização** e a recente **crise econômica**. As abordagens, embora diferenciadas em seus focos e pressupostos, puderam se entrelaçar em diversos pontos nos quais há, inegavelmente, preocupações comuns. Essa, aliás, era uma das propostas desse Encontro e de tantos outros que têm ocorrido em âmbito internacional. Consolida-se cada vez mais uma comunidade de discussão dos direitos humanos fundamentais e uma "gramática" própria nessa importante dimensão da vida dos povos.

Mas não era essa a única proposta do evento. Tratava-se de mais uma etapa da aproximação entre Brasil e Portugal. E se pode dizer que foi "mais uma etapa" justamente porque este Congresso se insere em um ciclo que, evidentemente, não começou e nem terminou ali. Podemos constatar, em realidade, um fluxo contínuo de saberes e práticas entre professores portugueses e brasileiros. E não é apenas a proximidade lingüística que enseja essa dimensão de abertura para o não-nacional e essa perspectiva integracionista no campo da ciência do Direito. Também não se trata de uma forma de neo-colonialismo, como infelizmente ainda parece ocorrer em outras searas e em alguns lugares do Planeta, o que, em parte, é atribuído a uma mentalidade ainda tacanha e à falta de uma perspectiva plenamente emancipatória. Tampouco se trata de uma situação de contra-dominação capitaneada pelo Brasil.

No âmbito jurídico-dogmático propriamente dito, entre Portugal e Brasil, é preciso ressaltar que muitas de nossas instituições caminharam conjuntamente, sendo possível encontrar inúmeros problemas atuais semelhantes ou derivados de causas e fundamentos comuns às instituições, institutos e ideologias jurídico-políticas de ambos os países. Trata-se de uma espécie de conexão muito particular (e interessante) de contextos. Essa conexão vem desde cedo, não só por conta das diversas Ordenações portuguesas que aqui se impuseram e se perpetuaram nas primeiras rotinas pós-independência, mas também pela origem estritamente comum dos constitucionalismos desses países, que se credita à circunstância de que o "grande legislador constitucional é D. Pedro, em ambos os países", como observa PAULO FERREIRA DA CUNHA, sendo certo que a Carta Constitucional portuguesa de 1826 foi "decalcada" da Carta Constitucional brasileira de 1824, para usar uma expressão muito feliz utilizada a esse propósito por

JORGE MIRANDA. A Carta portuguesa foi feita por D. Pedro I (Dom Pedro IV, de Portugal), diretamente do Brasil. A unicidade na origem é apenas um das facetas dos diversos entrecruzamentos e interconexões das realidades jurídicas, passadas e presentes, desses dois países.

A consolidação de um diálogo franco com a abertura dos canais acadêmicos de cada um desses países contribui, inegavelmente, para o enfrentamento honesto e mais preciso de algumas das mazelas jurídicas que estão a merecer nossa especial atenção. Também permite que experiências proveitosas de alguma das ordens jurídicas envolvidas sejam compartilhadas em seus pressupostos e fundamentos, permitindo-se avaliar a possibilidade de uma transposição para outro ordenamento jurídico dessas soluções e modelos engendrados recentemente.

Foi por isso que, de certa maneira, sentimos, nas exposições ocorridas no 2.º CID, como ali mesmo se disse logo na abertura do evento, o "desafio do novo". E, como bem observou EDOUARD LAMBERT, todo o jurista é essencialmente conservador. Mas a atitude científica não se compadece com esse tipo de orientação subjetiva.

Atestamos, no 2.º CID, nas diversas falas que se desenrolaram, a necessidade de resolver os problemas trazidos ou intensificados pelo fenômeno da globalização econômica e da recente crise, como foi já salientado; porém, isso foi absorvido sempre a partir da necessidade de criar soluções sem atentar contra o nível de proteção já alcançado para os direitos fundamentais. E esse é o grande desafio de todos nós na atualidade, especialmente em um mundo pós 11 de setembro e, ainda hoje, parcialmente imerso em uma crise econômica mundial.

Os direitos fundamentais, e com eles o tema dos princípios, como era esperado, transformaram-se em um forte elo de ligação entre as diversas proposições apresentadas ao longo do 2.º CID, e creio que essa perspectiva principiológica dos direitos fundamentais será uma marca característica e constante dos eventos conjuntos que serão realizados no futuro.

O tema do direito do trabalho, nessa perspectiva garantística, não pode atender à lógica meramente economicista, como bem colocou a questão o grande constitucionalista e mestre de todos nós, Professor Catedrático da Faculdade de Direito da Universidade de Lisboa, o Prof. Jorge Miranda. Permitir que se pudesse reduzir ou resumir o direito do trabalho a uma questão economicista seria ignorar avanços e consolidações já alcançadas, no atual estágio, por diversos países e também por suas constituições positivadas.

Realizações como o CID estão cabalmente vocacionadas para promoverem a cooperação acadêmica internacional, permitindo o intercâmbio entre pesquisadores que atuam em áreas similares e enfrentam os mesmos desafios, além de um intercâmbio interdisciplinar. São verdadeiras missões, como a elas se refere a própria Capes, para a aproximação e aprimoramento acadêmicos. É por isso que realizações como essas são constantemente incentivadas pelas nossas agências de fomento, por meio de editais com diversas formatações, todos dirigidos ao intercâmbio em geral. Mas não se trata de uma particularidade brasileira, pois essas aproximações constituem preocupação central, no domínio da educação, em diversos países. Vale recordar aqui que, recentemente, a União Européia lançou o Programa *Erasmus Mundus*, no qual se prevê a concessão de bolsas para estudantes de todo o mundo freqüentarem cursos de pós-graduação em mais de oitenta universidades européias em dezessete diferentes países.

Na base dessa e de outras tantas iniciativas está justamente a percepção de que se agrega qualidade ao ensino superior a partir desse tipo de aproximação com outros países e seus cidadãos. Entende-se, corretamente, que se proporciona um aprimoramento pessoal nesse âmbito, com um diálogo e compreensão entre os povos e culturas. E essa diálogo é essencial à vida acadêmica e ao aprendizado de "saberes" diversos, abrindo a perspectiva de uma *evolução epistêmica*. Evidentemente que, com esses projetos, há também um viés oficial menos visível. No caso mencionado, objetiva-se também resgatar uma certa liderança européia no cenário universitário, em franca concorrência com as ofertas e possibilidades presentes no âmbito dos EUA. No caso brasileiro, há uma preocupação nitidamente desenvolvimentista (em todas dimensões, na senda de Amartya Sen).

É por isso que realizações como o CID tendem a se tornar cada vez mais constantes e têm sido incorporadas e praticadas, em diversas áreas, pela PUC-SP. O número de professores estrangeiros que passam, anualmente, pela PUC-SP e, da mesma forma, de professores de nossos quadros que estão empenhados em realizações internacionais sempre foi expressivo. Essas ocorrências têm notabilizado nossa Universidade pela liderança em tais parcerias, que agregam a liderança também nas discussões com a sociedade brasileira e nos possíveis caminhos a serem trilhados. Essas práticas representam, pois, a vitória acadêmica e o compromisso social desta Universidade, e merecem não apenas o respeito da comunidade científica, porque revelam a robustez de nosso "tecido acadêmico-universitário", como também devem ensejar a ativa participação de todos interessados, visando justamente a um aprimoramento e humanização dos projetos em andamento e a uma assimilação mais eficiente de seus resultados voltados para melhorias sociais.

É preciso incrementar e incentivar esse modelo de trocas e diálogos transnacionais, encontrando fórmulas eficientes e apropriadas que permitam que nossos pesquisadores e nossa Universidade mantenham-se na vanguarda da discussão científica preocupada com os diversos saberes mas, igualmente, com o bem social, de maneira a permitir "empreendimentos comuns e cooperação em benefício das ciências, das artes, das letras e das tecnologias", em um contexto de *internacionalização adequada* dos programas e dos projetos de ensino e pesquisa.

PROGRAMA DO CONGRESSO

MESA 1
Direitos Fundamentais e Direito do Trabalho

Moderadora: PAULA COSTA E SILVA

JORGE MIRANDA
Aspectos de Direitos Fundamentais do Direito do Trabalho

MARCO ANTÓNIO MARQUES DA SILVA
A Escravidão Contemporânea, Valorização do Trabalho e o respeito à Dignidade Humana

MESA 2
A Globalização e as Novas tendências do Mercado de Trabalho

Moderador: CLÁUDIO JOSÉ LANGROIVA PEREIRA
Globalização Económica e Direitos Fundamentais, em face dos conceitos de flexisegurança

ROQUE ANTÓNIO CARRAZZA
Tributação e ampliação do mercado de trabalho

GUILHERME MACHADO DRAY
Teletrabalho e deslocalização do trabalho

MESA 3
Tempo de Trabalho

Moderadora: PAULA VAZ FREIRE

MARCELO FIGUEIREDO
A duração do trabalho e temas correlatos no contexto da globalização econômica

DIOGO PEREIRA DUARTE
Mecanismos de Flexibilização do Tempo de Trabalho

MESA 4
Processo de Trabalho (Falsas Provas)

Moderador: ABRANTES GERALDES

NELSON FARIA DE OLIVEIRA
A Falsa Prova – "O Calcanhar de Aquiles do Judiciário"

PEDRO MADEIRA DE BRITO
A tutela do trabalhador subordinado. Os meios de prova e as provas falsas nos tribunais do trabalho e nos tribunais administrativos

MESA 5
Extinção do Contrato de Trabalho

Moderadora: ANA MARIA MARTINS

PEDRO PAULO TEIXEIRA MANUS
Formas de garantia de emprego pela norma constitucional e legal no Brasil

PEDRO ROMANO MARTINEZ
Causas Objectivas de despedimentos e "despedimento negociado"

MESA 6
Atividade Económica, Direito do Trabalho e Direitos Humanos

Moderador: MARCO ANTONIO MARQUES DA SILVA

MARIA DO ROSÁRIO PALMA RAMALHO
Direito do Trabalho e Economia: garantismo, flexibilização e flexisegurança

RICARDO HASSON SAYEG
A concretização dos direitos humanos ao pleno emprego, sob o ponto de vista do Capitalismo Humanista

MESA 7
Convenções Colectivas de Trabalho

Moderadora: MARIA DO ROSÁRIO PALMA RAMALHO

CLÁUDIO JOSÉ LANGROIVA PEREIRA
Virtudes e defeitos das convenções no Mundo globalizado

LUÍS GONÇALVES DA SILVA
Dos efeitos da Convenção Colectiva de Trabalho

MESA 8
Direito do Trabalho e os Tribunais

Moderador: LUÍS MARIA VAZ DAS NEVES

MANUEL PINTO HESPANHOL
*A crise económica, o julgamento da matéria de facto
e a função criadora da jurisprudência*

PEDRO PAULO TEIXEIRA MANUS
*Direito do Trabalho e os Tribunais – Crise Económica
e reflexos na Justiça do Trabalho*

ALEXANDRE BAPTISTA COELHO
Visão luso-brasileira da crise económica e seus reflexos na justiça trabalhista

CARLOS ROBERTO HUSEK
*As normas internas e o direito internacional – Aspectos trabalhistas
e constitucionais*

ÍNDICE

APRESENTAÇÃO 7

A CONSTITUIÇÃO DO TRABALHO PORTUGUESA 9
    Jorge Miranda

A ESCRAVIDÃO CONTEMPORÂNEA, VALORIZAÇÃO DO TRABALHO E
DIGNIDADE DA PESSOA HUMANA 23
    Marco Antonio Marques da Silva

GLOBALIZAÇÃO ECONÔMICA E DIREITOS FUNDAMENTAIS, EM FACE
DOS CONCEITOS DE FLEXISEGURANÇA 45
    Claudio José Langroiva Pereira

TRIBUTAÇÃO E AMPLIAÇÃO DO MERCADO DE TRABALHO 67
    Roque Antonio Carrazza

A GLOBALIZAÇÃO E AS NOVAS TENDÊNCIAS DO MERCADO DE TRABA-
LHO. TELETRABALHO E DESLOCALIZAÇÃO DO TRABALHO. O CASO
PORTUGUÊS 81
    Guilherme Dray

A DURAÇÃO DO TRABALHO E TEMAS CORRELATOS NO CONTEXTO DA
GLOBALIZAÇÃO ECONÔMICA 93
    Marcelo Figueiredo

ANÁLISE CONTEMPORÂNEA EM FACE DA GLOBALIZAÇÃO E DA CRISE
ECONÓMICA: MECANISMOS DE FLEXIBILIZAÇÃO DO TEMPO DE TRA-
BALHO 111
    Diogo Pereira Duarte

A FALSA PROVA. "O CALCANHAR DE AQUILES DO JUDICIÁRIO" 131
    Nelson Faria de Oliveira

EXTINÇÃO DO CONTRATO DE TRABALHO. FORMAS DE GARANTIA DE
EMPREGO PELA NORMA CONSTITUCIONAL E LEGAL NO BRASIL....... 145
    Pedro Paulo Teixeira Manus

CAUSAS OBJECTIVAS DE DESPEDIMENTO E DESPEDIMENTO NEGOCIADO 159
    Pedro Romano Martinez

A CONCRETIZAÇÃO DOS DIREITOS HUMANOS AO PLENO EMPREGO,
SOB O PONTO DE VISTA DO CAPITALISMO HUMANISTA 183
    Ricardo Hasson Sayeg

A CRISE ECONÓMICA, O JULGAMENTO DA MATÉRIA DE FACTO E A FUN-
ÇÃO CRIADORA DA JURISPRUDÊNCIA.............................. 191
    Manuel Joaquim de Oliveira Pinto Hespanhol

DIREITO DO TRABALHO E OS TRIBUNAIS – CRISE ECONÔMICA
E REFLEXOS NA JUSTIÇA DO TRABALHO............................. 201
    Pedro Paulo Teixeira Manus

VISÃO LUSO-BRASILEIRA DA CRISE ECONÓMICA E SEUS REFLEXOS NA
JUSTIÇA TRABALHISTA... 209
    Alexandre Baptista Coelho

AS NORMAS INTERNAS E O DIREITO INTERNACIONAL. ASPECTOS TRA-
BALHISTAS E CONSTITUCIONAIS..................................... 227
    Carlos Roberto Husek

A COOPERAÇÃO ACADÊMICA INTERNACIONAL NO ÂMBITO DOS DIREI-
TOS HUMANOS FUNDAMENTAIS....................................... 245
    André Ramos Tavares

PROGRAMA DO 2.º CONGRESSO INTERNACIONAL DE DIREITO (BRASIL-
-EUROPA).. 251